RECUEIL
DE FARCES

SOTIES ET MORALITES

DU QUINZIÈME SIÈCLE

RÉUNIES POUR LA PREMIÈRE FOIS ET PUBLIÉES AVEC

DES NOTICES ET DES NOTES

PAR

P. L. JACOB

BIBLIOPHILE

MAISTRE PIERRE PATHELIN

LE NOUVEAU PATHELIN — LE TESTAMENT DE PATHELIN

MORALITÉ DE L'AVEUGLE ET DU BOITEUX

LA FARCE DU MUNYER

LA COMDAMNACION DE BANCQUET

PARIS

ADOLPHE DELAHAYS, LIBRAIRE-ÉDITEUR

4-6 RUE VOLTAIRE, 4-6

1859

BIBLIOTHÈQUE GAULOISE

RECUEIL
DE FARCES
SOTIES ET MORALITÉS

PARIS. — IMP. SIMON RAÇON ET COMP., RUE D'ERFURTH, 1

RECUEIL

DE

FARCES

SOTIES ET MORALITÉS

DU QUINZIÈME SIÈCLE

RÉUNIES POUR LA PREMIÈRE FOIS ET PUBLIÉES AVEC
DES NOTICES ET DES NOTES

PAR

P. L. JACOB
BIBLIOPHILE

PARIS

ADOLPHE DELAHAYS, LIBRAIRE-ÉDITEUR

4-6, RUE VOLTAIRE, 4-6

1859

AVERTISSEMENT DE L'ÉDITEUR

La plupart des ouvrages primitifs de notre ancien théâtre comique et satirique ont disparu : ceux qui nous restent et qui sont empreints à un si haut degré du véritable esprit gaulois, méritent d'être conservés, non-seulement comme les préludes naïfs de la comédie de Molière et de Beaumarchais, mais encore comme d'irrécusables documents pour servir à l'histoire des mœurs en France. Ces farces, ces soties, ces moralités, composées par les *acteurs* de la Basoche, des Enfants-sans-Souci, et des troupes nomades qui transportaient çà et là leurs tréteaux dramatiques, ont été, depuis cinquante ans, réimprimées ou imprimées pour la première fois à un petit nombre d'exemplaires qui suffisent à peine pour les sauver de la destruction. On peut prévoir un temps peu éloigné où ces éditions modernes seront aussi rares, sinon aussi chères, que les éditions et les manuscrits originaux.

Il est cependant impossible de se faire une idée de ce qu'était le théâtre aux quinzième et seizième siècles, si l'on ne connaît pas ces farces joyeuses, ces folies piquantes, ces ingénieuses moralités, qui, malgré la licence effrontée du langage, sont quelquefois des chefs-d'œuvre de bon sens, de malice et de gaieté. C'est une branche de notre vieille littérature, pleine de séve et de force, qu'on avait laissée tomber dans l'abandon et dans l'ombre. Car, au dernier siècle, le duc de La Vallière, qui s'était occupé, avec tant de soin et à si grands frais, de rassembler dans sa magnifique bibliothèque tous les livres relatifs au théâtre, ne possédait, outre la farce de *Pathelin* souvent réimprimée, comme le modèle du genre, qu'une très-petite quantité de farces, de soties et de moralités; encore, la plupart étaient-elles manuscrites. Quant aux mystères et aux grandes moralités, ils avaient été sauvés et protégés, en quelque sorte, par leur importance même : chacun de ces ouvrages remplissant d'ordinaire un volume in-folio ou in-quarto, on en avait du moins quelques exemplaires échappés par hasard au naufrage général de notre ancien théâtre.

Aujourd'hui le répertoire de la Basoche et des Enfants-sans-Souci est mieux connu : Antoine Caron n'avait réimprimé que le *Jeu du prince des sots*, de Gringore, et le *Recueil de plusieurs farces*, recueillies déjà en 1612 par Nicolas Rousset; MM. Leroux de Lincy et Francisque Michel ont mis au jour les soixante-quatorze farces, moralités, monologues et sermons joyeux, inédits, que contient le manuscrit du duc de La Vallière; M. de Montaiglon a publié les soixante-quatre farces, et pièces de même genre, qui sont comprises dans l'exemplaire unique du *British Museum* de Londres; M. de Montaran a continué la collection de Caron, en y ajoutant plusieurs farces et moralités dont les éditions primitives n'existent plus; les bibliophiles les plus distingués se sont fait à l'envi les éditeurs des livrets de la même famille, qu'ils ont pu arracher à l'oubli; MM. Durand de Lançon, le premier de tous, Pontier d'Aix, de Monmerqué, Silvestre, le prince d'Essling, Duplessis, Veinant, Gustave Brunet, etc., ont accru successivement ce trésor de découvertes bibliographiques qui nous permettent maintenant d'apprécier, en pleine connaissance de cause, ce qu'était la comédie, chez nos ancêtres, cent vingt ans avant Molière. Voilà comment, on a ressuscité, pour ainsi dire, le répertoire théâtral des clercs de la Basoche et des Enfants-sans-Souci.

Nous nous proposons de réunir, dans un seul recueil classé chronologiquement, en profitant des recherches et des travaux de nos devanciers, toutes ces publications isolées, qui ont entre elles un lien commun d'origine et d'analogie, puisqu'elles représentent l'ancien théâtre français et qu'elles en forment la base historique. Nous nous abstiendrons cependant de reproduire dans ce recueil aucune des pièces qui se trouvent déjà dans l'une ou l'autre collection de farces et de moralités, publiées d'après le manuscrit de La Vallière et d'après l'imprimé du *British Museum*.

Notre recueil ne fera pas double emploi avec ces deux recueils du même genre, qui ont paru en 1831 chez Techener, et en 1854 chez P. Jannet.

Le premier volume, que nous présentons aujourd'hui aux amateurs comme un spécimen de notre plan et de notre travail, est consacré aux farces du quinzième siècle : il devait renfermer naturellement la farce de *Maistre Pierre Pathelin*, ainsi que les deux petites farces qui font suite à cette farce célèbre et qui ne sauraient en être séparées.

En effet, les trois farces de *Pathelin* forment une espèce de trilogie dramatique et sont par cela même inséparables, quoiqu'elles n'aient été imprimées ensemble que dans deux éditions gothiques à peine citées par les bibliographes et à peu près inconnues.

Il est certain que la farce de *Maistre Pierre Pathelin*, qui eut une vogue si populaire dans la seconde moitié du quinzième siècle, sous le règne de Louis XI, avait fait naître un grand nombre de farces, dans lesquelles figurait aussi le personnage de Pathelin, qu'on peut regarder comme la création personnelle d'un acteur célèbre de la troupe des Enfants-sans-Souci ou de celle de la Mère-Sotte. Deux de ces farces, outre la grande farce primitive, ont seules survécu à toutes les autres; on doit donc les conserver comme de précieux monuments de notre ancien théâtre comique et comme les annexes inséparables du chef-d'œuvre attribué tour à tour à Pierre Blanchet, à François Villon, à Antoine de La Sale.

Peu de temps avant sa mort, Génin a publié une édition de la farce de *Maistre Pierre Pathelin*; cette édition, à laquelle il avait travaillé toute sa vie, ne se recommande que par le luxe typographique dont elle brille : le texte, quoique plus correct que celui de l'édition de Coustelier, est loin d'être irréprochable; le commentaire est farci d'inutilités grammaticales et très-pauvre d'explications nécessaires; la notice littéraire, où Génin s'efforce de prouver qu'Antoine de La Sale est le véritable auteur du *Pathelin*, manque absolument de critique et laisse beaucoup à désirer sous le rapport du style et de l'érudition. En un mot, cette édition n'a pas tenu ce qu'elle promettait.

Nous nous sommes donc bien gardé de suivre les mêmes errements, pour réimprimer la farce de *Maistre Pierre Pathelin*. Notre édition reproduit le texte des premières éditions; nous avons toutefois adopté de préférence dans ce texte la meilleure leçon, la plus logique, la plus claire, en rejetant les variantes dans les notes : la plupart de ces variantes sont celles que Génin avait choisies comme les plus remarquables parmi une multitude d'autres insigniſiantes, qui résultent de la corruption du texte original et de l'ignorance des éditeurs. Nous avons rectifié arbitrairement certains vers, dont l'altération nous semblait évidente et facile à corriger; nous avons aussi ajouté, à l'exemple de Génin, l'indication des jeux de scène, qui sont fort rarement signalés dans les éditions gothiques et qui peuvent souvent éclaircir le sens du dialogue. On trouvera cependant mentionnés tous les jeux de scène que nous fournissait le texte de l'auteur et que l'ancienne orthographe distinguera seule de ceux qui nous appartiennent.

Dans la préface dont chaque farce est précédée, nous avons cherché à découvrir le nom du véritable auteur et la date de la composition de son œuvre. Aurons-nous mieux réussi que nos devanciers à résoudre ces deux problèmes littéraires? Notre travail était fait et imprimé, quand on nous a conseillé de lire plusieurs excellents articles que M. Charles Magnin, de l'Académie des inscriptions et belles-lettres, a consacrés à l'examen des mêmes questions dans le *Journal des Savants*. L'opinion du savant académicien aurait certainement influé sur la nôtre, si nous avions eu connaissance de ses articles avant de chercher à établir, dans la préface de la farce de *Maistre Pierre Pathelin*, que Pierre Blanchet est réellement l'auteur de cette farce et qu'elle a été écrite et représentée à Paris entre les années 1465 et 1470. Mais, notre travail achevé, nous aurions à faire trop de chemin pour changer d'avis et pour revenir au système de M. Charles Magnin, qui nous pardonnera de nous arrêter à celui que nous avons soutenu, sans dire notre dernier mot sur cette farce célèbre et sur son auteur anonyme.

Aux trois farces de *Pathelin* qui appartiennent incontestablement à la seconde moitié du quinzième siècle, nous avons jugé convenable de réunir la *farce du Munyer de qui le Diable emporte l'âme en enfer* et la *moralité de l'Aveugle et du Boiteux*, qui furent jouées publiquement en 1496. Cette moralité et cette farce sont d'André de La Vigne, qui fut *acteur* comme Pierre Blanchet et François Villon, peut-être avec eux, avant de devenir poëte secrétaire de la reine Anne de Bretagne. Enfin, à côté d'André de La Vigne, secrétaire d'Anne de Bretagne, on trouvera le médecin de Louis XII, Nicole de La Chesnaye, qui avait composé aussi, pour l'ébattement du roi et de la reine, une moralité très-singulière intitulée : *La Comdamnacion de Bancquet*, que l'on vit sans doute représenter à la même époque sur les mêmes théâtres et par les mêmes acteurs. Cette pièce, peu connue et bien digne de l'être, est un des plus rares et des plus curieux monuments de la poésie dramatique de ce temps-là ; elle eut certainement une grande vogue et devint très-populaire, puisqu'on avait reproduit alors, dans une suite de belles tapisseries de haute lisse, les principales scènes du drame, qui se recommande par l'originalité du sujet, par la vivacité du dialogue et par les détails de la mise en scène. C'est à coup sûr la plus intéressante de toutes les moralités allégoriques qui soient venues jusqu'à nous.

On a donc ainsi dans le même volume les plus anciens compositeurs de farces et de moralités, les plus anciennes pièces de la Basoche et des Enfants-sans-Souci.

P. L.

L'ANCIEN THÉATRE EN FRANCE

Dès son origine, le théâtre a exercé sur les mœurs publiques une influence pernicieuse, qui prit même, à certaines époques de dépravation sociale, le caractère d'une véritable excitation à la débauche. Dans les premiers siècles de l'Église, les jeux de la scène avaient atteint les dernières limites de l'indécence, et nous trouvons à chaque page, dans les écrits des Pères, une protestation de la pudeur indignée contre les abominables excès de cette école de scandale. Nous sommes donc forcé de reconnaître que l'horreur inspirée aux philosophes chrétiens par le théâtre profane n'était que trop justifiée par le détestable abus qu'on faisait autrefois de l'art scénique.

Quand le christianisme eut remplacé le culte des faux dieux, le théâtre ne survécut pas longtemps à leurs temples et à leurs idoles, et pendant plusieurs siècles il n'y eut pas d'autres vestiges de la comédie antique que les mascarades du Mardi gras, le festin du Roi boit et de la Fève, les saturnales de la fête des Fous, des Innocents et des Diacres, les *mystères* et les *montres* des processions religieuses et des *entrées* de rois, reines, princes, princesses, évêques, abbés, etc., les danses et les chansons des bateleurs, les *récitations* des troubadours et des trouvères. Si quelques représentations dramatiques, imitées de Térence et de Plaute, avaient lieu de loin en loin dans les couvents et dans les universités, elles n'échappaient aux anathèmes ecclésiastiques qu'en se couvrant d'un prétexte littéraire et en s'entourant d'une extrême réserve; mais ces rares réminiscences de la comédie latine ne constituaient pas des habitudes théâtrales dans la nation même, qui ne savait peut-être pas que le théâtre eût existé avant les grossières et naïves ébauches des confrères de la Passion à la fin du quatorzième siècle.

La doctrine de l'Église contre les spectacles était invariablement établie par les Pères et les conciles; on peut dire qu'elle avait été autorisée par les odieuses orgies qui signalèrent la décadence du théâtre païen. Les capitulaires et les ordonnances des rois de France étaient conformes au sentiment des docteurs catholiques à l'égard du théâtre et des histrions. Ceux-ci se trouvaient notés d'infamie, par le fait seul de leur vil métier (*omnes infamiæ maculis aspersi, id est histriones ut viles personæ, non habeant potestatem accusandi*, capitul. de 789); les honnêtes gens étaient invités à se tenir éloignés de ces infâmes, et les ecclésiastiques ne devaient jamais souiller leurs yeux et leurs oreilles, en écoutant des paroles obscènes et en voyant des gestes impudiques (*histrionum quoque turpium et obscenorum insolentias jocorum et ipsi animo effugere cæterisque effugienda prædicare debent*[1]. Il y avait toujours néanmoins des histrions qui bravaient les excommunications du clergé et qui acceptaient la note d'infamie attachée à leur profession; car il y avait aussi des voluptueux et des débauchés, pour payer à tout prix un plaisir défendu. L'*histrionat*, ou l'état de comédien, était considéré comme une espèce de prostitution, et saint Thomas n'hésite pas à mettre sur la même ligne la courtisane qui trafique de son corps à tout venant et le comédien qui se prostitue en public, pour ainsi dire, en vendant ses grimaces et ses postures licencieuses. Les biens acquis de la sorte semblaient au docte casuiste des biens mal acquis et déshonnêtes qu'il fallait restituer aux pauvres

---

[1] Voy. *Capitularia regum Francorum*, t. I, p. 1170.

(*quædam vero dicuntur male acquisita, quia acquiruntur ex turpi causa, sicut de meretricio et histrionatu* [1]). Voilà pourquoi Philippe Auguste, pénétré de cette idée « que donner aux histrions, c'était donner au diable, » les chassa de sa cour, leur fit défense d'y reparaître, et appliqua spécialement à des œuvres de dévotion et de charité l'argent qu'il aurait dépensé à entretenir les scandaleuses dissolutions du théâtre.

Le théâtre ne reçut une existence légale en France qu'à la faveur du pieux déguisement sous lequel il se présenta devant Charles VI. Les mœurs de cette époque-là étaient déjà bien relâchées, et l'amour du luxe avait prédisposé les esprits à se passionner pour toutes les nouveautés sensuelles. Les *jeux* des confrères de la Passion furent donc accueillis avec une sorte de fureur, quand ils se produisirent pour la première fois aux portes de Paris, dans le village de Saint-Maur.

Ce fut vers 1398, qu'une troupe de comédiens ambulants, qui s'intitulaient Confrères de la Passion, parce qu'ils représentaient ce mystère en scènes dialoguées, commencèrent à donner des représentations auxquelles on accourut de toutes parts. Ces représentations, entremêlées de prières et de cantiques, étaient sans doute fort édifiantes, à ne considérer que leur objet, mais le prévôt de Paris eut peur qu'elles ne dégénérassent en graves désordres, et, par une ordonnance du 3 juin 1398, il défendit à tous les habitants de Paris, comme à ceux de Saint-Maur et des autres lieux soumis à sa juridiction, « de représenter aucuns jeux de personnages, soit de la vie de Jésus-Christ, soit des vies des saints ou autrement, sans le congé du roi, à peine d'encourir son indignation et de forfaire envers lui. » Ces défenses rigoureuses prouvent que les représentations données à Saint-Maur ne s'étaient point passées sans quelque

---

[1] Voy. le *Traité des jeux de théâtre*, par le P. LEBRUN. Paris, veuve Delaulne, 1731, in-12, p. 195.

scandale, ou, suivant une opinion qui ne contredit pas la précédente, qu'une ancienne loi de Philippe Auguste ou de saint Louis avait aboli à jamais le théâtre et interdit l'exercice de la profession de comédien.

Quoi qu'il en soit, les représentations ne se renouvelèrent pas jusqu'en 1402, où Charles VI voulut y assister et en fut tellement édifié, qu'il accorda aux confrères de la Passion des lettres patentes qui les autorisaient à jouer leurs *mystères* « toutes et quantes fois qu'il leur plaira. » En vertu de ces lettres patentes, les confrères établirent leur théâtre près de la porte Saint-Denis, au rez-de-chaussée de l'hôpital de la Trinité, dans lequel les pèlerins et les pauvres voyageurs trouvaient un asile pour la nuit, quand ils arrivaient après la fermeture des portes de la ville. Les confrères avaient déjà fondé dans l'église de cet hôpital leur Confrérie de la Passion et de la Résurrection de Notre-Seigneur. Nous croyons pouvoir induire de la fondation de cette confrérie, que les premiers *joueurs* ou acteurs qui avaient paru au bourg de Saint-Maur s'étaient faits les *maîtres du jeu* et recrutaient leurs confrères parmi les bourgeois et les gens de métier de la capitale. Dès ce moment, le goût du théâtre se répandit avec frénésie parmi la population, qui se portait en foule, les dimanches et fêtes, aux représentations des *mystères* et des *miracles*, et qui fournissait abondamment aux frais de la confrérie dramatique.

Cette curiosité, cet empressement, cet enthousiasme, n'étaient déjà plus de la dévotion, quoique l'objet apparent de ces spectacles fût d'élever les âmes à la contemplation des choses saintes et de les disposer à la prière. Il est permis d'assurer que, malgré le caractère édifiant des pièces qu'on représentait et nonobstant les encouragements que le clergé accordait à ces pieux divertissements, le théâtre servait dès lors à corrompre les mœurs. Qu'on se figure, par exemple, ce que devait être une de ces représentations, dans une salle étroite et mal éclairée, où les spectateurs s'entassaient pêle-mêle, la plupart debout, quelques-uns assis, mais serrés et agglomérés, sans distinction d'âge, ni de sexe, ni de condition.

La salle avait 21 toises et demie de long sur 6 toises de large; sa hauteur ne dépassait pas certainement 15 ou 20 pieds; elle était soutenue par des arcades qui supportaient l'étage supérieur. Sur la longueur totale, il faut prendre au moins 15 pieds pour le développement de la scène; car, outre le plancher sur lequel se jouait le drame, il y avait au fond du théâtre plusieurs *établis* ou échafauds qui offraient l'image des différents lieux où se passait la scène et qui communiquaient entre eux par des escaliers ou des échelles. En haut, le paradis, renfermé dans une sphère de nuages, ouvrait son pavillon bleu céleste tout parsemé d'étoiles; en bas, une gueule de dragon, se mouvant sans cesse, indiquait la bouche de l'enfer d'où sortaient les diables à travers des jets de fumée et de flammes; au centre, plusieurs plans de décorations peintes, dans lesquelles on transportait le lieu de la scène quand l'action se passait chez Hérode ou chez Pilate. On avait ainsi sous les yeux en même temps toute la physionomie locale de la pièce qui se déroulait alternativement dans le ciel, sur la terre et dans l'enfer.

Ce n'est pas tout : il fallait avoir encore devant la vue, pendant la durée du spectacle, tous les acteurs qui y jouaient des rôles; car ces acteurs, revêtus de leurs costumes, étaient rangés sur des gradins, de chaque côté du théâtre, et là ils attendaient le moment d'entrer en scène, en regardant jouer la pièce comme de simples spectateurs; ils descendaient, chacun à son tour, sur le théâtre, et ils remontaient ensuite à leur place après avoir rempli leurs rôles. Ils ne cessaient donc jamais d'être en évidence, à moins que leur rôle ne leur ordonnât de disparaître dans une petite loge fermée de rideaux, figurant une chambre secrète, qui servait à cacher aux regards du spectateur certaines circonstances délicates de la pièce, telles que l'accouchement de sainte Anne, celui de sainte Élisabeth, celui de la Vierge, etc. Cette loge ou niche exerçait au plus haut degré les facultés de l'imagination du public. Les rideaux étaient-ils ouverts, on guettait l'instant où ils se fermeraient ; étaient-ils fermés, on se demandait tout bas quand viendrait l'instant de les rouvrir. Le spectateur ne manquait pas de deviner tout ce qu'on lui cachait par décence, et il suivait par la pensée les péripéties les plus scabreuses de l'action ; de là cette locution proverbiale, qui, pour exprimer qu'une chose scandaleuse ne doit pas être exposée aux regards qu'elle blesserait, dit qu'elle reste « derrière le rideau. »

Des documents précis nous manquent pour constater les indécences et les immoralités qui, dès les premiers temps, avaient accompagné la renaissance du théâtre ; mais il est certain que ces représentations pieuses étaient l'occasion et la cause de bien des dangers pour les bonnes mœurs. Le *Mystère de la Passion* et les autres compositions dramatiques du même genre, qu'on représentait, les dimanches et les jours de fête, au théâtre de la Trinité, n'avaient pas, sans doute, d'autre but que d'émouvoir des sentiments religieux, et l'on peut présumer que l'auteur de cet immense drame qui embrasse la naissance, la vie, la mort et la résurrection de Jésus-Christ, avait accompli une œuvre de dévotion sous la forme d'une œuvre littéraire où l'on est forcé de reconnaître de grandes beautés. Cette œuvre, en effet, mérita d'être retouchée et refaite en partie par les soins de Jean Michel, évêque du Mans, qui vivait au quinzième siècle. Mais toutefois, selon le génie du théâtre de ce temps-là, un grand nombre de scènes du *Mystère de la Passion* et des mystères analogues se traînent dans les lieux communs de l'obscénité, et le dialogue des personnages subalternes emprunte au langage populaire une quantité d'images licencieuses et de mots orduriers. Souvent aussi, les apôtres, les saints, et les saintes elles-mêmes semblent avoir vécu dans la société des femmes perdues et des plus ignobles débauchés. Entre une multitude d'exemples, nous choisirons une scène du *Mystère de sainte Geneviève*, où l'on voyait une nonnain, de Bourges qui, sur le bruit des miracles de la sainte, était venue lui rendre visite. Sainte Geneviève lui demande quel est son état; la nonnain répond bravement qu'elle est vierge. « Vous! s'écrie la sainte avec mépris :

> Non pas vierge, non, mais ribaude,
> Qui fûtes en avril si baude (*débauchée*),
> Le tiers jour entre chien et loup,
> Qu'au jardin Gaultier Chantelou,
> Vous souffrîtes que son berchier
> Vous deflorast sous ung peschier ! »

Mais la poétique des mystères dédaignait ordinairement les timides restrictions du récit; elle n'écartait des yeux du public, que certains jeux de scène qui eussent été trop vifs et trop nus pour s'exécuter hors de la niche fermée de rideaux. Elle poussait l'action jusqu'au point extrême où l'intelligence du spectateur se chargeait d'achever un épisode dont les préludes avaient de quoi offenser la pudeur la moins craintive. Lors même que les rideaux étaient tirés, l'acteur, par ses gestes et ses grimaces, avait soin d'interpréter ce que le poëte avait laissé sous un voile transparent. Dans la *Vie et histoire de madame sainte Barbe*, qui fut représentée et imprimée vers 1520[1], quoique le mystère commence par un sermon sur un texte de l'Évangile, la première scène s'ouvre dans un mauvais lieu, où une femme *folle* de son corps (*meretrix*, dit l'imprimé) chante une chanson et fait des gestes obscènes (*signa amoris illiciti*, dit l'éditeur en manière de glose). L'Empereur (on ne le nomme pas autrement) ordonne à cette femme d'engager la sainte à *faire fornication*, et voici comment la conseillère de débauche s'efforce de séduire madame Barbe, qui se recommande à Dieu :

> « Je gaigne chascune journée:
> Point je ne me suis sejournée (*reposée*),
> Du jeu d'amour sçay bien jouer...
> A tous gallans fais bonne chère,

---

[1] Voy. le Cat. de la *Bibliothèque dramatique de M. de Soleinne*, par P. L. Jacob, bibliophile, t. 1, p. 107.

Et ainsi vous le devez faire.
Onc ne vy si belles mains,
Belles cuisses et si beaux rains,
Comme vous avez, par mon ame !
Nous deux gagnerons de l'argent,
Car vous avez ung beau corps gent. »

Les auteurs de mystères traitaient d'une manière toute profane les sujets les plus saints ; mais, loin d'imiter l'ancien théâtre latin, ils n'en venaient jamais à donner une large place à l'amour métaphysique ; ils n'entendaient rien à ce que nous appelons le drame passionné ; ils exprimaient souvent avec crudité les convoitises de la chair ; ils se plaisaient à toucher brutalement aux choses de la luxure, et quelquefois seulement ils soupiraient une idylle pastorale, pleine de vagues inspirations du cœur, comme dans ce charmant dialogue de deux bergers du *Mystère de la Passion* :

MELCHY.

Les pastourelles chanteront.

ACHIN.

Pastoureaux guetteront œillades.

MELCHY.

Les nymphes les escouteront,
Et les Driades danseront
Avec les gentes Oreades.

ACHIN.

Pan viendra faire ses gambades ;
Revenant des Champs Élysées,
Orpheus fera ses sonnades :
Lors Mercure dira ballades
Et chansons bien autorisées.

MELCHY.

Bergeres seront oppressées
Soudainement, sous les pastis...

Ce n'étaient là, pourtant, que de rares excitations à l'amour, qui pouvaient bien jeter du trouble dans un jeune cœur, tendre et naïf, mais non le corrompre et l'enivrer des poisons du vice. Les acteurs, par l'entraînement du *jeu* plutôt que par un calcul de perversité personnelle, se chargeaient trop souvent d'ajouter à leur rôle une pantomime licencieuse, que le poëte n'avait pas prévue et que le public encourageait de ses éclats de rire et de ses applaudissements. Ainsi, la bande des diables, qu'on nommait la *diablerie*, ne se distinguait pas moins par ses masques hideux et ses accoutrements étranges, que par ses postures indécentes et ses gestes malhonnêtes. Ces diables, dont les miniatures des manuscrits, les anciennes peintures murales et les vieilles estampes gravées en bois, nous représentent les portraits moins effrayants que ridicules, avaient parfois des têtes de marmousets ou de satyres tirant la langue, à la place des parties naturelles ou bien en guise de mamelles. Satan ou Lucifer offrait même un corps tout composé de ces têtes grotesques, qui roulaient des yeux provoquants et semblaient se servir de leur langue comme d'un emblème d'impureté; en outre, la queue de certains démons affectait des formes et des proportions obscènes. On tolérait sans doute, de la part de la Diablerie, ces excentricités libidineuses, par cette raison que, suivant les croyances de l'Église catholique, l'esprit du mal est surtout l'agent de l'impudicité. Chaque représentation avait lieu cependant sous la surveillance d'un sergent de la douzaine ou d'un sergent à verge, ayant mission expresse de surveiller, au nom du prévôt de Paris, la police de la salle et la conduite des jeux, pour qu'il ne s'y passât rien de déshonnête et qu'il ne s'y fît aucun désordre[1].

Cette surveillance avait sans doute de quoi s'exercer parmi les acteurs et les spectateurs. Les premiers, par exemple, ne suivaient aucune règle d'art, et se livraient à toutes les fantaisies de leur invention; chacun s'habillait à sa guise, chacun imaginait ce qui pouvait le faire remarquer au milieu de ses confrères et lui mériter la faveur de

[1] Voy. la Requête adressée au lieutenant du prévôt de Paris par les maîtres de la confrérie, en 1105, dans les *Variétés histor., phys. et littér.*, publ. par BOUCHER D'ARGIS, en 1752, t. I, p. 461.

l'auditoire. De là, de cette envie de briller, de cette émulation d'artiste, résultaient les plus incroyables polissonneries et les plus bizarres créations. La *diablerie*, comme nous l'avons dit, se permettait de sérieux outrages à la pudeur, et l'on mettait tout cela sur le compte du démon. Mais le chœur angélique n'était pas plus réservé, et les anges en venaient parfois à de singuliers oublis de leur rôle muet. Anges et diables, c'étaient des comparses qui chantaient des cantiques, récitaient des oraisons, jetaient des cris ou des hurlements, au signal qu'on leur donnait : leurs évolutions, leurs danses, leurs grimaces, leurs bouffonneries ne dépendaient que du caprice et de l'*engin* (*ingenium*) de chaque joueur. Tantôt un chérubin, en regagnant sa stalle, retroussait sa longue robe blanche et laissait voir qu'il avait ôté ses *grègues*, pour qu'on ne reconnût pas chez lui le maître bonnetier ou l'ouvrier baudroyeur de la rue Saint-Denis ; tantôt un autre bienheureux, vêtu d'une chasuble de prêtre, en tombant dans une trappe, restait suspendu la tête en bas, jusqu'à ce qu'on vînt le délivrer et remettre un peu d'ordre dans sa toilette. Ces épisodes burlesques nous sont indiqués dans les relations de quelques-uns de ces *jeux*. Du reste, pas de femme au nombre des *joueurs* : les rôles féminins étaient confiés aux jeunes garçons qui se rapprochaient le plus du physique de l'emploi, et qui en affectaient les allures. C'était là un attrait particulier pour de vils débauchés, qui ne manquaient pas de s'intéresser à ces beaux *garçonnets*, et qui, à force de les admirer sur le théâtre, cherchaient probablement à les retrouver hors de la scène.

On doit donc supposer que, malgré la surveillance du sergent à la douzaine ou du sergent à verge, la police des mœurs n'était pas et ne pouvait pas être bien faite à l'intérieur de la salle : dans le parterre (*parquet*), où personne n'était assis, où les spectateurs formaient une masse compacte et impénétrable ; dans les couloirs et les escaliers, qui n'étaient pas toujours déserts et silencieux pendant les représentations, et qui ne furent éclairés qu'à la fin du seizième siècle. Un règlement du lieutenant civil, concernant le théâtre de l'Hôtel de Bourgogne, en date du 12 novembre 1609 [1] ordonne que « seront tenus lesdits comédiens avoir de la lumière en lanterne ou autrement, tant au parterre, montées et galleries, que dessous les portes à la sortie, le tout à peine de cent livres d'amende et de punition exemplaire. Mandons au commissaire de police d'y tenir la main et de nous faire rapport des contraventions à la police. » En dépit de ce règlement et de ceux de même nature qui avaient pu le précéder, nous savons, pour l'avoir lu dans un livre imprimé du temps de Louis XIV, que l'éclairage des montées et des corridors était si négligé à cette époque, que ces endroits obscurs servaient aux rendez-vous et aux rencontres galantes durant le spectacle; car l'auteur que nous citons, sans nous rappeler le titre de son ouvrage, se plaignait de ce qu'en arrivant tard à la comédie, une fois le spectacle commencé, une femme honnête se trouvait exposée à heurter dans les ténèbres un couple amoureux qui lui barrait le passage. Quant à l'intérieur de la salle, il n'était éclairé que par deux ou trois lanternes enfumées, suspendues par des cordes au-dessus du parterre et par une rangée de grosses chandelles de suif allumées devant la scène, qui devenait obscure, quand le *moucheur* ne remplissait pas activement son emploi.

Nous ne nous étendrons pas davantage sur les actes de débauche qui se commettaient, surtout au parterre, pendant les représentations : il suffit de dire que ce scandale journalier, qui ne contribuait pas peu à donner des armes aux ennemis du théâtre, a duré jusqu'à ce que Voltaire fût parvenu à faire asseoir les spectateurs du parterre. L'abbé de Latour, dans ses *Réflexions morales, politiques, historiques et littéraires sur le théâtre* [2] se plaignait encore en 1772, de la débauche du parterre!

[1] Voy. le *Traité de la Police*, par Delamare, t. I, p. 472.
[2] Voy. liv. IX, t. V, p. 6, de ce recueil rare et curieux.

Cependant, le théâtre aurait échappé aux excommunications de l'Église, aux remontrances des parlements, aux vindictes des magistrats de police, s'il eût conservé le caractère exclusivement religieux qui avait favorisé son rétablissement sous la protection de Charles VI ; mais, quand des confréries dramatiques, semblables à celle de la Passion, se furent établies dans les provinces et eurent aussi représenté des *mystères* et des *miracles*, avec le concours des maîtres et des apprentis de corporations, les jeunes gens se lassèrent bientôt d'un spectacle édifiant qui ressemblait à un sermon mis en action ; la vieille gaieté gauloise ne se contenta plus de ces représentations pieuses où il y avait pourtant matière à rire, et la comédie naquit en France.

Des confréries joyeuses, qui s'intitulaient les *Enfants-sans-Souci* et les *Clercs de la Basoche*, se fondèrent à Paris et jouèrent des *farces* ou des *soties*, qui ne demandaient pas la pompe théâtrale des *mystères* et qui n'avaient besoin que d'un petit nombre de bons acteurs comiques. Ce nouveau théâtre facétieux s'ouvrit d'abord en plein air, sur les champs de foire, dans les halles, au milieu des carrefours de la ville. Deux ou trois bateleurs, montés sur des tréteaux, affublés d'oripeaux, le visage noirci ou enfariné, dialoguaient avec une verve graveleuse quelques scènes de mœurs populaires, qui avaient pour sujet presque invariablement l'amour et le mariage. Ces canevas, peu décents par eux-mêmes, prêtaient merveilleusement à des improvisations plus indécentes encore. Plus tard, aux improvisations succédèrent des pièces écrites en vers ou plutôt en lignes rimées, qui n'empêchaient pas l'acteur d'improviser encore et qui donnaient de la marge à sa pantomime licencieuse. Il n'en fallut pas davantage pour enlever aux confrères de la Passion la plupart de leurs spectateurs et pour rendre leurs représentations moins productives.

Ce fut en vain que les confrères de la Passion essayèrent de faire concurrence à leurs redoutables rivaux, soit en intercalant dans les mystères certains épisodes burlesques, certains personnages bouffons, qui apportaient quelque diversion à la gravité du sujet, soit en créant sous le nom de *moralités* un nouveau genre de pièces dialoguées, dont l'allégorie satirique et morale faisait à peu près tous les frais; ce fut vain : les joueurs de farces étaient toujours mieux accueillis que la troupe de l'hôpital de la Trinité, et le public qu'ils divertissaient prit parti pour eux, quand ils furent persécutés par la prévôté de Paris, qui voulut s'opposer à l'installation permanente de leur théâtre. Il était trop tard désormais pour supprimer un genre de spectacle qui allait si bien à l'esprit français : on ne put que lui prescrire des bornes et le subordonner, pour ainsi dire, au privilége accordé par Charles VI aux confrères de la Passion. En conséquence, les confrères signèrent avec les Enfants-sans-Souci un traité d'alliance, par lequel ces derniers devaient exploiter, de concert avec eux et sur la même scène, les trois genres dramatiques, qui se partageaient le domaine encore restreint de l'art théâtral. Il fut convenu entre les deux troupes rivales, qu'elles se mettraient en valeur l'une par l'autre, et qu'elles joueraient à tour de rôle la *moralité*, la *farce* et le *mystère*, pour varier leurs représentations. Le peuple, qu'on semblait avoir appelé comme témoin à la signature du contrat, en apprécia finement l'importance dans l'intérêt de ses plaisirs, et désigna sous le nom de *jeu des pois pilés* cette association des genres les plus disparates, du sacré et du profane, du tragique et du comique, de l'édifiant et du scandaleux. Cette expression de *pois pilés*, qui signifie mélange ou pot-pourri, faisait allusion, a dit un historien du théâtre, à quelque farce, très-connue autrefois, dans laquelle un *badin* était représenté pilant des pois secs et y mêlant des pois lupins, qui sont fort amers, et des pois chiches, qui servaient beaucoup en médecine[1].

Le théâtre de Paris, qui était, si l'on peut s'exprimer

---

[1] Nous avons pensé, avec plus de raison, que le *Jeu des pois pilés* devait son nom à un passage du *Nouveau Pathelin*. Voyez, ci-après, p. 157.

ainsi, le chef d'ordre de tous les théâtres de France, resta constitué de la sorte jusqu'au milieu du seizième siècle : il avait deux troupes distinctes, celle des confrères de la Passion et celle des Enfants-sans-Souci, qui jouaient simultanément ou alternativement. Les représentations avaient lieu entre la messe et les vêpres, le dimanche, c'est-à-dire de midi à quatre heures environ ; et comme il eût été impossible, dans cet intervalle de temps, de représenter un grand mystère ou une grande moralité, qui avait quelquefois trente actes, quarante mille vers et deux ou trois cents acteurs, on se bornait à en extraire quelques scènes ou bien un acte entier, lequel, accompagné d'une farce ou d'un sermon joyeux, composait le spectacle. Dans de rares circonstances, en province surtout, on représentait un mystère complet, souvent avec une farce et une petite moralité ; la représentation durait plusieurs jours de suite ; elle avait lieu non plus dans une salle fermée, mais dans les ruines d'un amphithéâtre romain, comme à Doué, ou sur un théâtre ouvert dressé en place publique, ou dans une vaste plaine. En ces occasions solennelles, tous les habitants d'une ville, d'un *pays* ou d'une province, participaient à la dépense générale, fournissaient des aumônes, des vivres, des armes, des habits, et avaient droit d'assister au *jeu*, ainsi qu'à la *montre* ou procession solennelle des acteurs, qui précédait toujours la représentation.

Il suffira de faire observer combien la corruption des mœurs était favorisée par ces espèces de *cours plénières* du peuple, qui mettaient en mouvement tant de passions diverses, tant de vanités, tant de convoitises, tant de prestiges et de séductions. Le jeu d'un grand mystère donnait lieu inévitablement à des orgies sans nombre et à des désordres de toute espèce ; mais, du moins, à Paris, les représentations hebdomadaires des confrères de la Passion et des Enfants-sans-Souci, quoique également dangereuses à certains égards, ne pouvaient engendrer de pareils excès : elles agissaient lentement sur la moralité publique et elles altéraient insensiblement la candeur des âmes en remuant sans cesse le limon de la vie sociale. Cependant le théâtre, si obscène, si scandaleux, si corrupteur qu'il fût, ne paraît pas avoir encouru, à Paris, l'animadversion et les réprimandes de l'autorité civile ou ecclésiastique, avant le règne de Louis XII. Ce fut vers 1512 que les Enfants-sans-Souci se virent menacés dans l'existence de leur confrérie, et furent obligés de suspendre leurs représentations, jusqu'à ce que leur confrère Clément Marot les eût remis en faveur auprès du roi. On ignore le motif de cette disgrâce; mais il est probable que la question des mœurs n'y était pour rien, et que ces farceurs audacieux s'étaient permis, à l'instar des clercs de la Basoche, quelques boutades satiriques contre l'avarice du roi, contre la politique de son règne ou contre la reine Anne de Bretagne. C'est à cette occasion, sans doute, que Louis XII avait dit qu'il entendait que l'honneur des dames fût respecté, et qu'il ferait bien repentir quiconque oserait y porter atteinte.

Il est très-vraisemblable que les griefs qu'on alléguait à cette époque pour fermer le théâtre des Enfants-sans-Souci furent l'origine d'un usage qui a existé pendant tout le cours du seizième siècle, et qui s'est perpétué jusqu'à présent : il fallait que les *maîtres du jeu* déposassent à la prévôté de Paris les manuscrits des pièces qu'ils voulaient jouer, et obtinssent du prévôt ou de son lieutenant une permission préliminaire, pour la représentation de chaque pièce nouvelle. Souvent, il est vrai, les auteurs et les acteurs refusaient de s'astreindre à cette servitude, et bien des farces ordurières, qui passaient pour des impromptus, échappaient ainsi à l'examen des censeurs, qui ne les eussent point autorisées. Le lieutenant civil, dans son règlement du 12 novembre 1609, renouvela la défense de représenter « aucunes comédies ou farces, qu'ils (les comédiens) ne les aient communiquées au procureur du roy, et que leur rôle ou registre ne soit de nous signé. » Nous avons de la peine à croire que les prologues de Bruscam-

bille, les harangues de Tabarin, les chansons de Gaultier
Garguille, aient été soumis de la sorte au procureur du roi
et revêtus de son approbation. Le théâtre s'était bien éloigné du but édifiant de son institution depuis Charles VI,
lorsque les sermonnaires du seizième siècle accusèrent la
vie déréglée des comédiens et de tous les libertins qui
embrassaient cette profession peu honorable, pour se livrer plus facilement à la débauche, à la fainéantise et au
vagabondage. Les jeunes poëtes, à l'exemple de Villon et
de Clément Marot, avaient surtout un penchant irrésis-
tible pour le théâtre. On conçoit que la dévotion et l'enthousiasme religieux n'étaient plus, comme dans les premiers temps, le lien et l'attrait des confrères de la Passion.
L'Église, tout en condamnant le théâtre d'une manière générale et absolue, n'avait pourtant pas encore frappé d'anathème les joueurs de farces, quels que fussent la dépravation
de leurs mœurs et le scandale de leur conduite privée. Toutefois, les théologiens, dans leurs écrits dogmatiques, dé-
claraient hautement qu'on ne pouvait, sans enfreindre les
lois canoniques, donner le sacrement de l'Eucharistie aux
histrions, qui étaient toujours en état de péché mortel[1]; et
le fameux casuiste Gabriel Biel, qui examina ce cas de conscience à la fin du quatorzième siècle, au moment même
où s'établissait la confrérie de la Passion, comprend l'art
théâtral parmi les arts maudits et défendus. Les statuts de
l'Université de Paris ordonnaient que les comédiens fussent
relégués au delà des ponts et ne vinssent jamais loger dans
le quartier des écoles, tant leurs jeux scéniques étaient ré-
putés dangereux pour la morale (*Ludi ..., quibus lascivia,
petulantia, procacitas excitetur*, stat. 29 et 53). Mais cependant on n'appliquait jamais d'une manière générale et
rigoureuse la doctrine de l'Église contre les comédiens, qui
étaient enterrés en terre sainte, lors même qu'ils venaient à

---

[1] *Discours sur la comédie, ou Traité histor. et dogmat. des
jeux de théâtre*, par le P. Pierre LEBRUN. Paris, veuve Delaulne,
1731, p. 202.

mourir subitement sur le théâtre; les sépultures et les épitaphes de quelques-uns d'entre eux se voyaient encore, au dix-septième siècle, dans différentes églises de Paris.

Quant aux comédiennes, elles ne furent pas plus excommuniées que ne l'étaient les comédiens, lorsqu'elles commencèrent à se produire sur la scène et à s'y montrer sans masque, pendant le règne de Henri III ou celui de Henri IV. Ces comédiennes n'étaient pourtant que les concubines des comédiens, et elles vivaient, comme eux, dans une telle dissolution, que, suivant l'expression de Tallemant des Réaux, elles servaient de *femmes communes* à toute la troupe dramatique. Elles avaient donc de tout temps fait partie des associations d'acteurs nomades ou sédentaires; mais le public ne les connaissait pas, et leurs attributions plus ou moins malhonnêtes se cachaient alors derrière le théâtre; dès qu'elles revendiquèrent les rôles de femmes, qui avaient toujours été joués par des hommes, leur présence sur la scène fut regardée comme une odieuse prostitution de leur sexe.

Ces premières comédiennes étaient vues de si mauvais œil par le public, qui les tolérait à peine dans leurs rôles, que ces rôles ne leur revenaient pas de droit et que les comédiens les leur disputaient souvent. Nous pensons que ce fut l'exemple des troupes italiennes et espagnoles, qui amena l'apparition des femmes sur la scène française : la troupe italienne avait été appelée par Henri III, de Venise à Paris, où la troupe espagnole n'arriva que du temps de Henri IV. Ces deux troupes causèrent beaucoup de désordres, et l'on doit en accuser les actrices qui ajoutaient, par l'immodestie de leur jeu et de leur toilette, un attrait et un scandale de plus aux représentations.

« Le dimanche 19 may 1577, dit Pierre de l'Estoile, les comedians italiens, surnommez *i Gelosi*, commencèrent à jouer leurs comédies italiennes en la salle de l'hostel de Bourbon à Paris; ils prenoient de salaire 4 sols par teste de tous les François qui les vouloient aller voir jouer, et il y avoit tel concours et affluence de peuple, que les quatre meilleurs prédicateurs de Paris n'en avoient pas très tous ensemble autant quand ils preschoient. » Ces représentations avaient un charme particulier pour les libertins, qui y allaient surtout admirer les dames ; « car, au dire de P. de l'Estoile, elles faisoient monstre de leurs seins et poictrines ouvertes et autres parties pectorales, qui ont un perpetuel mouvement, que ces bonnes dames faisoient aller par compas ou mesure, comme une horloge; ou, pour mieux dire, comme les soufflets des mareschaux[1]. » Le Parlement crut devoir mettre un terme à ces impudiques exhibitions, et six semaines après l'ouverture du théâtre des Gelosi, défense leur fut faite de jouer leurs comédies, sous peine de 10,000 livres parisis d'amende applicable à la *boîte des pauvres ;* mais ces Italiens ne se tinrent pas pour battus, et le samedi 27 juillet, ils rouvrirent le théâtre de l'hôtel de Bourbon, « comme auparavant, dit l'Estoile, par la permission et justice expresse du roy, la corruption de ce temps estant telle, que les farceurs, bouffons, putains et mignons avoient tout crédit. »

Quant aux acteurs espagnols, ils s'étaient établis en 1604 à la foire Saint-Germain, et leur séjour à Paris fut marqué par le supplice de deux d'entre eux, que le bailli de Saint-Germain fit rouer vifs comme coupables du meurtre d'une comédienne, leur camarade, qu'ils avaient poignardée et jetée dans la Seine. Cette belle jeune femme espagnole, âgée de vingt-deux ans environ, dit l'Estoile, « avoit dès longtemps privée et familière connoissance » avec ces deux hommes, qui la tuèrent sans doute pour se venger d'elle plutôt que pour la voler.

Telle est, à notre avis, l'origine de l'installation des comédiennes sur la scène française. On ne saurait dire quelle fut la première qui s'exposa aux regards des spectateurs. On trouve le nom de la *femme Dufresne,* écrit à la main

[1] Voy. le *Journal de Henri III*, dans l'édit. publ. par MM. Champollion.

sur un exemplaire de l'*Union d'amour et de chasteté*, pastorale en cinq actes et en vers de l'invention d'A. Gautier, apothicaire avranchois. Cette pièce, imprimée à Poitiers en 1605, fut jouée certainement vers cette époque[1]. Dans un exemplaire d'une autre pièce de théâtre de la même époque, la *Tragédie de Jeanne d'Arques, dite la Pucelle d'Orléans*, imprimée à Rouen, chez Raphaël du Petit-Val, en 1603, on trouve les noms de deux actrices, écrits à la main. Nous avons dit, dans le Catalogue de la Bibliothèque dramatique de M. de Soleinne[2], que ces noms étaient *V. Froneuphe* et *Marthon Plus*. Mais nous sommes porté à croire qu'il faut lire plutôt *Fanuche*, au lieu de *Froneuphe*, car la Fanuche était une courtisane fameuse à qui Henri IV eut affaire, et que les poëtes du temps ont célébrée dans leurs vers. Enfin, l'abbé de Marolles, dans ses *Mémoires*[3], cite avec éloge un acteur de l'hôtel de Bourgogne, qui jouait les rôles de femme en 1616, sous le nom de *Perrine*, avec Gautier Garguille; il parle aussi de « cette fameuse comédienne, appelé Laporte (Marie Vernier), qui montoit encore sur le théâtre et se faisoit admirer de tout le monde avec Valeran. »

On peut affirmer avec certitude que jamais les femmes n'ont figuré dans les *mystères* : il ne faut donc pas attribuer l'interdiction de ce genre de spectacle à un scandale que leur présence aurait causé. Ce n'est qu'en 1540, que le Parlement jugea nécessaire d'intervenir pour la première fois dans les questions de théâtre, mais il est certain que l'intérêt des mœurs réclamait depuis longtemps son intervention. Le Parlement commença par rendre l'hôpital de la Trinité à son ancienne destination et par en faire sortir les confrères de la Passion, qui transportèrent le siége de leur confrérie dans l'église des Jacobins de la rue Saint-Jacques, et leur *jeu* à l'hôtel de Flandre. Le théâ-

---

[1] Voy. la *Bibliothèque dramat. de M. de Soleinne*, t. I, p. 189.
[2] Voy. p. 50 du *Supplément* au tome Ier de ce Catalogue.
[3] Tome I, p. 89 de l'édit. in-12, publiée en 1755.

tre fut installé à grands frais dans ce grand hôtel, situé entre les rues Plâtrière, Coq-Héron, Coquillière et des Vieux-Augustins ; mais, après les premières représentations d'un nouveau *mystère*, celui de l'*Ancien Testament*, joué à la fin de l'année 1541, le Parlement ordonna la fermeture du théâtre, par ces motifs exprimés dans l'arrêt : « 1° que, pour réjouir le peuple, on mêle ordinairement, à ces sortes de jeux, des farces ou comédies dérisoires, qui sont choses défendues par les saints canons ; 2° que les acteurs de ces pièces jouant pour le gain, ils devoient passer pour histrions, joculateurs ou bateleurs ; 3° que les assemblées de ces jeux donnoient lieu à des parties ou assignations d'adultère et de fornication ; 4° que cela fait dépenser de l'argent mal à propos aux bourgeois et aux artisans de la ville [1]. »

Les confrères de la Passion firent valoir leurs priviléges, octroyés par Charles VI et confirmés à plusieurs reprises par les rois ses successeurs ; ils adressèrent une requête au Parlement et une supplique au roi, en exposant que de temps immémorial ils faisaient jouer leurs mystères, « à l'édification du commun populaire, sans offense générale ni particulière. » Le roi donna des ordres, et le Parlement revint sur sa décision par un arrêt en date du 27 janvier 1541 (1542, nouveau style). La Cour, suivant les lettres patentes du roi qui permettait à Charles Leroyer et consorts, maîtres et entrepreneurs du jeu et mystère de l'Ancien Testament, de faire représenter ce mystère, leur accorda la même permission, « à la charge d'en user bien et duement, sans y user d'aucunes fraudes ny interpoler choses profanes, lascives et ridicules. » Il est dit, en outre, dans cet arrêt, « que, pour l'entrée des théâtres, ils (les maîtres du jeu) ne prendront que deux sous de chascune personne, et pour le louage de chaque loge durant ledict mystère, que trente escus ; n'y sera procédé qu'à jour de

---

[1] Voy. le *Traité histor. et dogmat. des jeux de théâtre*, du Père LEBRUN, p. 214.

festes non solennelles; commenceront à une heure après midy, finiront à cinq et feront en sorte qu'il n'ensuive scandale ni tumulte; et à cause que le peuple sera distrait du service divin et que cela diminuera les aumosnes, ils bailleront aux pauvres la somme de mille livres, sauf à ordonner une plus grande somme. » C'est là, dit-on, la première application du *droit des pauvres*, qu'on préleva d'abord au profit des pauvres orphelins.

Le Parlement avait désormais les yeux ouverts sur l'inconvenance des mystères et sur l'obscénité des farces qui les accompagnaient; le *Mystère de la Passion*, retouché et corrigé par Arnoul Greban, offrait encore plus d'un passage intolérable[1]; le *Mystère de l'Ancien Testament*, qui fut le dernier représenté et imprimé, renfermait des scènes qui n'outrageaient pas moins les mœurs que la religion. Tout à coup le roi ordonna la démolition de l'hôtel de Flandre, et les confrères de la Passion se trouvèrent encore une fois sans asile : on voulait probablement les contraindre à supprimer eux-mêmes leur confrérie. Ils achetèrent le vieil hôtel de Bourgogne dans la rue Mauconseil et ils y firent construire un nouveau théâtre; mais, lorsqu'ils s'apprêtaient à reprendre le cours de leurs représentations, le Parlement, auquel ils demandaient la confirmation de leurs priviléges, leur défendit expressément, par arrêt du 17 novembre 1548, « de jouer les mystères de la Passion de nostre Sauveur ni autres mystères sacrés, sous peine d'amende arbitraire, leur permettant néanmoins de pouvoir jouer autres mystères profanes, honnestes et licites, sans offenser ni injurier aucunes personnes. »

Les mystères avaient fait leur temps; on en réimprima quelques-uns, mais on ne les joua plus que dans le fond des provinces. Le Parlement, qui les avait interdits, se conformait d'ailleurs au goût du public, que ce genre de spectacle laissait froid ou indigné. La tragédie et la co-

---

[1] Voy. l'*Histoire de Paris* de DULAURE, édit. in-12, t. III, p. 501.

médie se partagèrent la succession dramatique des mystères, mais le genre favori du seizième siècle, celui que les honnêtes gens réprouvaient et que le Parlement n'osait pas interdire, c'était la farce des Enfants-sans-Souci, c'était ce comique bouffon et licencieux qui mettait en scène les vices et les ridicules du peuple.

« Les farces, dit Louis Guyon dans ses *Diverses leçons* (Lyon; Ant. Chard, 1623, 3 vol. in-8°), ne diffèrent en rien des comédies, sinon qu'on y introduit des interlocuteurs qui représentent gens de peu et qui par leurs gestes apprennent à rire au peuple, et, entre autres, on y en a introduit un ou deux qui contrefont les fols, qu'on appelle Zanis et Pantalons, ayant de faux visages fort contrefaits et ridicules : en France, on les appelle *badins*, revestus de mesmes habits. Et communément il ne se traicte sinon des bons tours que font des frippons, pour la mangeaille, à de pauvres idiots et maladvisez qui se laissent légèrement tromper et persuader ; ou on y introduit des personnages luxurieux, voluptueux, qui deçoivent quelques maris sots et idiots, pour abuser de leurs femmes, ou bien souvent des femmes qui inventent les moyens de jouyr du jeu d'amour finement, sans qu'on s'en aperçoive... Quant aux farces, d'autant que volontiers elles sont pleines de toutes impudicitez, vilenies et gourmandises, et gestes peu honnestes, enseignans au peuple comme on peut tromper la femme d'autruy, et les serviteurs et servantes, leurs maistres, et autres semblables choses, sont répouvées de gens sages et ne sont trouvées bonnes. »

Cependant ces farces, dont la plus grande partie est restée inédite et a suivi dans la tombe les vieux comédiens, occupèrent le théâtre jusqu'au règne de Louis XIV, où quelques-unes des plus célèbres se transformèrent en comédies.

Depuis la suppression du spectacle des mystères, le théâtre, au lieu de s'épurer et de tendre vers un but moral, s'abandonnait à une licence bien digne de justifier les plain tes amères de ses ennemis; il semblait n'avoir plus d'autre destination que de pervertir la jeunesse et d'enseigner la débauche. Voici en quels termes un zélé catholique le dénonçait, en 1588, à l'horreur des bons citoyens et au châtiment des magistrats, dans ses *Remontrances très-humbles au roy de France et de Pologne Henry troisiesme de ce nom, sur les désordres et misères du royaume.* « En ce cloaque et maison de Sathan, nommée *l'hostel de Bourgogne*, dont les acteurs se disent abusivement *confrères de la passion de Jésus-Christ* se donnent mille assignations scandaleuses, au préjudice de l'honnesteté et pudicité des femmes et à la ruine des familles des pauvres artisans, desquels la salle basse (le parterre) est toute pleine, et lesquels, plus de deux heures avant le jeu, passent leur temps en devis impudiques, jeux de cartes et de dez, en gourmandise, en ivrognerie, tout publiquement, d'où viennent plusieurs querelles et batteries... Sur l'eschafaud (le théâtre), l'on y dresse des autels chargés de croix et d'ornements ecclésiastiques; l'on y représente des prestres revestus de surplis; mesme aux farces impudiques, pour faire mariage de risées, l'on y lit le texte de l'Evangile en chants ecclésiastiques, pour, par occasion, y rencontrer un mot à plaisir, qui sert au jeu : et, au surplus, il n'y a farce qui ne soit orde, sale et vilaine, au scandale de la jeunesse qui y assiste. »

Les farces du quinzième et du seizième siècle, qui furent le berceau de la vraie comédie, contribuèrent néanmoins au relâchement des mœurs, malgré l'esprit, la gaieté et la malice qu'on y trouve presque toujours et qui les recommandent encore à l'étude des curieux ; la plupart ne furent jamais imprimées ; presque toutes ont été perdues et anéanties : on ne les connaîtrait plus que par ouï-dire, si deux publications récentes ne nous en avaient pas remis au jour environ cencinquante, qui ont échappé ainsi à une destruction systématique. « On ne sçauroit dire, écrivait Antoine du Verdier, sieur de Vauprivas, dans sa *Bibliothèque françoise,* im primée à Lyon en 1584, on ne sçauroit dire les farces qui ont été composées et imprimées, si grand en est le nombre ; car, au passé, chascun se mesloit d'en faire, et encore les histrions, dits Enfants-sans-Soucy, en jouent et récitent. Or n'est la farce qu'un acte de comédie, et la plus courte est estimée la meilleure, afin d'éviter l'ennuy qu'une prolexité et longueur apporteroit aux spectateurs. » Du Verdier ajoute que, selon l'*Art de réthorique* de Gratian du Pont, il faut que la farce ou sotie ne passe pas cinq cents vers. Outre la farce proprement dite, il y avait aussi des dialogues joyeux à deux personnages, des monologues et des sermons joyeux, que récitait un seul comédien. De cette multitude de farces qui ont été représentées et imprimées souvent, dix ou douze seulement avaient été sauvées ; car les ecclésiastiques et les personnes dévotes étaient parvenus à faire disparaître tous les exemplaires de ces compositions libres ou obscènes : on ne s'explique pas autrement pourquoi tant de farces imprimées, tant d'éditions successives ont disparu, sans laisser de traces.

On découvrit, il y a peu d'années, dans une vieille librairie d'Allemagne, un recueil de soixante-quatre farces, dialogues, monologues, sermons joyeux, imprimés la plupart à Lyon, vers 1545 ; le *British Museum* de Londres s'est rendu acquéreur de ce recueil unique, dans lequel on ne trouve que six ou sept pièces déjà connues. C'est ce recueil de farces qui a été réimprimé par les soins de M. de Montaiglon, sous le titre d'*Ancien Théâtre françois*, dans la *Bibliothèque elzévirienne* (Paris, P. Jannet, 1854, 3 vol. in-18). Précédemment, MM. Leroux de Lincy et Francisque Michel avaient publié (Paris, Techener, 1831-37, 4 vol. in-8°), d'après un manuscrit que possédait le duc de La Vallière (voy. le *Catal.* rédigé par Guill. Debure, n° 3304), et qui est maintenant à la Bibliothèque impériale, soixante-quatorze farces de la même époque, lesquelles ont été certainement imprimées dans leur nouveauté, et dont les éditions originales furent anéanties comme tant d'autres.

Ces deux recueils, si précieux pour l'histoire du théâtre, suffisent pour nous apprendre combien la morale et la pudeur publiques avaient à gémir de la représentation des farces, où le jeu des acteurs exagérait toujours l'indécence du sujet et du dialogue.

La guerre implacable qu'on faisait aux farces imprimées avait déjà réussi, vers le commencement du dix-septième siècle, à les rendre assez rares, pour qu'un bibliophile, amateur de ce genre de littérature comique, se soit efforcé d'en sauver quelques-unes du naufrage, en faisant réimprimer, dès l'année 1612, chez Nicolas Rousset, libraire de Paris, un *Recueil de plusieurs farces tant anciennes que modernes, lesquelles ont esté mises en meilleur ordre et langage qu'auparavant*. Les auteurs de la *Bibliothèque du théâtre françois* (le duc de La Vallière, Marin et Mercier de Saint-Léger) ont analysé les sept farces que contient ce curieux recueil, de manière à nous prouver que le théâtre de ce temps-là ne se souciait guère de respecter les spectateurs, qui pardonnaient la plus grosse ordure, pourvu qu'on leur donnât à rire.

Une de ces farces, que La Fontaine a imitée dans le conte du *Faiseur d'oreilles*, met en scène une femme grosse qui demande au médecin si elle aura un garçon ou une fille. Le médecin regarde dans sa main, et lui dit que cet enfant n'aura point de nez. La femme se désespère, mais le médecin la console et promet de réparer ce malheur : pour cet effet, il se retire avec elle. La femme rejoint son mari, qui l'attendait à la porte, et accouche un moment après. « Comment, dit le mari, il y a treize mois que je ne me suis approché de vous, et vous faites un enfant, tandis que la première année de notre mariage vous accouchâtes au bout de six mois ! — C'est, répondit-elle, que la première fois l'enfant avait été placé trop près de l'issue, et la seconde, trop avant. » Ce n'était rien que de faire accoucher une femme sur le théâtre ; on voyait souvent les amants et les époux se coucher et continuer leur rôle entre les draps du lit ! Souvent aussi, l'action se passait derrière la scène ou dans la niche fermée de rideaux ; mais, pour éviter un malentendu, on avertissait le spectateur de tout ce qu'on ne lui permettait pas de voir. Dans la *Farce joyeuse et recreative d'une femme qui demande les arrérages à son mary*, les deux époux, qui ont failli avoir un procès sur ce chapitre matrimonial, finissent par s'accorder et par sortir ensemble. Un voisin, qui s'est employé à la réconciliation des parties, dit alors :

> « Ilz s'en sont allez là derriere,
> Pensez, cheviller leur accord,
> Afin qu'il en tienne plus fort.
> C'est ainsi qu'il fault apaiser
> Les femmes, quant veulent noiser. »

Il faudrait citer et analyser toutes les farces qui nous restent du seizième siècle, pour faire comprendre la part d'influence et de complicité qui leur revenait dans le relâchement de la morale publique. Une femme de bien, après avoir assisté à ces représentations, en revenait l'âme souillée et l'esprit tourné à la luxure ; car non-seulement les images les plus obscènes, les mots les plus crus, les maximes les plus honteuses émaillaient le dialogue des farceurs, mais encore leur pantomime et leurs jeux de scène étaient d'horribles provocations à la débauche. Nous citerons, comme exemple, la *Farce de frère Guillebert*, qualifiée *très-bonne et fort joyeuse* dans l'édition originale que contient le recueil du *British Museum* de Londres ; elle est, en effet, vraiment comique, et l'on peut se rendre compte du succès de folle gaieté qu'elle obtenait à la scène. Elle commence par un de ces sermons joyeux, qui formaient souvent à eux seuls l'intermède, dans les entr'actes d'une tragédie ou d'une comédie sérieuse. On aura une idée exacte du théâtre au seizième siècle, en lisant cet incroyable monologue, qui se débitait et se mimait en plein théâtre, au milieu des éclats de rire de l'assemblée entière.

C'était là le théâtre populaire jusqu'au commencement

du seizième siècle ; on peut imaginer la déplorable influence qu'il devait exercer sur les mœurs. Les farces de cette espèce étaient innombrables, comme le dit Du Verdier ; elles se jouaient par toute la France, même dans les plus petits villages ; elles servaient de thème, pour ainsi dire, à la pantomime la plus indécente ; elles souillaient à la fois les yeux et les oreilles des spectateurs, qui encourageaient, par des applaudissements et des éclats de rire insensés, le jeu impudique des acteurs. On conçoit que le clergé catholique ait signalé avec indignation ce déplorable abus de l'art scénique, et l'on ne s'étonne plus, en présence de pareilles ordures, que le théâtre tout entier se soit trouvé enveloppé dans l'anathème dont l'Église frappa plus tard les farceurs et les comédiens. Saint François de Sales, qui composait, vers cette époque, ses écrits de morale religieuse, comparait les représentations théâtrales aux champignons, dont les meilleurs ne sont pas salubres.

Cependant l'autorité civile et judiciaire, qui avait mission de veiller à la police des mœurs, ne semble pas s'être émue de l'incroyable licence du théâtre français, avant la fin du règne de Louis XIII ; jusque-là, le lieutenant civil, dans quelques arrêts relatifs aux comédiens, avait enjoint à ceux-ci de ne représenter que « des pièces licites et honnestes, qui n'offensassent personne ; » mais les commissaires et les sergents ne paraissent pas avoir fait exécuter ces arrêts au profit de la décence publique. En revanche, la répression était très-prompte et très-sévère à l'égard de toutes les satires personnelles qui s'adressaient à des gens de qualité et à des particuliers notables. On emprisonnait alors, sans forme de procès, les comédiens qui s'étaient permis la moindre atteinte au respect des personnes et au secret de la vie privée. Quant aux farces qui n'étaient que graveleuses ou ignobles, on leur laissait la carrière libre, et on n'avait pas l'air d'en être scandalisé, d'autant plus que ces spectacles déshonnêtes faisaient le charme du peuple, qui y retrouvait la peinture de ses mœurs grossières, l'expression fidèle de ses sentiments bas, l'écho de son langage trivial.

Nous avons dit que le plus grand nombre des farces n'ont pas été imprimées, et que celles qui le furent ont disparu en majeure partie. Il en existe encore assez pour qu'on puisse se faire une idée exacte d'un genre de spectacle que le peuple préférait à tout autre, et qui exerça sans doute une fâcheuse influence sur les mœurs, tant que le théâtre fut déshonoré par la représentation de ces pièces licencieuses. Voici les intitulés de quelques-unes, qui tiennent d'ailleurs tout ce que promet leur préambule : « Farce nouvelle, très-bonne et fort joyeuse, des femmes qui demandent les arrérages de leurs maris, et les font obliger par *nisi ;* à cinq personnages, c'est assavoir : le mary, la dame, la chambrière et le voysin. — Farce nouvelle et fort joyeuse des femmes qui font escurer leurs chaulderons et deffendent qu'on ne mette la pièce auprès du trou; à trois personnages, c'est assavoir : la première femme, la seconde et le maignen. — Farce très-bonne et fort joyeuse de Jeninot, qui fist un roy de son chat, par faulte d'autre compagnon, en criant : Le roy boit! et monta sur sa maîtresse pour la mener à la messe ; à trois personnages, » etc. Tels étaient les titres, qui donnaient un avant-goût des farces que l'affiche annonçait au public. Ces farces, qui avaient une vogue extraordinaire, on les apprenait par cœur à force de les entendre, et chacun, au besoin, était en état d'y remplir un rôle, lorsque, à défaut de *joueurs* de profession, une confrérie de compagnons, une corporation de métier, une société joyeuse, se constituait en troupe dramatique. Les associations d'acteurs bourgeois ou artisans s multiplièrent sur tous les points du royaume, dans la première moitié du dix-septième siècle, et la débauche, qui était toujours le mobile de cette passion effrénée du théâtre, se multiplia également, en proportion du nombre des comédiens et des comédiennes, qui vivaient dans le désordre le plus crapuleux.

« Il y avait deux troupes alors à Paris, raconte Tallemant des Réaux[1], qui avait recueilli la tradition de la bouche de ses contemporains ; c'étoient presque tous des filous, et leurs femmes vivoient dans la plus grande licence du monde : c'étoient des femmes communes et même aux comédiens de l'autre troupe, dont elles n'étoient pas. » Tallemant des Réaux ajoute plus loin : « La comédie n'a été en honneur que depuis que le cardinal de Richelieu en a pris soin (vers 1625), et, avant cela, les honnêtes femmes n'y alloient point. » Les trois plus habiles farceurs de ce temps-là, connus sous leurs noms de théâtre, Turlupin, Gaultier Garguille et Gros-Guillaume, jouaient la comédie sans femmes, et poussaient à l'envi le burlesque jusqu'au cynisme le plus éhonté. Tallemant des Réaux dit pourtant que Gaultier Garguille fut « le premier qui commença à vivre un peu plus réglément que les autres, » et que Turlupin, « renchérissant sur la modestie de Gaultier Garguille, meubla une chambre proprement ; car tous les autres étoient épars çà et là, et n'avoient ni feu ni lieu. » Sauval, qui écrivait son *Histoire des Antiquités de Paris* en même temps que Tallemant ses *Historiettes*, se garde bien de délivrer un certificat de bonnes mœurs à ces trois fameux bouffons ; il dit même de Gaultier Garguille, qu'il « n'aima jamais qu'en lieu bas ; » et l'épitaphe qu'on avait faite pour les trois amis, enterrés ensemble dans l'église de Saint-Sauveur, renferme un trait qui pourrait bien faire allusion à la vilaine nature de leur association :

> Gaultier, Guillaume et Turlupin,
> Ignorans en grec et latin,
> Brillèrent tous trois sur la scène
> Sans recourir au sexe feminin,
> Qu'ils disoient un peu trop malin :
> Faisant oublier toute peine,
> Leur jeu de théâtre badin

---

[1] Voy. t. X des *Historiettes*, édit. in-12, p. 40.

Dissipoit le plus fort chagrin.
Mais la Mort, en une semaine,
Pour venger son sexe mutin,
Fit à tous trois trouver leur fin.

Gros-Guillaume jouait à visage découvert ; mais ses deux amis étaient toujours masqués : chacun d'eux avait un costume caractéristique, qu'il ne changeait jamais dans la farce. Avant d'être incorporés dans la troupe de l'hôtel de Bourgogne, ils avaient établi leurs tréteaux dans un jeu de paume, qui ne suffisait pas à contenir tous les curieux que ces représentations y attiraient. Le cardinal de Richelieu voulut les voir et les entendre ; il fut enchanté d'eux, et il les juga dignes de devenir comédiens de l'hôtel de Bourgogne, où ils transportèrent leurs farces et leurs chansons. On peut supposer que ces farces étaient de la composition de Turlupin, puisque le nom de *turlupinades* est resté aux canevas facétieux, qu'ils jouaient ensemble, d'abondance et à l'impromptu, comme les farces italiennes. On sait d'ailleurs, que les chansons, que nos trois amis chantaient d'une manière si plaisante n'avaient pas d'autre auteur que Gaultier Garguille, qui les fit imprimer lui-même en 1632 (Paris, Targa, petit in-12), et qui obtint, sous son véritable nom, à cet effet, un privilége du roi, octroyé, était-il dit dans ce privilége, « à nostre cher et bien-aimé Hugues Gueru, dit Fléchelles, l'un de nos comédiens ordinaires, de peur que des contrefacteurs ne viennent adjouster quelques autres chansons plus dissolues. » La *Chanson de Gaultier Garguille*, si dissolue qu'elle fût de son essence, avait passé en proverbe, et bien des gens, dit Sauval, n'allaient à l'hôtel de Bourgogne, que pour l'entendre. Quant aux farces, dans lesquelles Turlupin (Henri Legrand était son nom de famille) se distinguait par des « rencontres pleines d'esprit, de feu et de jugement, » elles n'eurent pas probablement les honneurs de l'impression : on ne les connaît que par des scènes qui ont été reproduites dans de vieilles estampes de Briot, de Mariette et d'Abraham Bosse. Au reste, ces illustres farceurs s'étaient essayés aussi, avec succès, dans la comédie héroïque, qui descendait parfois aux trivialités de la farce.

L'hôtel de Bourgogne, où l'on représenta des farces proprement dites jusqu'au milieu du dix-septième siècle, possédait, au commencement de ce siècle, un comédien auteur, non moins fameux que le furent plus tard Turlupin, Gaultier Garguille, Gros-Guillaume et Guillot-Gorju. C'était un Champenois, nommé Deslauriers, qui avait pris le sobriquet de *Bruscambille*, sous lequel il a publié les *plaisantes imaginations* qu'il composait et débitait sur la scène, pour tenir en haleine l'auditoire entre les deux pièces et pour le préparer à faire bon accueil aux folies de la farce. L'usage de ces intermèdes comiques et graveleux remontait certainement au spectacle des *Pois pilés*, et le *badin*, qui venait réciter au public un *monologue* ou un *sermon joyeux*, n'épargnait ni grimaces ni gestes indécents pour faire rire le parterre, qui ne savait pas ce que c'était que de rougir d'un mot obscène ou d'une pantomime licencieuse. Aussi, on avait osé autrefois dire en plein théâtre le *Sermon joyeux d'un despucelleur de nourrices*, le *Sermon des frappe-culs*, et bien d'autres monologues en vers ou en prose non moins joyeux et non moins orduriers.

Du temps de Henri IV, Deslauriers ou Bruscambille s'était fait connaître par les harangues facétieuses qu'il adressait aux spectateurs, avant ou après la comédie et qui roulaient sur toutes sortes de sujets bizarres, grivois ou ridicules: tantôt, dans le procès du pou et du morpion, il imitait les formes du Palais et l'éloquence pédantesque du barreau ; tantôt, dans un panégyrique en faveur des gros nez, il paraphrasait cette équivoque en latin macaronique : *Ad formam nasi cognoscitur ad te levavi ;* tantôt, il s'efforçait de découvrir sous la jupe des femmes les mystères du saut des puces ; tantôt, il prétendait avoir fait un voyage au ciel et aux enfers, pour interroger les mânes et les manans sur cette grande question : *Uter vir an mulier se magis delectet in copulatione*. On savait assez de latin dans l'assemblée pour comprendre celui de Bruscambille, et l'on riait aux larmes, lors même qu'on ne le comprenait pas, car son jeu muet en disait autant que ses paroles. Quelquefois, Deslauriers se mêlait de traiter gaiement des matières sérieuses qui plaisaient beaucoup moins aux habitués de l'hôtel de Bourgogne ; il revenait souvent sur l'apologie du théâtre et sur la justification du comédien, qu'il s'efforçait de relever de l'infamie où sa profession l'avait fait tomber ; mais il était bientôt obligé de reprendre le ton graveleux et de faire son métier, en accumulant, dans ses *Fantaisies* et *Paradoxes*, les turpitudes et les saletés les plus excentriques. Nous renvoyons le lecteur qui veut se faire une idée de la licence du théâtre sous Louis XIII, aux *Nouvelles et plaisantes imaginations de Bruscambille*, que l'auteur ne craignit pas de dédier à *Monseigneur le Prince*, c'est-à-dire à Henri de Bourbon, prince de Condé.

Et tout cela fut imprimé et réimprimé avec privilége du roi, et tout cela fut débité et mimé, non-seulement sur le théâtre de l'hôtel de Bourgogne, mais encore sur tous les théâtres de *campagne* qui lui empruntaient son répertoire ! Passe encore si le public, qui raffolait encore de ces vilenies, eût été composé d'ivrognes et de libertins, de gens sans aveu et de prostituées ; mais le bourgeois menait à la comédie sa femme et sa fille ; les jeunes gens étaient plus passionnés encore que les hommes mûrs, pour ce divertissement qui les poussait à la débauche, et partout le théâtre faisait de folles amours et des adultères, des maris trompés, des femmes infidèles, des entremetteuses de prostitution, des docteurs d'immoralité. C'était là que le peuple se perdait par les mauvais conseils et les mauvais exemples. Mais le peuple ne fût-il point allé voir les comédiens de l'hôtel de Bourgogne, ceux de l'hôtel d'Argent ou du théâtre du Marais, ceux de la foire Saint-Germain et ceux qui dressaient leur théâtre de passage dans tous les jeux de paume, il aurait eu, pour se divertir, pour dégrader sa pensée et pour s'instruire à l'école du libertinage, les parades en plein vent de la place Dauphine et du pont Neuf : il pouvait y entendre, tous les jours, sans bourse délier, les *rencontres*, *questions*, *demandes*, *fantaisies*, etc., du grand Tabarin et du baron de Gratelard, qui vendaient leurs drogues, leurs onguents, leurs parfums et leurs *secrets*, à l'aide de ces « gaillardises admirables, » de ces « conceptions inouïes » et de ces « farces joviales, » réimprimées tant de fois pour répondre à l'empressement des acheteurs, que n'effarouchaient pas l'impertinence du sujet, la hardiesse des détails et l'incongruité du langage. Tabarin et ses émules avaient le droit de tout dire sur leurs tréteaux ; les passants, le droit de tout écouter, et, s'il y avait là d'aventure quelque commissaire enquêteur de police au maintien grave et austère, il se gardait bien d'interrompre les plaisirs du petit peuple, en imposant silence aux acteurs effrontés des farces tabariniques, qui ne furent prohibées plus tard que par arrêt du Parlement.

La farce cessa de vivre, quand la comédie lui eut pris son théâtre et son public, avec l'aide des beaux esprits, et sous la protection des honnêtes gens.

MAISTRE
PIERRE PATHELIN

PRÉFACE DE L'ÉDITEUR

Je suis bien sûr, dit Génin dans la préface de son édition, qu'il y a une filiation directe entre la farce de *Pathelin* et le *Légataire*, et le *Tartuffe*, et même le *Misanthrope*. — Cette farce est la gloire de notre vieux théâtre français ; on peut la regarder comme la première comédie écrite dans notre langue et représentée sur notre scène, comédie souvent imitée, souvent citée, qui a laissé des souvenirs impérissables dans les traditions de la gaieté gauloise. « En outre de la verve comique et de l'esprit de mots, dit encore Génin, dernier éditeur et commentateur de cette farce célèbre, l'auteur possédait, à un degré peu commun même aujourd'hui, l'entente dramatique, l'art de faire rendre à une situation tout ce qu'elle renferme, sans la surcharger et la noyer dans les détails. »

Deux siècles et demi avant Génin et son édition si magnifique et si pauvre à la fois, un écrivain illustre, Étienne Pasquier, exprimait avec encore plus d'enthousiasme la même admiration pour la farce de *Pathelin*, qu'on ne jouait plus et qu'on ne lisait presque plus de son temps. « Ne vous souvient-il point, dit-il, de la response que fit Virgile à ceux qui lui improperoient l'estude qu'il employoit en la lecture d'Ennius, quand il leur dit qu'en ce faisant, il avoit appris à tirer de l'or d'un fumier ? Le semblable m'est advenu naguère, aux champs, où, estant destitué de la compagnie, je trouvay, sans y penser, la farce de *mais-*

tre Pierre Pathelin, que je leu et releu avec tel contentement, que j'oppose maintenant cet eschantillon à toutes les comédies grecques, latines et italiennes. » (*Recherches de la France*, liv. VIII, chap. LIX.)

Malgré le mérite littéraire et dramatique de cette farce, malgré l'immense vogue qu'elle obtint à son apparition, le nom de l'auteur est resté inconnu.

Cet auteur, on le cherche depuis longtemps et on a cru le retrouver successivement dans Guillaume de Lorris, dans Jehan de Meung, dans François Villon, dans Pierre Blanchet et dans Antoine de La Sale. Enfin, on a même supposé un joueur de farces, un bazochien, nommé Pierre Pathelin, qui aurait inventé lui-même cette farce, qu'il représentait, comme on disait autrefois, d'*original*.

Guillaume de Lorris, qui a fait la première partie du fameux roman de la *Rose* terminé par Jehan de Meung, mourut vers 1240 : il n'y a pas, dans la farce de Pathelin, un seul mot qui autorise à lui assigner une origine aussi ancienne. Cette opinion erronée et insoutenable ne repose que sur une phrase un peu légère que le comte de Tressan a laissé passer dans ses *Œuvres diverses* publiées en 1776 : « Il est vraisemblable, dit-il (*Réflexions sommaires sur l'esprit*), que Guillaume de Lorris est l'auteur de la charmante farce de l'avocat Pathelin, qui sera toujours le modèle de la plaisanterie la plus ingénieuse et la plus naïve. Ce qui peut servir à le prouver, c'est que Jehan de Meung cite des traits de cette pièce dans sa continuation du roman de la *Rose*. » Le comte de Tressan tenait à son système, car, déjà dans l'article PARADE qu'il avait fourni à l'Encyclopédie de Diderot en 1765, il disait : « Quelques auteurs attribuent cette pièce à Jehan de Meung; mais Jehan de Meung cite lui-même des passage, de *Pathelin* dans sa continuation du roman de la *Rose*, et, d'ailleurs, nous avons de bien fortes raisons pour rendre cette pièce à Guillaume de Lorris. » Le comte de Tressan ne cite pas un seul de ces passages, qu'il eût été si curieux de produire et qui par malheur n'existent nulle part dans le roman de la *Rose*, quoique nous ayons d'abord cru, sur sa parole, à leur existence. Il est possible cependant que l'auteur anonyme de la farce de *Pathelin* ait emprunté au roman de la *Rose*, que tout le monde savait par cœur au seizième siècle, quelque locution proverbiale ou même quelque vers devenu proberbe.

En outre, il ne faut pas oublier un rappprochement curieux, qui peut avoir été la cause d'une erreur littéraire, accréditée par l'ignorance et par le temps. Il y a une sorte de poëme philosophique intitulé : *Le Testament de Jehan de Meung*; il y a une petite farce, qu'on doit considérer comme la suite de la grande farce de *Pathelin* et qui est intitulée : *Le Testament de Pathelin*. De là, entre ces deux ouvrages si différents l'un de l'autre, une confusion de titre et d'auteur, qu'il n'est pas difficile d'expliquer.

Quant à François Villon, le système qui lui attribue la farce de *Pathelin* aurait du moins quelque vraisemblance ; car cette farce fut composée et jouée à l'époque même où Villon rimait aussi pour le théâtre son monologue du Franc-Archer, lequel, au point de vue du style et des idées, offre plus d'un point de comparaison avec cette farce que Villon a connue certainement et dont il se souvient dans plus d'un endroit de ses poésies. Mais c'est surtout le *Testament de Pathelin*, qui présente des analogies frappantes avec le grand et le petit *Testament de Villon*. Néanmoins, si Villon avait été l'auteur de *Maistre Pierre Pathelin* ou du *Testament de Pathelin*, ses éditeurs, ses amis surtout, entre autres Jean de Calais, qui a le premier recueilli les vers du poëte dans le *Jardin de Plaisance*, n'eussent pas manqué d'ajouter l'une ou l'autre farce aux œuvres, si goûtées alors, de cet autre maître fourbe. *Villon* était, dit-on, un sobriquet donné à François Corbueil, en témoignage de ses *villonneries* ou larcins ; le nom de *Pathelin* devint aussi le synonyme de trompeur et de finasseur.

Il est possible qu'un avocat du nom de Pathelin ait vécu au milieu du quinzième siècle et que la notoriété de ses tromperies se trouve constatée par la farce, qu'il aurait, dit-on, écrite et jouée lui-même dans une de ces troupes de comédiens qui *follivient* et *folâtroient*, suivant l'expression technique, sous la protection de la Bazoche ; mais cette conjecture ne s'appuie sur aucun fait, et il faut la reléguer, comme tant d'autres, dans les espaces imaginaires de l'hypothèse.

Pierre Blanchet, au contraire, est à peu près en possession légitime de l'honneur qui doit revenir à l'auteur de la farce de *Pathelin*. Il est désigné comme l'auteur, sans conteste, de cette farce, dans une foule de livres imprimés depuis plus d'un siècle. Nous aurions un remords de conscience si nous cherchions, comme l'a fait M. Génin, à le déposséder de cette glorieuse paternité que le temps a consacrée, à défaut de droits authentiques.

Ce fut, en effet, Godard de Beauchamps qui signala pour la première fois, en 1735, Pierre Blanchet, comme pouvant être l'auteur de la farce de *Pathelin*. « Ce Pierre Blanchet pourroit bien être l'auteur de la farce de *Pathelin*, » dit-il dans ses *Recherches sur les Théâtres de la France* (p. 133 de l'édit. in-4). Il ne faut pas croire que cette supposition soit purement gratuite de la part de Beauchamps. Cet historien du théâtre est le mieux renseigné de tous ceux qui ont écrit sur le même sujet; il avait à sa disposition une quantité de manuscrits précieux et de renseignements inédits qui ont disparu ; il puisait à volonté dans plusieurs grandes bibliothèques dramatiques, qui ont été dispersées depuis et dont les livres portaient d'anciennes notes, qu'il a souvent recueillies. Nous sommes donc à peu près certain qu'il avait trouvé le nom de Pierre Blanchet, écrit à la main sur un vieil exemplaire de la farce de *Pathelin*.

Pierre Blanchet, né à Poitiers vers 1459, avait d'abord suivi le barreau dans cette ville où la Bazoche donnait de si belles représentations théâtrales. Il fut avocat sans doute, probablement *avocat sous l'orme*, suivant l'expression de la farce qu'on lui attribue ; de plus, il était poëte, il composait des rondeaux, des satires et des farces. Ce n'était point assez pour le faire subsister. A l'âge de quarante ans, il quitta brusquement le Palais et il embrassa l'état ecclésiastique ; on peut croire qu'il obtint un canonicat ou quelque bénéfice, dont les revenus lui permirent de vivre tranquille, pendant vingt ans encore, sans cesser toutefois de rimer ; mais les huitains, les noëls et les *dictés* ou *dits* avaient succédé aux farces et aux satires.

Dans une lettre en vers que Pierre Gervaise, assesseur de l'official de Poitiers, adresse à Jean Bouchet, poëte et

procureur dans la même ville (voy. les *Épîtres familières* de
J. Bouchet, fol. 22), la Rhétorique, personnifiée en muse,
apparaît à l'auteur de la lettre et lui parle en ces termes :

> Regarde aussi maistre Pierre Blanchet,
> Qui sceut tant bien jouer de mon huchet (porte-voix),
> Et composer satyres proterveuses,
> Farces aussi, qui n'estoient ennuyeuses.

Maître Pierre Blanchet paraît donc être le prototype de
maître Pierre Pathelin.

L'auteur de ces farces était mort en 1519, et son ami,
son compagnon de la Bazoche, Jean Bouchet, avait composé une épitaphe, qui vaut une biographie de Pierre Blanchet. La voici en entier :

> Cy gist, dessoubz ce lapideux cachet,
> Le corps de feu maistre Pierre Blanchet,
> En son vivant, poëte satyrique,
> Hardy sans lettre et fort joyeux comique.
> Luy, jeune estant, il suyvoit le Palais
> Et composoit souvent rondeaux et laiz;
> Faisoit jouer sur eschaffaulx Bazoche,
> Et y jouoit par grant art sans reproche.

> En reprenant, par ses satyricz jeux,
> Vices publicz et abus outrageux;
> Et tellement, que gens notez de vice
> Le craignoient plus que les gens de justice
> Ne que prescheurs et concionateurs,
> Qui n'estoient pas si grans déclamateurs,
> Et néantmoins, parce qu'il fut affable,
> A tous estoit sa presence agréable.

> Or, quant il eut quarante ans, un peu plus,
> Tous ces esbats et jeulx de luy forclus,
> Il fut faict prestre, et en cest estat digne
> Duquel souvent se réputoit indigne,
> Il demoura vingt ans, très-bien disant
> Heures et messe, et paisible gisant.

> Et néantmoins, par passe-temps honneste,
> Luy, qui n'estoit barbare ne agreste,

Il composoit bien souvent vers, huytains,
Noëlz, dictez, de bonnes choses plains.
Et, pour la fin, son ordonnance ultime
Et testament feit en plaisante rithme,
Où plusieurs legs à tous ses amis feit,
Plus à plaisir qu'à singulier proffit :
Fusmes trois que ses exécuteurs nomme,
Lesquels chargea de faire dire en somme,
Après sa mort, des messes bien trois cens,
Et les païer de nostre bourse, sans
Rien de ses biens, lesquels laisseroit, prendre,
Comme assuré qu'à ce voudrions tendre.

Après mourut, sans regret voluntiers,
L'an mil cinq cens et dix-neuf, à Poitiers,
Dont fut natif. Priez donc Dieu, pour l'ame
Du bon Blanchet, qui fut digne qu'on l'ame!

Cette curieuse épitaphe, dont le dernier éditeur du *Pathelin* ne cite que des lambeaux, renferme, à notre sens, tout ce qu'il faut pour démontrer que Pierre Blanchet est bien réellement l'auteur de la farce qu'on lui dispute. Il est bon d'établir d'abord qu'à l'époque où cette farce fut écrite, c'est-à-dire vers 1467 ou 1470 au plus tard, le meilleur *poëte satirique*, le meilleur *joyeux comique*, a été maître Pierre Blanchet. Il était alors avocat à Poitiers et il jouait *par grand art* dans les farces qu'il *faisoit jouer sur eschaffaulx* par ses confrères de la Bazoche. Quand il se fut fait prêtre, à l'âge de quarante ans, il se réputait *indigne* de sa nouvelle profession, et il continuait son métier de poëte. A sa mort, il rédigea *en plaisante rithme* son testament bouffon, dans lequel il fondait plus de trois cents messes, en chargeant ses exécuteurs testamentaires de les payer de leur bourse et en distribuant entre ses amis plusieurs legs *plus à plaisir qu'à singulier profit*.

Voilà bien le testament que dicte maître Pierre Pathelin dans la farce intitulée le *Testament de Pathelin* et composée évidemment après la mort du héros de la première farce pathelinoise. Il est même probable que nous n'avons qu'une petite partie du testament satirique et joyeux, que laissa maître Pierre, dans ce qui nous reste de ce testament : il n'y est pas question des trois cents messes, mais on y voit que Pathelin lègue ses écus à Guillemette en cas qu'elle les trouve dans la cassette où ils ne sont plus. Parmi les legs faits *plus à plaisir qu'à singulier profit*, on remarque celui-ci, que Pathelin ou plutôt maître Pierre Blanchet assigne à ses anciens amis de la Bazoche de Poitiers et du théâtre des Enfants-Sans-Souci :

> Après, tous vrays gaudisseurs,
> Bas percez, gallans sans soucy,
> Je leur laisse les routisseurs,
> Les bonnes tavernes aussi.

Il faut encore, dans cette farce du *Testament de Pathelin*, noter un passage qui se rapporte très-probablement à maître Pierre Blanchet, lequel, d'avocat, s'était fait prêtre et n'avait pas renoncé à ses vieilles habitudes du poëte satirique. Guillemette lui dit, en le voyant chercher son sac *aux causes perdues* :

> Je ne sçay quel mouche vous poinct !...
> Par celuy Dieu qui me fist naistre,
> Je cuyde que, se estiez prestre,
> Vous ne chanteriez que de sacs
> Et de lettres !...

Enfin, dans la farce de *Pathelin*, il y a une équivoque évidente à l'occasion du mot *blanchet*, qui signifiait à la fois une chemise ou une camisole blanche et un petit blanc ou denier ; équivoque très-intelligible que l'auteur oppose, par une autre équivoque gaillarde, au mot *brunette*, qui s'entendait en même temps d'une fille brune et d'une étoffe de laine. On peut imaginer de quels rires l'auditoire accueillait ce double jeu de mots, sortant de la bouche de maître Pierre Blanchet lui-même :

> J'achèteray ou gris ou verd :
> Et pour un blanchet, Guillemette,
> Me fault trois quartiers de brunette
> Ou une aulne...

Il nous semble donc très-juste et très-convenable de laisser à Pierre Blanchet ce que Génin a voulu rendre à Antoine de La Sale.

Antoine de La Sale est le rédacteur ou l'*acteur* de ce

chef-d'œuvre de joyeuseté gauloise, qu'on nomme les *Cent Nouvelles nouvelles*, recueil de *cent chapitres ou histoires, ou, pour mieulx dire, nouveaulx comptes à plaisance*, racontés en 1456 au château de Genappe par le Dauphin Louis, qui fut depuis Louis XI, par le comte de Charolais, qui fut depuis Charles le Téméraire, duc de Bourgogne, et par les gentilshommes de ces deux princes. C'était une tâche difficile que de se faire le secrétaire de cette belle assemblée où l'on narrait tant de bons contes. Antoine de La Sale s'acquitta de cette tâche avec infiniment de bonheur et de talent. Son livre fut pendant longtemps le bréviaire égrillard des gens de cour. Cet Antoine de La Sale, qui devint, peut-être à cause de ces plaisants livres, gouverneur des fils du roi René d'Anjou, écrivit d'autres ouvrages de genre différent ; le plus connu est l'*Histoire et plaisante chronique du petit Jehan de Saintré et de la dame des Belles-Cousines* ; le plus remarquable est celui qui a pour titre les *Quinze Joyes du mariage*.

Génin a voulu augmenter le bagage littéraire d'Antoine de La Sale, en y ajoutant la farce de *Pathelin*, que le spirituel acteur des *Cent Nouvelles nouvelles* n'a jamais songé à s'approprier de la même façon que Pathelin emporta son drap. On ne prête qu'aux riches ; c'est la raison la plus valable que Génin ait mise en avant, pour rapporter à un prosateur l'œuvre d'un poëte. Antoine de La Sale est un des joyeux conteurs des *Cent Nouvelles nouvelles* ; donc il est l'auteur de la farce de *Pathelin* ; Antoine de La Sale s'est montré naïf et habile écrivain dans l'*Histoire du petit Jehan de Saintré* ; donc il est l'auteur de la farce de *Pathelin* ; Antoine de La Sale a écrit les *Quinze Joyes du mariage*, œuvre qu'on est convenu de lui attribuer, faute de savoir à qui donner ce petit chef-d'œuvre de raillerie fine et de verve comique ; donc, il est l'auteur de la farce de *Pathelin*.

Telle est la force d'argumentation que Génin appelle à son aide, en se vantant d'avoir « cette délicatesse d'organe, cette sûreté de tact, cet instinct, cette finesse, » que réclame la chasse aux anonymes et pseudonymes. Ce n'est pas tout pourtant : Génin a découvert, dans la farce même de *Pathelin*, les preuves de l'attribution qu'il soutient et qu'il défend avec une sorte d'aveugle frénésie. Oui, Génin a remarqué que le drapier vend du drap qui a le *lé* de Bruxelles : « Genappe est à une lieue de Bruxelles ! » s'écrie Génin triomphant de la trouvaille. Le même drapier jure par saint Gigon : « Saint *Gigon* est la forme flamande du nom de saint Gengoult! dit Génin, avec cette assurance qui ne l'abandonne jamais, surtout quand il se fourvoie ; Guillaume Joceaume est donc Flamand. » Pathelin, dans la scène où il feint d'avoir le délire, après avoir parlé tour à tour limousinois, picard, normand et bas-breton, se met à *gergonner* aussi en flamand : cela prouve, selon Génin, que la farce a été jouée d'abord *sur le théâtre de Genappe !* En dernier lieu, si l'on prend 1460 pour la date probable de la composition du *Pathelin*, l'auteur inventé par Génin, Antoine de La Sale, aurait eu alors soixante-deux ans : « Molière en avait cinquante-trois, nous fait observer Génin, lorsqu'il donna le *Malade imaginaire.* »

Que peut-on répondre à de pareils raisonnements? Rien, si ce n'est conseiller à maître Génin de laisser là maître Pathelin et de retourner à ses moutons... de jésuites ; car on sait que Génin a fait aux pauvres jésuites une terrible guerre avec les armes de Pascal, avant de s'attaquer aux hommes d'érudition, tels que Paulin Paris, Francisque Michel et quelques autres, qui ont eu le tort de ne pas attendre la permission du dernier éditeur de *Pathelin* pour s'occuper avec succès de notre ancienne littérature.

Cette dernière édition de la farce de *Pathelin* est l'*exegi monumentum* de la critique hargneuse de Génin : splendide édition, beau caractère, beau papier, beau tirage ; mais le reste est peu de chose : une introduction pleine de paradoxes, d'erreurs et d'inutilités, le tout assaisonné de fine fleur de pédanterie ; la farce de *Pathelin*, offrant, il est vrai, un texte plus correct et mieux étudié que les précédentes éditions ; des notes verbeuses, qui n'expliquent presque jamais le texte de l'auteur et qui pataugent ordinairement dans les champs vagues de l'étymologie. Voilà ce que Génin nous a donné comme son testament littéraire. Mieux vaut encore le *Testament de Pathelin*.

Selon Génin, le nom de Pathelin, qu'il écrit arbitrairement *Patelin*, a pour étymologie le mot *patte*. « ou, selon l'ancienne orthographe, *pate*. *Patelin* est un cajoleur, un homme qui fait patte de velours : chez les Latins *palpa*, chez La Fontaine et nos vieux auteurs, *pate-pelu*. » Génin, cette fois seulement, est en désaccord avec Ducange, dont il se fait partout le fidèle écho ; car Ducange avait cru que *Pathelin* était le même mot que *patalin* et *patarin*, nom donné aux hérétiques albigeois, et devenu, dit-il, un adjectif caractéristique, parce que ces hérétiques s'efforçaient de séduire et d'attirer à leur doctrine par des manières insinuantes : *hos* (*Valdenses*) *nostri* PATALINS *et* PATELINS *vocantur... hinc* PATELINS *vulgo appellamus fallaces, adulatores, blandos assentatores, qui, ut sunt hæreticorum plerique, palpando decipiunt...* » Certes, il en a dû coûter à Génin pour rompre ainsi en visière à Ducange, dont il avait fait son complice dans toutes les aventures de son érudition de contrebande. Génin, qui comptait sur Pathelin pour s'immortaliser, n'a pas souffert que La Monnoye eût le dernier mot sur l'étymologie du nom de ce maître fourbe : « Il faut écrire *Patelin*, avait dit La Monnoye dans les notes de la *Bibliothèque françoise* de Du Verdier, parce que ce mot ne vient ni de παθος ni de ἔπαθον, mais du bas latin *pasta*, de la pâte, dont on a fait le verbe *appâter*, dans la signification d'*attirer* par des manières flatteuses, comme par un appât, pour faire tomber dans le piége. »

Après la Monnoye, après Ducange et même après Génin, il est téméraire de jouer à l'étymologie ; cependant on nous permettra de constater que les plus anciens textes donnent *pathelin* et non *patelin*, ce qui prouve que la lettre *h* avait sa raison d'être dans ce nom aussi bien que dans *mathelin*, auquel nous assignons une origine contemporaine du premier mot. Or *mathelin* dérive de l'italien *matto*, qui veut dire *fou* : pourquoi *pathelin* ne viendrait-il pas aussi de l'italien *patto*, signifiant *pacte, accord, contrat*? *Pathelin* voudrait dire alors tout naturellement un avocat fin et retors qui *marchande* avec le drapier et qui *pactise* avec le berger Agnelet.

Mais, quel que soit le sens primitif du nom de *Pathelin*, il ne se montre pas dans la langue avant la fin du quinzième siècle. Dès l'année 1469, le mot *pateliner* apparaît dans une charte, qui a été publiée récemment (voyez la

Bibliothèque de l'École des Chartes, 2ᵉ série, tome IV, page 259). Ce mot, qui procède évidemment du nom de Pathelin, est employé, dans des lettres de rémission, de manière à faire allusion à la farce dont Pathelin est le héros : « Vous cuidez pateliner et faire du malade, pour cuider coucher céans. » Génin a prétendu trouver, dans les *Cent Nouvelles nouvelles*, deux autres allusions qui seraient un peu antérieures à celles de la charte de 1469 ; mais Génin s'est lourdement trompé, n'en déplaise à Ducange. Dans la nouvelle LXXXI, il remarque cette phrase : « Messeigneurs, pardonnez-moy que je vous ai fait *payer la baye.* » La farce de *Pathelin* n'a rien à faire là dedans. « Il est évident, dit Génin, que le rédacteur de cette Nouvelle connaissait le dénoûment de Pathelin, et que déjà ce dénoûment avait mis dans la langue cette expression : *payer la baye*, qui s'est modifiée depuis : *payer en baye, payer d'une baye.* » Génin aurait dû se rappeler que le mot *baye*, dans le sens de tromperie mystificative, était bien plus ancien que le procès du berger de *Pathelin*. Mais, dans le passage allégué, il faut lire certainement *la bayée*, et non *la baye*, suivant le texte de l'édition originale de 1486, dans lequel nous avions nous-même proposé, par erreur, le changement que Génin s'est trop empressé d'adopter à l'appui de son système. Or cette expression proverbiale : *faire payer la bayée*, signifie seulement : « leurrer d'un faux espoir, faire attendre en vain ; » car *bayée*, c'est l'action d'attendre la bouche ouverte en *bayant*. Le second passage des *Cent Nouvelles nouvelles*, que Génin essaye de rattacher à cette même farce de *Pathelin*, est extrait de la XXᵉ nouvelle, où certain mari, ayant invité à dîner les parents de sa femme, « les servoit grandement *en son patois* à ce dîner. » Il n'y a pas là dedans le moindre mot de Pathelin ; mais Génin n'est pas en peine pour si peu. « C'est encore là, dit-il, un souvenir de la farce de *Pathelin ;* car le mot *patois* est une syncope de *patelinois*, créé depuis dans la scène des jargons, scène qui eut tant de succès, qu'on a dit, à partir de là, pour marquer un homme subtil et retors : *Il entend son patelin ; parler patelin* ou *patelinois ; langage patelinois*. C'est la vraie origine du mot *patois*, que Balzac fait venir de *patavinitas*, et Chevreau, de *patacinus*. »

Faire venir *patois* de *patelinois!* Autant vaudrait prouver que *Pathelin* vient de Génin.

Suivant cet éditeur, qui ne doute de rien, la farce aurait été composée originairement sous le roi Jean, vers 1356, et depuis rajeunie, vers 1460, par Antoine de La Sale. Génin a fait intervenir le roi Jean dans la date de la composition primitive de cette farce, pour justifier des calculs absurdes sur la valeur relative des monnaies à cette époque et pour expliquer un passage de la farce où il est question de ces monnaies. Génin n'a pas songé qu'Antoine de La Sale, en refaisant, en récrivant une farce vieille de plus d'un siècle, n'y eût pas laissé substituer un semblable anachronisme dans la désignation des espèces monétaires qui avaient cours de son temps. Au reste, Génin n'a fait que répéter ici l'allégation, assez mal fondée, du comte de Tressan qui avait dit avant lui : « Vers la fin du quinzième siècle, pour pouvoir jouer la farce de *Pathelin* composée probablement aux environs du règne de Charles V, il en fallut rajeunir le style. »

Une appréciation plus exacte de la valeur des monnaies qui sont citées dans la farce de *Pathelin* nous autorise à fixer la composition de cette farce entre les années 1467 et 1470. Quant à savoir positivement en quelle ville de France elle a été composée et d'abord représentée, c'est ce que l'étude la plus minutieuse du style et de tous les détails de la pièce ne nous a pas fait découvrir. On avait pensé, à vue de pays, que Pathelin devait être Normand ; mais on a trouvé aussi de très-bonnes raisons pour démontrer qu'il était plutôt Français, c'est-à-dire natif de l'Ile-de-France, et on a fini par placer le lieu de la scène en pleine Brie, où il y a toujours eu tant de moutons et de bergers. Il faut choisir entre Meaux ou Brie-Comte-Robert, pour y établir le théâtre des faits et gestes de maître Pathelin ; car l'auteur anonyme de la farce désigne, dans la folie feinte de son personnage, un abbé d'Hyvernaux, qui devait être bien connu de tout l'auditoire devant lequel la pièce était jouée. L'abbaye d'Hyvernaux se trouvait justement à une lieue de Brie-Comte-Robert.

Il est question de Pathelin, pour la première fois, dans les *Repues franches*, attribuées à Villon, et rimées vers 1480 :

> Les hoirs de défunt Pathelin,
> Qui sçavez jargon Jobelin.

Dans le même recueil des *Repues franches*, les disciples de Villon, adressant la parole à un maître fripon de leur troupe, lui disent :

> Passe tous les sens Pathelin,
> Car, se venir peux en la fin
> De Villon et Puquedenaire,
> Passé seras maistre ordinaire.

Coquillart, qui écrivait aussi vers 1480, fait allusion à la farce de *Pathelin* dans le *Monologue des Perruques* :

> Les ungs, par leur fin Jobelin,
> Les autres, par leur Pathelin,
> Fournissent à l'appointement
> D'un *cedo bonis* nettement.

Le même Coquillart, dans ses *Droits nouveaux*, se sert du verbe *patheliner* :

> Danser, joncher, patheliner.

Quelques années plus tard, Pierre Gringoire, qui était à la fois un célèbre auteur de farces et un très-habile comédien, n'a garde d'oublier la farce de *Pathelin*, où il avait peut-être figuré comme acteur dans les représentations de la Mère-Sotte et du Prince des Sots. Il enregistre ce proverbe déjà populaire, dans les *Feintises du monde* :

> Tel dit : Venez manger de l'oye!
> Qui cheuz luy n'a rien appresté.

Dans le même recueil de proverbes rimés, il emploie encore proverbialement le mot *pathelin*, qui reparaît ensuite avec la même acception dans une multitude de livres en vers et en prose :

> Tel sait bien faire une maison,
> Qui ne sçauroit faire un moulin;

> Tel a l'argent par beau blason,
> Qui n'entend pas son Pathelin.

Enfin, Charles Bourdigné, dans la ballade qui précède la *Légende de maistre Pierre Faifeu*, publiée en 1526, parle de la farce de *Pathelin* comme d'un de ces ouvrages populaires qu'on était las de lire et d'entendre citer partout :

> De Pathelin n'oyez plus les cantiques,
> De Jehan de Meung la grant jolyveté,
> Ne de Villon les subtiles trafficques,
> Car, pour tout vray, ils n'ont que nacqueté.

En effet, depuis longtemps la farce de *Pathelin*, répandue de tous côtés par de nombreuses réimpressions successives, avait passé à l'étranger et était devenue aussi populaire en Allemagne qu'en France : le savant professeur Reuchlin, qui avait eu sans doute occasion de la voir représenter, lorsqu'il suivait les cours de l'Université d'Orléans, la paraphrasa en vers latins et fit jouer par ses élèves, en 1497, cette mauvaise imitation de la pièce française (*Scenica progymnasmata*) à Heidelberg, devant l'évêque de Worms, qui distribua des bagues et des pièces d'or aux jeunes acteurs. La paraphrase latine de Reuchlin eut les honneurs de plusieurs éditions, et elle encouragea sans doute un Français, Alexandre Connibert, à entreprendre une traduction latine, plus littérale, de la fameuse farce qu'on mettait dès lors au niveau des comédies de Plaute et de Térence. L'ouvrage de Connibert, intitulé *Patelinus alias veterator, nova comœdia*, fut imprimé à Paris chez Guillaume Eustache en 1512.

Les manuscrits de la farce de *Pathelin* sont rares, parce que la première édition est presque contemporaine de la composition de cette farce. On en cite seulement trois ou quatre : l'un, provenant de la collection du duc de La Vallière et conservé aujourd'hui à la Bibliothèque impériale, serait, suivant Génin, « l'œuvre tronquée et rajeunie en beaucoup de lieux d'une main du seizième siècle ignorante et précipitée. » Le second manuscrit, conservé également à la Bibliothèque impériale, appartenait au savant

Émery Bigot : il paraît être d'une date plus ancienne et présente un texte plus authentique, dans lequel le propriétaire du manuscrit a introduit de bonnes corrections. Enfin, le manuscrit, malheureusement incomplet, qui faisait partie de la bibliothèque de Soleinne, a passé dans celle de M. le baron Taylor ; c'est un manuscrit sur vélin, de la fin du quinzième siècle, très-précieux, surtout à cause des excellentes leçons qu'on y remarque et qui n'ont pas encore été recueillies.

Au reste, la première édition imprimée est peut-être aussi ancienne que ce manuscrit ; car, sans admettre que l'édition sans date, sortie des presses de Pierre le Caron, remonte à l'année 1474, comme l'a dit La Monnoye, trompé par une fausse indication qu'il a puisée dans l'*Histoire de l'Imprimerie et de la Librairie de Paris*, on peut croire que la farce de *Pathelin* a paru d'abord vers 1486 ou 1488, à Paris et à Lyon. Il existe plusieurs éditions in-4°, sans date, de cette époque : l'une attribuée à Guillaume Leroy, imprimeur de Lyon ; l'autre portant le monogramme de Pierre Levet, imprimeur de Paris. L'édition de Pierre Le Caron, sans date, est de 1489. Il y a une édition, datée de 1490, imprimée à Paris chez Guillaume Beneaut, in-4° goth. avec fig. sur bois. Ensuite, les éditions sans date et avec date, in-4°, in-8°, et in-16, se multiplient de telle sorte, qu'on en compte plus de vingt-cinq jusqu'à la fin du seizième siècle.

Mais ce n'était déjà plus le vrai Pathelin, *restitué à son naturel ;* c'était un Pathelin mis *en meilleur langage*, comme on disait audacieusement, en mutilant et en gâtant nos vieux auteurs pour les rendre plus intelligibles. Le dix-septième siècle ne compte que deux de ces éditions à la moderne ; il y a deux éditions aussi dans le dix-huitième siècle, mais du moins on y a respecté le texte original, qui, après un siècle d'intervalle, reparaît de nos jours, en 1853, par les soins de M. Geoffroy-Château, et en 1854, dans la grande édition publiée avec tant de fracas par Génin. C'est à la comédie de l'*Avocat Pathelin*, par Brueys, qu'il faut attribuer l'espèce d'abandon, sinon le dédain, dans lequel était tombée la farce originale, que Molière et La Fontaine avaient pourtant recommandée à leurs contemporains : on se contentait de la comédie de Brucys, qui était restée au répertoire du Théâtre-Français et qui revenait souvent divertir le parterre; mais l'édition publiée par le libraire Coustelier en 1723 remit en honneur ce précieux monument de notre ancien théâtre, et prouva combien Brucys avait défiguré la vieille farce de *Pathelin*, qui est encore aujourd'hui, quoique âgée de quatre cents ans, un chef-d'œuvre d'esprit, de malice, de comique et de naïveté.

MAISTRE PIERRE PATHELIN

MAISTRE PIERRE, commence [1].

Saincte Marie! Guillemette,
Pour quelque paine que je mette
A cabasser, n'a ramasser [2],

---

[1] La première scène se passe chez Pathelin. Le théâtre était divisé en plusieurs compartiments et, sans doute, en plusieurs étages. Génin, en essayant de recomposer le décor tel que le réclamait la représentation de cette farce, a complétement oublié que la seconde partie, sinon le second acte, se passait aux assises du juge, car il a seulement partagé son théâtre en trois sections différentes : l'intérieur de la maison de Pathelin, la rue, et la boutique du drapier. Il ne faut pas oublier que cette boutique est une échoppe sur un champ de foire. On doit supposer qu'à chaque scène nouvelle, indiquant un changement de lieu, on faisait descendre une toile de fond, qui représentait successivement le logis de Pathelin, le champ de foire, et le tribunal. Mais ces trois décors pouvaient exister à la fois sous les yeux du spectateur, au moyen de trois échafauds superposés, entre lesquels on communiquait par des échelles ou des plans inclinés. En tous cas, Génin, qui a travaillé sur Pathelin pendant toute sa vie, ne s'est pas souvenu de ménager la place de son juge.

[2] Édition de Beneaut :

A brouiller ne à baracher.

Génin n'a pas été satisfait du vers que donnent la plupart

Nous ne povons rien amasser :
Or vy-je que j'avocassoye.

GUILLEMETTE.

Par Nostre Dame ! je y pensoye,
Dont on chante en avocassaige ;
Mais on ne vous tient pas si saige
De quatre pars [1], comme on souloit [2].
Je vy que chascun vous vouloit
Avoir, pour gaigner sa querelle ;
Maintenant chascun vous appelle
Par tout : Avocat dessoubz l'orme [3].

PATHELIN.

Encor' ne le dis-je pas, pour me
Vanter ; mais n'a, au territoire
Où nous tenons nostre auditoire,
Homme plus saige, fors le maire.

GUILLEMETTE.

Aussi, a-il leu le grimoire [4],
Et aprins à clerc longue piece [5].

---

des éditions ; il l'a remplacé par celui-ci, que nous lui avons laissé :

A cabuser, n'a ravasser.

Cabasser, qui voulait dire aussi *tromper*, signifie, au propre : *grapiller*, recueillir dans un cabas ; *ramasser* est ici dans le sens de *glaner*, prendre çà et là.

[1] C'est-à-dire : du tout ; car les *quatre parts* font le *tout*.

[2] Comme on avait coutume de faire.

[3] C'est-à-dire : attendant des causes qui ne viennent point ; avocat sans cause. Autrefois, le juge assignait les parties sous l'orme du village. Génin remarque avec raison que le proverbe : *Attendez-moi sous l'orme !* doit remonter au temps où saint Louis rendait la justice sous un arbre à Vincennes.

[4] *Gramaire*, dans le manuscrit de Bigot ; *grandmaire*, dans quelques éditions ; pour Guillemette, c'était là le *grimoire*.

[5] Édition de Beneaut :

A Paris, il y a grant piece.

Cette variante, tirée d'une des premières éditions de Pathelin,

PATHELIN.

A qui veez-vous que ne despieche
Sa cause, si je m'y vueil mettre?
Et si n'aprins oncques à lettre,
Que ung peu; mais je m'ose vanter
Que je sçay aussi bien chanter
Au livre ¹, avecques nostre prestre,
Que se j'eusse esté à maistre
Autant que Charles en Espaigne ².

GUILLEMETTE.

Que nous vault cecy? Pas empeigne ³.
Nous mourons de fine ⁴ famine;
Noz robes sont plus qu'estamine
Reses ⁵; et ne povons sçavoir
Comment nous en peussons avoir.
Et que nous vault vostre science?

PATHELIN.

Taisez-vous. Par ma conscience,
Si je vueil mon sens esprouver,
Je sçauray bien où en trouver,
Des robes et des chapperons!

suffirait seule, selon Génin, pour prouver que la farce n'a pas été composée ni jouée d'abord à Paris.

¹ Au lutrin; locution proverbiale.
² Allusion proverbiale au début de la Chanson de Roland :

> Carles li reis nostre emperere magne,
> Set anz tuz pleins ad ested en Espagne.

³ C'est-à-dire : néant; pas même l'empeigne d'un vieux soulier. Génin a fait ici un changement très-heureux; il a écrit, d'après l'édition in-8, goth., sans date : *pas ung peigne*; mais ce changement n'était pas indispensable.
⁴ « *Fin*, dit Génin, dans l'ancienne langue, se joignait à un substantif ou à un adjectif, pour lui donner la force superlative. »
⁵ *Reses*, rapées.

Se Dieu plaist, nous eschapperons,
Et serons remis sus en l'heure [1].
Dea, en peu d'heure Dieu labeure [2] :
Car, s'il convient que je m'applicque
A bouter avant ma practique,
On ne sçaura trouver mon per.

GUILLEMETTE.

Par saint Jacques! non, de tromper ;
Vous en estes un fin droict maistre.

PATHELIN.

Par celuy Dieu qui me fit naistre!
Mais de droicte avocasserie...

GUILLEMETTE.

Par ma foy! mais de tromperie :
Combien vrayement je m'en advise,
Quant, à vray dire, sans clergise [3],
Et de sens naturel, vous estes
Tenu l'une des saiges testes
Qui soit en toute la paroisse.

PATHELIN.

Il n'y a nul qui se cognoisse
   hault en avocation.

GUILLEMETTE.

M'aist Dieu, mais en trompacion.
Au moins, en avez-vous le los.

---

[1] C'est-à-dire : Nous serons remis à flot, au-dessus de nos affaires, quand il en sera temps.

[2] Vieux proverbe, témoin ces vers d'un fabliau publié par Barbazan, t. III, p. 67 :

> En petit d'eure, Diex labeure ;
> Tel rit au main, qui le soir pleure.

[3] Sans être grand clerc, sans avoir étudié en Droit canon.

PATHELIN.

Si ont ceulx qui de camelos
Sont vestuz, et de camocas [1],
Qui dient qu'ilz sont avocas,
Mais pourtant ne le sont-ilz mie.
Laissons en paix ceste baverie [2] ;
Je m'en vueil aller à la foire.

GUILLEMETTE.

A la foire ?...

PATHELIN.

Par saint Jehan ! voire ;
A la foire, gentil' marchande,
Vous desplaist-il, se je marchande
Du drap, ou quelque autre suffrage [3]
Qui soit bon à nostre mesnage ?
Nous n'avons robe qui rien vaille.

GUILLEMETTE.

Vous n'avez ne denier ne maille,
Que ferez-vous ?

PATHELIN.

Vous ne sçavez.
Belle dame, se vous n'avez
Du drap, pour nous deux largement,
Si me desmentez hardiment.
Quel' couleur vous semble plus belle ?
D'ung gris vert ? d'ung drap de Brucelle ?
Ou d'autre ? Il me le faut sçavoir.

[1] Le camelot était une étoffe de laine, tissée comme du poil de chameau (*camelus*); le camocas, une étoffe de soie, en bas latin *camoca*, sorte de moire.

[2] Conversation. Ce vers ayant une syllabe de trop, il est probable qu'on prononçait : s'e ou *barr;e*.

[3] Objet, denrée, marchandise.

GUILLEMETTE.

Tel que vous le pourrez avoir :
Qui emprunete ne choisit mye.

PATHELIN, en comptant sur ses doigts [1].

Pour vous, deux aulnes et demye,
Et, pour moy, trois, voire bien quatre,
Ce sont...

GUILLEMETTE.

Vous comptez sans rabattre [2] :
Qui dyable les vous prestera ?

PATHELIN.

Que vous en chault qui ce sera ?
On me les prestera vrayement,
A rendre au jour du Jugement :
Car plus tost ne sera-ce point.

GUILLEMETTE.

Avant, mon amy, en ce point,
Quelque sot en sera couvert.

PATHELIN.

J'acheteray ou gris ou vert.
Et, pour ung blanchet, Guillemette,
Me fault trois quartiers de brunette [3],
Ou une aulne.

---

[1] Ce jeu de scène est indiqué dans l'édition de Beneaut.

[2] Locution proverbiale équivalant à celle-ci : Vous comptez sans votre hôte.

[3] Equivoque sur les mots *brunette* et *blanchet*. La brunette était une étoffe très-fine, de couleur noire; *blanchet*, ce n'est pas une chemise, un vêtement de dessous, comme le dit magistralement Génin, en jurant par Ducange; c'est un *petit blanc*, un denier. Ce mot semble être une allusion au nom de l'auteur, à ce Pierre Blanchet que Génin s'est efforcé de faire rentrer sous terre.

GUILLEMETTE.

Se m'aist Dieu, voire !
Allez, n'oubliez pas à boire,
Se vous trouvez Martin Garant [1].

PATHELIN.

Gardez tout.

Il sort.

GUILLEMETTE, seule.

Hé dieux ! quel marchant !
Pleust or à Dieu qu'il n'y veist goutte !

PATHELIN, *devant la boutique du drapier.*

N'est-ce pas ylà ? J'en fais doubte.
Or si est; par saincte Marie!
Il se mesle de drapperie.

Il entre.

Dieu y soit [2] !

GUILLAUME JOCEAUME, *drappier.*

Et Dieu vous doint joye !

PATHELIN.

Or ainsi m'aist Dieu, que j'avoye
De vous veoir grant voulenté !
Comment se porte la santé ?
Estes-vous sain et dru [3], Guillaume ?

LE DRAPPIER.

Ouy, par Dieu !

---

[1] C'est-à-dire : Si vous rencontrez quelqu'un qui paye pour vous. « Le peuple, dit Génin, a de tous temps aimé à forger de ces espèces de noms significatifs pour des types imaginaires. » Génin ne remarque pas que *garant* est synonyme de *pleige*, qui tient tête le verre à la main.

[2] Formule de salut, pour : *Dieu soit avec vous!*

[3] C'était la formule en usage pour s'informer de la santé de quelqu'un.

PATHELIN.

Çà, ceste paulme ¹
Comment vous va ?

LE DRAPPIER.

Et bien, vrayement,
A vostre bon commandement.
Et vous ?

PATHELIN.

Par sainct Pierre l'apostre,
Comme celuy qui est tout vostre.
Ainsi, vous esbatez ² ?

LE DRAPPIER.

Et voire !
Mais marchans, ce devez-vous croire,
Ne font pas tousjours à leur guise.

PATHELIN.

Comment se porte marchandise ³ ?
S'en peut-on ne soigner ne paistre ⁴ ?

LE DRAPPIER.

Et, se m'aist Dieu, mon doulx maistre,
Je ne sçay ; tousjours hay ! avant ⁵ !

PATHELIN.

Ha ! qu'estoit ung homme sçavant !

---

¹ C'est-à-dire : la main.
² C'est-à-dire : vous êtes bien aise?
³ Commerce.
⁴ Toutes les éditions, excepté celle de Leroy, écrivent *seigner*. Ce vers signifie : Gagne-t-on assez pour se vêtir et pour manger.
⁵ C'est ainsi que les charretiers excitent leurs chevaux, en leur criant : *haye!* ou *hue! avant!* Cette expression figurée signifie Quoi qu'il soit, on va toujours, on traîne son fardeau.

Je requier Dieu, qu'il en ait l'ame [1],
De vostre pere. Doulce Dame !
Il m'est advis tout clerement,
Que c'est-il de vous proprement.
Qu'estoit-ce [2] ung bon marchand et saige !
Vous luy ressemblez de visaige,
Par Dieu, comme droicte painture.
Se Dieu eut oncq' de creature
Mercy, Dieu vray pardon luy face
A l'ame [3] !

LE DRAPPIER.

Amen, par sa grace [4],
Et de nous, quand il luy plaira !

PATHELIN.

Par ma foy, il me desclaira,
Maintefois et bien largement,
Le temps qu'on voit presentement.
Moult de fois m'en est souvenu.
Et puis lors il estoit tenu
Ung des bons...

LE DRAPPIER.

Seez-vous, beau sire :
Il est bien temps de le vous dire ;
Mais je suis ainsi gracieux.

---

[1] Une ballade de Charles d'Orléans sur la mort de sa maîtresse a pour refrain :

Je prie à Dieu, qu'il en ait l'ame !

[2] Pour : *Que c'était*.

[3] Génin remarque ici que, l'élision ne se faisant pas alors d'un interlocuteur à l'autre, ce vers n'a pas une syllabe de moins, comme on pourrait le croire.

[4] Manuscrit de La Vallière :

Amen. Jesus-Christ, par sa grace !

28   MAISTRE PIERRE PATHELIN.

PATHELIN.

Je suis bien, par Dieu, precieux [1].
Il avoit...

LE DRAPPIER.

Vrayement, vous serez...

PATHELIN, acceptant un siége.

Voulentiers. Ha ! que vous verrez
Qu'il me disoit de grans merveilles !
Ainsi, m'aist Dieu ! que des oreilles,
Du nez, de la bouche, des yeulx,
Oncq' enfant ne ressembla mieulx
A pere. Quel menton forché !
Vrayement, c'estes-vous tout poché [2] :
Et qui diroit à vostre mere,
Que ne fussiez filz vostre pere,
Il auroit grant faim de tancer [3].
Sans faulte, je ne puis penser
Comment Nature en ses ouvraiges
Forma deux si pareilz visaiges,

---

[1] Manuscrit de La Vallière :

Je suis bien. Des biens temporeulx
Il avoit...

Édition de Leroy, et autres :

Je suis bien, par le Corps precieulx !

C'est-à-dire : Ne faites pas attention ; je ne me dorlote pas comme un corps saint.

[2] Il y a : *tout traché*, pour *tracé*, dans le manuscrit de Bigot. Les peintres disent encore *pocher*, dans le sens de dessiner vivement d'après nature. *C'estes-vous*, pour *c'est vous*. Génin a fait un prodigieux remue-ménage d'érudition, pour démontrer que *poché* veut dire ici *pâté d'encre !*

[3] C'est-à-dire : Il aurait grande envie de contredire, de disputer.

MAISTRE PIERRE PATHELIN.

Et l'ung comme l'autre taché :
Car quoy? Qui vous auroit craché
Tous deux encontre la parroy,
D'une matiere et d'ung arroy [1],
Si seriez-vous sans difference.
Or, sire, la bonne Laurence,
Vostre belle ante [2], mourut-elle ?

LE DRAPPIER.

Nenny dea.

PATHELIN.

   Que la vy-je belle,
Et grande, et droicte, et gracieuse !
Par la Mere-Dieu precieuse,
Vous luy ressemblez de corsaige,
Comme qui vous eust fait de naige [3].
En ce pays n'a, ce me semble,
Lignage qui mieulx se ressemble.
Tant plus vous voy, par Dieu le pere,
Veez vous là, veez vostre pere :
Vous luy ressemblez mieulx que goutte
D'eaue ; je n'en fais nulle doubte.
Quel vaillant bachelier c'estoit,
Le bon preud'homme ! et si prestoit
Ses denrées [4] à qui les vouloit.
Dieu lui pardoint ! Il me souloit
Tousjours de si très-bon cueur rire !
Pleust à Jesus-Christ, que le pire

---

[1] D'un seul ordre, train, arrangement. Les étymologistes veulent faire dériver ce mot du latin *arare!*

[2] Pour *tante*. Rabelais, dans son *Pantagruel* (liv. III, ch. VII), paraît s'être souvenu de la tante Laurence.

[3] Pour : *neige*.

[4] Edition de Trepperel :

  Ses deniers à qui les vouloit.

De ce monde luy ressemblast !
On ne tollist pas, ne n'emblast
L'ung à l'autre, comme l'en faict...

Maniant le drap d'une pièce qui est près de lui.

Que ce drap icy est bien faict !
Qu'est-il souef, doulx, et traictis [1] !

LE DRAPPIER.

Je l'ay faict faire tout faictis [2]
Ainsi des laines de mes bestes.

PATHELIN.

Hen, hen, quel mesnagier [3] vous estes !
Vous n'en ystriez pas de l'orine [4]
Du pere : vostre corps ne fine [5]
Incessament de besoingner [6] !

LE DRAPPIER.

Que voulez-vous ? Il faut soingner,
Qui veult vivre, et soustenir paine.

PATHELIN.

Cestuy-cy est-il taint en laine ?
Il est fort comme ung courdouen [7].

---

[1] Souple ; du bas latin *tractilius*.
[2] Fait exprès ; du bas latin *factitius*.
[3] Travailleur, homme de ménage.
[4] C'est-à-dire : vous ne sortiriez pas de l'origine. *Ystriez*, du verbe *issir*, en latin *exire* ; *orine*, par ellipse ; c'est aussi une équivoque sur *urine*.
Manuscrit de Bigot :

Vous tenez trop bien la doctrine.

[5] Ne cesse, ne finit pas.
[6] Edition de Beneaut :

Tousjours, tousjours, de besoigner.

[7] Cuir de Cordoue, maroquin.

LE DRAPPIER.

C'est ung très-bon drap de Rouen,
Je vous prometz, et bien drappé.

PATHELIN.

Or vrayement j'en suis attrapé [1] ;
Car je n'avoye intention
D'avoir drap, par la passion
De Nostre Seigneur ! quand je vins.
J'avoye mis à part quatre vingts
Escus [2], pour retraire une rente [3] :
Mais vous en aurez vingt ou trente,
Je le voy bien ; car la couleur
M'en plaist très-tant, que c'est douleur.

LE DRAPPIER.

Escus ? Voire, se peut-il faire
Que ceulx, dont vous devez retraire
Ceste rente, prinssent monnoye [4] ?

PATHELIN.

Et ouy dea, se je le vouloye ;
Tout m'en est ung en payement [5].
Quel drap est cecy ? Vrayement,
Tant plus le voy, et plus m'assotte [6].

---

[1] Alléché, attiré, épris.
[2] Ce sont des écus d'or.
[3] Acquérir, retirer un titre de rente.
[4] C'est-à-dire : Que vous changiez une partie de vos écus. A cette époque où l'or était rare, on n'acceptait pas un gros payement en monnaie blanche.
[5] Edition de Beneaut :

> Tout m'est ung or ou paiement.

Edition de Beneaut :

> Tout m'est un quant au payement.

[6] Plus il me rend fou de désir.

Il m'en fault avoir une cotte,
Brief, et à ma femme de mesme.

LE DRAPPIER.

Certes, drap est cher comme cresme!
Vous en aurez, se vous voulez :
Dix ou vingt francs y sont coulez
Si tost!

PATHELIN.

Ne m'en chault, couste et vaille!
Encor' ay-je denier et maille
Qu'oncq' ne virent pere ne mere [1].

LE DRAPPIER.

Dieu en soit loué! Par sainct Pere [2],
Il ne m'en desplairoit empiece [3].

PATHELIN.

Brief, je suis gros [4] de ceste piece;
Il m'en convient avoir.

LE DRAPPIER.

Or bien,
Il convient adviser combien
Vous en voulez? Premierement,

---

[1] C'est-à-dire : un trésor caché, un magot.
Manuscrit de La Vallière :

Que ne vit onc pere ne mere.

Manuscrit de Bigot :

Si tost! Ne vous chaille!
Encor ay deux deniers et maille
Que ma mere ne vit onc frere.

[2] Pour : *Pierre*. La cathédrale de Chartres se nomme *Saint Père*.
[3] Nullement, pas du tout, *piece*.
[4] Désireux, convoiteux, amoureux

Tout est à vostre commandement [1],
Quant que [2] il y en a en la pille;
Et n'eussiez-vous ne croix ne pille [3]!

PATHELIN.

Je le sçay bien : vostre mercy !

LE DRAPPIER.

Voulez-vous de ce pers [4] cler cy [5]?

PATHELIN.

Avant, combien me coustera
La premiere aulne? Dieu sera
Payé des premiers; c'est raison :
Vecy ung denier [6]; ne faison
Rien qui soit, où Dieu ne se nomme.

LE DRAPPIER.

Par Dieu, vous estes un bonhomme,
Et m'en avez bien resjouy !
Voulez-vous à ung mot [7]?

PATHELIN.

Ouy.

---

[1] *Vostre*, dans ce vers, se prononçait *vos'r'* ou *vo*.
Edition de Beneaut :

    Tout est en vo commandement.

[2] Combien qu'il y en ait; en latin, *quantumcumque*.
[3] N'eussiez-vous pas un sou marqué en poche.
[4] Bleu; du bas latin, *persus*.
[5] Edition de Beneaut :

    Voulez-vous de ce drap icy?

[6] C'est ce qu'on nomme encore le *denier à Dieu*, les arrhes.

[7] C'est-à-dire : au dernier mot, au dernier prix.

LE DRAPPIER.

Chascune aulne vous coustera
Vingt et quatre solz [1] ?

PATHELIN.

Non sera.
Vingt et quatre solz! Saincte Dame!

LE DRAPPIER.

Il le m'a cousté, par ceste ame!
Autant m'en fault, se vous l'avez....

PATHELIN.

Dea, c'est trop.

LE DRAPPIER.

Ha! vous ne sçavez
Comment le drap est enchery?
Trestout le betail est pery,
C'est yver, par la grant froidure.

PATHELIN.

Vingt solz, vingt solz.

LE DRAPPIER.

Et je vous jure
Que j'en auray ce que je dy.
Or attendez à samedy [2] :
Vous verrez que vault? La toyson,
Dont il souloit estre foyson,
Me cousta, à la Magdeleine [3],

---

[1] Le sol d'alors équivaut à notre franc d'aujourd'hui; c'était une monnaie de compte depuis plusieurs siècles.

[2] Le samedi est encore jour de marché dans la plupart des villes de France.

[3] C'est-à-dire : le 22 juillet, jour de la fête de sainte Madeleine.

Huict blancs, par mon serment, de laine [1],
Que je soulois avoir pour quatre.

PATHELIN.

Par le sang bieu! sans plus debattre,
Puis qu'ainsi va, donc je marchande [2];
Sus, aulnez?

LE DRAPPIER.

Et je vous demande
Combien vous en faut-il avoir?

PATHELIN.

Il est bien aysé à sçavoir.
Quel lé a-il?

LE DRAPPIER.

Lé de Brucelle [3].

PATHELIN.

Trois aulnes pour moy, et pour elle
(Elle est haute) deux et demye.
Ce sont six aulnes... Ne sont mye.
Et ne sont.... Que je suis bec jaune [4]!

LE DRAPPIER.

Il ne s'en fault que demye aulne,
Pour faire les six justement.

---

[1] Les mots : *par mon serment*, sont jetés au milieu de la phrase, de manière à faire entendre : *mon serment de laine*. Ce genre de plaisanterie était fort goûté alors. Rabelais fait dire à son seigneur de Humevesne (*Pantagruel*, liv. II, chap. xii) : « Considerez qu'à la mort du roy Charles, on avoit en plein marché la toison, pour six blancs, par mon serment, de laine. »

[2] Je suis marchand, j'achète.

[3] Le drap de Rouen avait la largeur du drap de Bruxelles, parce que les grandes foires, où se vendait le drap, se tenaient à Bruxelles, à Anvers, à Arras et dans les autres villes des Pays-Bas.

[4] Ou *béjaune*, sot, comme un coucou, un serin, ou tout autre oiseau qui a le bec jau

PATHELIN.

J'en prendray six tout rondement;
Aussi me faut-il chaperon.

LE DRAPPIER.

Prenez-la [1], nous les aulneron.
Si sont-elles cy, sans rabattre :
Empreu [2], et deux, et trois, et quatre,
Et cinq, et six.

PATHELIN.

    Ventre sainct Pierre [3] !
Ric à ric!

LE DRAPPIER.

Aulneray-je arriere [4] ?

PATHELIN.

Nenny, ce n'est qu'une longaigne [5].
Il y a plus perte ou plus gaigne,
En la marchandise. Combien
Monte tout?

LE DRAPPIER.

Nous le sçaurons bien.

---

[1] En disant cela, le drapier lui montre l'aune.
[2] Un; du latin *primus* et *imprimis*. Les enfants disent encore *preu*, pour : premier; *seu*, pour : second.
[3] Manuscrit de Bigot, où manque un vers pour rimer avec *ventre saint Pierre* :

    Si ric à ric !
— Se vous voulez ce, sans replic,
Ilz seront encor mesurez?
— Nenny, de par Dieu, c'est assez.
Foy que doy les Sains de Bretaigne...

[4] En plus, davantage.
[5] Génin n'a pas compris ce mot, qu'il traduit par *perte de temps!* Il s'agit ici du chef de la pièce de drap, ou de la lisière;

A vingt et quatre solz chascune :
Les six, neuf francs [1].

PATHELIN.

Hen, c'est pour une [2]....
Ce sont six escus?

LE DRAPPIER.

M'aist Dieu! voire.

PATHELIN.

Or, sire, les voulez-vous croire [3],

Pathelin veut dire que le Drapier lui offre ce qui ne vaut rien.

Edition de Beneaut :

Nenny, en sanglante estraine.

Edition de Leroy et de Trepperel :

Nenny, de par une longaigne.

Manuscrit de La Vallière :

Nenny, par saint Jacques d'Espaigne !

Edition de 1614 :

Nenny, tant de peine m'engaigne.

[1] « Car quand vous voyez le drapier vendre ses six aulnes de drap neuf francs, et qu'à l'instant mesme il dit que ce sont six escus, il faut nécessairement conclure qu'en ce temps-là l'escu ne valoit que trente sols. Mais comment accorder ces passages, en ce que tous les endroits où il est parlé du prix de chaque aulne, on ne parle que de 24 sols, qui n'est pas une somme suffisante pour faire revenir les six aulnes à 9 francs, ains à 7 livres 4 sols seulement. C'est encore une autre ancienneté digne d'estre considérée, qui nous enseigne qu'en la ville de Paris, où ceste farce fut faite, et, par avanture, représentée sur l'eschaffaut, quand on parloit de sol simplement, on l'entendoit *parisis*, qui valoit 15 deniers *tournois* (car aussi estoit-il de nostre ville de Paris); et entends que les 24 sols faisoient les 30 sols tournois. » (PASQUIER, *Recherches de la France*, liv. VIII, chap. LIX.)

[2] Génin, qui était si bien fait pour entendre son Pathelin, dit que c'est une expression du vocabulaire des joueurs!

[3] Prêter, donner à crédit; en latin, *credere aliquid alicui*.

Jusques à jà quand vous viendrez?
Non pas croire, mais les prendrez
A mon huys, en or ou monnoye.

LE DRAPPIER.

Nostre Dame! je me tordroye [1]
De beaucoup, à aller par là?

PATHELIN.

Hé! vostre bouche ne parla
Depuis, par monseigneur sainct Gille,
Qu'elle ne dit pas evangile.
C'est très-bien dit; vous vous tordriez!
Oh! c'est cela : vous ne voudriez [2]
Jamays trouver nulle achoison [3]
De venir boire en ma maison :
Or y burez-vous ceste fois.

LE DRAPPIER.

Et, par sainct Jaques, je ne fais
Gueres autre chose que boire.
Je yray; mais il faict mal d'accroire,
Ce sçavez-vous bien, à l'estraine [4]?

PATHELIN.

Souffist-il, se je vous estraine
D'escus d'or, non pas de monnoye?

---

[1] Je me détournerais de mon chemin, je me dérangerais.

[2] Ce vers, dans lequel nous avons ajouté l'exclamation *oh!* pour lui donner le nombre de syllabes nécessaires, manque dans plusieurs éditions.
Editions du quinzième siècle :

C'est cela! vous ne vouldriez...

[3] Occasion. On avait fait d'abord *accison* et *achoise*, du latin *occasio, casus*.

[4] C'est-à-dire : un marchand ne doit pas vendre à crédit quand il étrenne.

Et si mangerez de mon oye,
Par Dieu! que ma femme rostit [1].

LE DRAPPIER.

Vrayement, c'est homme m'assotist!
Allez devant : sus, je yray doncques,
Et les porteray.

PATHELIN.

   Rien quiconques.
Que me grevera-il? Pas maille [2],
Soubz mon aisselle.

LE DRAPPIER.

   Ne vous chaille :
Il vaut mieulx, pour le plus honneste,
Que je le porte.

PATHELIN.

   Male feste
M'envoye la saincte Magdaleine,
Se vous en prenez jà la paine!
C'est tres-bien dit : dessoubz l'aisselle.
Cecy me fera une belle

---

[1] De là le proverbe rimé par Pierre Gringore, dans ses *Feintises du monde* :

  Tel dit : « Venez manger de l'oye! »
  Qui cheuz luy n'a rien appresté.

A cette époque, l'oie était le mets favori des Parisiens; il y avait partout des rôtisseurs, et la rue aux Ours se nommait alors *rue aux oues*.

[2] Ce vers et les dix suivants sont remplacés, dans le manuscrit de Bigot, par cinq vers seulement que dit Pathelin :

  Soubs mon aisselle, ne vous chaille,
  Que me grevera-t-il? Pas maille.
  Ha, dea, que c'est trop bien allé!
  Il y aura beu et gallé
  Sur moy, ains que vous en alliez!

Bosse!... Ha! C'est très-bien allé [1]!
Il y aura beu et gallé [2]
Chez moy, ains que vous en saillez.

LE DRAPPIER.

Je vous prie que vous me baillez
Mon argent, dès que j'y seray?

PATHELIN.

Feray. Et, par bieu, non feray,
Que n'ayez prins vostre repas
Très-bien : et si ne voudroye pas
Avoir sur moy dequoy payer.
Au moins, viendrez-vous essayer
Quel vin je boy? Vostre feu pere,
En passant, huchoit bien : *Compere!*
Ou *Que dis-tu?* ou *Que fais-tu* [3]?
Mais vous ne prisez un festu,
Entre vous riches, povres hommes!

LE DRAPPIER.

Et, par le sang bieu! nous sommes [4]
Plus povres...

PATHELIN.

Voire. Adieu, adieu.

---

[1] En disant cela, il met le drap sous sa robe.
[2] Fait *gala*, ripaille.
[3] Manuscrit de Bigot :

> Quel vin beuvoit feu vostre pere?
> Huchoit bien, en passant : « Compere,
> Hau! que dis-tu? ou que fais-tu? »

[4] Ce vers n'ayant pas le nombre de syllabes nécessaires à la mesure, Génin l'a rectifié ainsi :

> Et, par le saint sang bieu! nous sommes...

Rendez-vous tantost audict lieu ;
Et nous beurons bien, je me vant' !

LE DRAPPIER.

Si feray-je. Allez devant [1],
Et que j'aye or !

PATHELIN, seul, dans la rue.

Or ? et quoy doncques ?
Or ! dyable ! je n'y failly oncques !
Non. Or ! Qu'il puist estre pendu [2] !
Endea, il ne m'a pas vendu,
A mon mot ; ce a esté au sien ;
Mais il sera payé au mien.
Il luy faut or ? On le luy fourre [3] !
Pleust à Dieu qu'il ne fist que courre,
Sans cesser, jusques à fin de paye !
Sainct Jehan ! il feroit plus de voye,
Qu'il n'y a jusque à Pampelune.

Il rentre chez lui.

LE DRAPPIER, dans sa boutique.

Iz ne verront soleil ny lune,
Les escuz qu'il me baillera,
De l'an, qui ne les m'emblera [4].

---

[1] Edition de Bencaut :

Si feray-je. Or allez devant...

[2] Edition de Génin :

Or ! par le cul soit-il pendu !

[3] « Cette façon de parler, dit Le Duchat (*Ducatiana*, t. II, p. 501), fait allusion à ces pièces de monnaie qu'on appelle *fourrées*, parce que le faux monnayeur y a fourré un flaon de faux aloi, que couvre dessus et dessous une feuille de bon or. »

[4] Edition de Niverd :

De l'an, qui ne les emblera.

C'est-à-dire : à moins que quelqu'un ne me les dérobe. *Qui* est un latinisme, pour *si quis*, ou *nisi quis*.

Or, n'est-il si fort entendeur,
Qui ne treuve plus fort vendeur :
Ce trompeur-là est bien bec jaune,
Quand, pour vingt et quatre solz l'aulne,
A prins drap qui n'en vaut pas vingt !

PATHELIN, rentrant chez lui.

En ay-je [1] !

GUILLEMETTE.

Dequoy ?

PATHELIN.

Que devint
Vostre vieille cotte hardie [2] ?

GUILLEMETTE.

Il est grand besoin qu'on le die !
Qu'en voulez-vous faire ?

PATHELIN.

Rien, rien.
En ay-je ? Je le disoye bien.
Est-il ce drap-cy ?

GUILLEMETTE.

Saincte Dame !
Or, par le peril de mon ame,
Il vient d'aucune couverture [3].

---

[1] Dans le manuscrit de Bigot, Pathelin commence ainsi :

Çà, Guillemette, que devint...

[2] On appelait *cotte hardie* ou *cotardie* un vêtement long et ample, une jupe, une houppelande.
[3] C'est-à-dire : de l'argent qu'un plaideur aurait payé d'avance à l'avocat Pathelin, pour *couverture*.

Dieu! d'où nous vient ceste aventure?
Helas! helas! qui le payera?

PATHELIN.

Demandez-vous qui ce sera?
Par sainct Jehan! il est jà payé.
Le marchand n'est pas desvoyé ¹,
Belle seur, qui le m'a vendu.
Parmy ² le col soye pendu,
S'il n'est blanc comme ung sac de plastre!
Le meschant vilain challemastre ³,
En est ceint sur le cul ⁴!

GUILLEMETTE.

Combien
Couste-il doncques?

PATHELIN.

Je n'en doy rien;
Il est payé: ne vous en chaille ⁵.

GUILLEMETTE.

Vous n'aviez denier ne maille!
Il est payé? En quel' monnoye?

---

¹ Egaré, fou, insensé.
² *Parmi* était synonyme de *par*.
³ Ce mot, qui n'a jamais été expliqué, même par Génin, flanqué de Ducange, nous paraît signifier: vendeur de coquilles de noix, en terme de mépris; *mastre* est là pour *maître*; *challe* veut dire coquille, écaille.
⁴ Locution proverbiale qui veut dire: Il en est le mauvais marchand; *il en a dans les fesses*. On ceignait sur le cul les condamnés qui devaient recevoir le fouet. C'étaient aussi les pauvres diables qui portaient alors la ceinture attachée au-dessous des reins et très-serrée.
⁵ Ne vous en souciez, ne vous en inquiétez pas; du verbe *haloir*.

PATHELIN.

Et, par le sang bieu ! si avoye,
Dame : j'avoye ung parisi [1].

GUILLEMETTE.

C'est bien allé ! Le beau nisi [2]
Ou ung brevet [3] y ont ouvré :
Ainsi l'avez-vous recouvré.
Et, quand le terme passera,
On viendra, on nous gagera [4] ;
Quanque avons, nous sera osté [5].

PATHELIN.

Par le sang bieu ! il n'a cousté
Qu'ung denier, quant qu'il en y a.

GUILLEMETTE.

Benedicite ! Maria [6] !
Qu'ung denier ? Il ne se peut faire !

PATHELIN.

Je vous donne cest œil à traire,

---

[1] Le denier parisis valait un quart de plus que le denier tournois ; il représente environ un franc de notre monnaie. (Voy. ci-dessus, p. 37, une note extraite des *Recherches de la France*.)

[2] Obligation sous la foi du serment.

[3] « C'est, selon Rageau, la première note ou schède de l'obligation personnelle, que le notaire délivre en papier au créancier. »

[4] *Gager*, selon Rageau, c'est prendre gages ; *pignori capere res debitoris, vel delinquentis*. Saisir par autorité de justice, est synonyme de *gager*.

[5] Manuscrit de Bigot :

> On vendra, on engagera ;
> Quan que j'avons sera osté.

[6] Génin dit que *benedicite* était alors une exclamation d'effroi ou d'admiration, et que les femmes manifestaient leur étonnement, en s'écriant : *Ave, Maria*.

S'il en a plus eu, ne n'aura,
Jà si bien chanter ne sçaura.

GUILLEMETTE.

Et qui est-il?

PATHELIN.

C'est ung Guillaume,
Qui a surnom de Joceaume [1],
Puisque vous le voulez sçavoir.

GUILLEMETTE.

Mais la maniere de l'avoir
Pour un denier? et à quel jeu?

PATHELIN.

Ce fut pour un denier à Dieu :
Et encore, se j'eusse dict :
« La main sur le pot [2] ! » par ce dict,
Mon denier me fust demouré.
Au fort, est-ce bien labouré [3]?
Dieu et luy partiront [4] ensemble
Ce denier-là, si bon leur semble;
Car c'est tout ce qu'ilz en auront,
Jà si bien chanter ne sçauront,
Ne pour crier, ne pour brester [5].

---

[1] Edition de Beneaut :

> Qu'on sourappelle Joceaulme.

[2] On avait l'habitude de traiter les affaires de vente ou d'achat, en les arrosant du vin du marché. Voyez, dans Ducange, les mots *mercipotus* et *vinum*.

[3] Opéré, travaillé.

[4] Partageront le *denier à Dieu*.

[5] Piper, selon Génin; quereller, disputer, selon de l'Aulnaye, qui a probablement raison, quoiqu'il ne cite pas Ducange, comme le fait Génin.

3.

GUILLEMETTE.

Comment l'a-il voulu prester,
Luy, qui est homme si rebelle [1]?

PATHELIN.

Par saincte Marie la belle !
Je l'ay armé et blasonné [2],
Si qu'il me l'a presque donné.
Je luy disoye que feu son pere
Fut si vaillant. « Ha! fais-je, frere,
Qu'estes-vous de bon parentaige !
Vous estes, fais-je, du lignaige
D'icy entour plus à louer ! »
Mais je puisse Dieu avouer,
S'il n'est attrait d'une peautraille [3]
La plus rebelle villenaille
Qui soit, ce croy-je, en ce royaume ;
« Ha! fais-je, mon amy Guillaume,
Que vous ressemblez bien de chere
Et du tout à vostre bon pere ! »
Dieu sçait comment j'eschaffauldoye,
Et, à la fois, j'entrelardoye,
En parlant de sa drapperie !
« Et puis, fais-je, saincte Marie !
Comment prestoit-il doucement
Ses denrées si humblement?

---

[1] Dans le sens de *coriace*, dur à la détente.

[2] Locution proverbiale signifiant : je l'ai comblé d'honneur et d'éloges.

[3] Noël du Fail, dans ses *Contes d'Entrapel*, fait allusion à ce passage qu'il explique : « Il vantoit et trompetoit sa noblesse, combien, ainsy que dit Pathelin, qu'il fust issu de la plus vilaine peautraille. » *Peautraille* équivaut à *canaille* ; *peautre* signifiait une femme de mauvaise vie, un bateleur ou quelque autre malotru, que complétait la syllabe *aille*.

C'estes-vous, fais-je, tout craché! »
Toutesfois, on eust arraché
Les dents du villain marsouin
Son feu pere, et du babouin
Le fils, avant qu'ilz en prestassent
Cecy¹, ne que ung beau mot parlassent.
Mais, au fort, ay-je tant bresté²
Et parlé, qu'il m'en a presté³
Six aulnes?

GUILLEMETTE.

Voire, à jamais rendre.

PATHELIN.

Ainsi le devez-vous entendre.
Rendre? On luy rendra le dyable⁴!

GUILLEMETTE.

Il m'est souvenu de la fable
Du corbeau, qui estoit assis
Sur une croix, de cinq à six
Toyses de hault; lequel tenoit
Un formage au bec : là venoit⁵
Un renard qui vit ce formaige :
Pensa à luy : « Comment l'auray-je? »

---

¹ L'édition de Beneaut porte : *Nenny*.

² Génin dit que *brester*, c'est prendre à la glu, piper; Génin devait s'y connaître; mais ici *bresté*, que nous écririons plutôt *bretté*, veut dire *bataillé*. (Voy. ci-dessus, p. 45, la note 5.)

³ Manuscrit de La Vallière :

Mais je l'ay tant doreloté,
Que le meschant si m'a presté.

⁴ Manuscrit de La Vallière :

L'on luy rendra, mais le grand diable!

⁵ Edition de Beneaut :

Ung formage qu'en bec avoit.

Lors se mist dessoubz le corbeau :
« Ha! fist-il, tant as le corps beau,
Et ton chant plein de melodie! »
Le corbeau, par sa conardie[1],
Oyant son chant ainsi vanter,
Si ouvrit le bec pour chanter,
Et son formaige chet à terre;
Et maistre renard vous le serre
A bonnes dents, et si l'emporte[2].
Ainsi est-il (je m'en fais forte)
De ce drap : vous l'avez happé
Par blasonner[3], et attrapé,
En luy usant de beau langaige,
Comme fist renard du formaige :
Vous l'en avez prins par la moe[4].

PATHELIN.

Il doit venir manger de l'oe[5] :
Mais voicy qu'il nous faudra faire.
Je suis certain qu'il viendra braire,
Pour avoir argent promptement.
J'ay pensé bon appoinctement[6] :
Il convient que je me couche,
Comme un malade, sur ma couche;
Et, quand il viendra, vous direz,

---

[1] Génin met *cornardie*, de son autorité privée. Il y a *conardie*, dans quelques éditions. C'est *conardie*, bêtise, niaiserie.

[2] La Fontaine, qui savait par cœur son *Pathelin*, s'en est souvenu en composant sa fable : *le Renard et le Corbeau*.

[3] Flatterie.

[4] Manuscrit de La Vallière :

Vous l'avez grippé par tell' voye.

[5] Manuscrit de La Vallière :

Il doit venir manger d'une ouaye.

[6] Expédient, stratagème.

« Ha! parlez bas! » et gemirez,
En faisant une chiere fade[1] :
« Las! ferez-vous, il est malade
Passé deux moys, ou six semaines! »
Et, s'il vous dit : « Ce sont trudaines[2]!
Il vient d'avec moy tout venant. »
« Helas! ce n'est pas maintenant
(Ferez-vous) qu'il faut rigoller! »
Et le me laissez flagcoller[3];
Car il n'en aura autre chose.

GUILLEMETTE.

Par l'ame qui en moy repose!
Je feray très-bien la maniere.
Mais, si vous rencheez arriére[4],
Que justice vous en reprengne,
Je me doubte qu'il ne vous prengne
Pis la moitié, qu'à l'autre fois?

PATHELIN.

Or, paix : je sçay bien que je fais.
Il faut faire ainsi que je dy.

GUILLEMETTE.

Souviengne-vous du samedy,
Pour Dieu, qu'on vous pilloria[5] :

---

[1] Mine déconfite, visage chagrin.
[2] Faussetés, balivernes. Génin, qui cite ici l'usage comme toujours, dérive ce mot du bas latin *trutania*.
[3] Mystifier, jouer.
[4] C'est-à-dire : si vous tombez encore dans un mauvais pas Pathelin avait eu déjà des démêlés avec la justice.
[5] On condamnait alors au pilori les faussaires et les fripons. Le pilori était l'exposition publique sur un échafaud pendant un certain nombre d'heures, et de préférence les jours de marché, c'est-à-dire le samedi.

Vous sçavez que chascun cria
Sur vous, pour vostre tromperie?

PATHELIN.

Or laissez ceste baverie [1].
Il viendra; nous ne gardons l'heure.
Il faut que ce drap nous demeure.
Je m'en voys coucher.

GUILLEMETTE.

Allez doncques.

PATHELIN.

Or ne riez point!

GUILLEMETTE.

Rien quiconques,
Mais pleureray à chaudes larmes.

PATHELIN.

Il nous fault estre tous deux fermes [2],
Affin qu'il ne s'en apperçoive.

Ils sortent.

LE DRAPPIER, chez lui.

Je croy qu'il est temps que je boive,
Pour m'en aller? Ha! non feray.
Je doy boire, et si mangeray
De l'oe, par sainct Mathelin [3],
Cheuz maistre Pierre Pathelin;
Et là recevray-je pecune:

---

[1] Pour : *bararderie*, paroles inutiles.
[2] Edition de Beneaut :

Il fault que nous nous tenons fermes.

[3] Pour: *saint Mathurin*, patron des fous; par allusion au mot italien *matto*.

Je happeray là une prune¹,
A tout le moins, sans rien despendre².
J'y voys; je ne puis plus rien vendre.

Il frappe à la porte de Pathelin.

Hau! maistre Pierre?

GUILLEMETTE, *allant ouvrir.*

Helas! sire,
Par Dieu! se vous voulez rien dire,
Parlez plus bas!

LE DRAPPIER.

Dieu vous gard, dame!

GUILLEMETTE.

Ha! plus bas!

LE DRAPPIER.

Et quoy?

GUILLEMETTE.

Bon gré, m'ame....

LE DRAPPIER.

Où est-il?

GUILLEMETTE.

Las! où doit-il estre?

LE DRAPPIER.

Le qui?

GUILLEMETTE.

Ha! c'est mal dit, mon maistre:
Où est-il? et Dieu, par sa grace,
Le sache! Il garde la place

---

¹ C'est-à-dire : J'attraperai là un bon morceau.
² Pour : *dépenser.*

Où il est, le povre martir,
Unze semaines, sans partir....

LE DRAPPIER.

De qui?

GUILLEMETTE.

Pardonnez-moy, je n'ose
Parler haut; je croy qu'il repose :
Il est un petit aplommé [1].
Helas! il est si assommé,
Le povre homme.....

LE DRAPPIER.

Qui?

GUILLEMETTE.

Maistre Pierre.

LE DRAPPIER.

Ouay! n'est-il pas venu querre [2]
Six aulnes de drap maintenant?

GUILLEMETTE.

Qui, luy?

LE DRAPPIER.

Il en vient tout venant,
N'a pas la moytié d'ung quart d'heure.
Delivrez-moy [3]; dea! je demeure [4]
Beaucoup. Çà, sans plus flageoller [5],
Mon argent?

---

[1] Assoupi, accablé.
[2] Manuscrit de Bigot :

De quoy? N'est-il pas venu querre...

[3] Payez-moi.
[4] Je reste ici beaucoup plus qu'il ne faut.
[5] Lanterner, baguenauder.

GUILLEMETTE.

Hé! sans rigoller[1]?
Il n'est pas temps que l'en rigolle.

LE DRAPPIER.

Çà, mon argent? Estes-vous folle!
Il me fault neuf francs.

GUILLEMETTE.

Ha! Guillaume!
Il ne fault point couvrir de chaume[2]
Icy, ne bailler ces brocards.
Allez sorner[3] à vos coquardz[4],
A qui vous vous voudrez jouer!

LE DRAPPIER.

Je puisse Dieu desavouer,
Si je n'ay neuf francs[5]!

---

[1] Sans plaisanterie.
[2] « Dissimuler, user de feinte, dit Génin; cette métaphore se rapporte à l'usage de recouvrir de paille les meules de blé qui passent l'hiver dans les champs. »
[3] Dire vos sornettes.
[4] Sots.
[5] « Six aunes à 24 sous font 144 sous, dit Génin; et, cette somme étant égale à la fois à six écus et à neuf francs, on tire, pour la valeur de l'écu, 24 sous, et, pour la valeur du franc, 16 sous. A quel règne, à quelle année correspond cette valeur du franc et de l'écu? Au règne du roi Jean. » Génin, tout en s'appuyant de l'autorité de Ducange, s'est grossièrement trompé. Ce fut sous le règne de Charles VII que l'écu à la couronne valut 24 ou 25 sous, tandis que le franc d'or, émis alors au cours normal de 20 sous, fut bientôt déprécié et ne représenta plus que 16 sous, quand on eut reconnu que cette monnaie était à la fois basse et légère. Voilà comment six écus faisaient neuf francs vers 1460. Le Duchat fait une observation analogue à la nôtre, en indiquant l'année 1470 comme la date de la composition de *Maitre Pathelin*, « puisque, dit-il dans ses notes sur Rabelais (liv. I, chap. XX), les écus d'or vieux ou à la couronne, qui en ce temps-là furent mis à 50 sols tournois, haussèrent de prix en 1473. »

GUILLEMETTE.

    Helas! sire,
Chascun n'a pas si faim de rire,
Comme vous, ne de flagorner[1].

LE DRAPPIER.

Dictes, je vous pry', sans sorner :
Par amour, faites-moy venir
Maistre Pierre?

GUILLEMETTE.

  Mesavenir
Vous puist-il! Et est-ce à meshuy?

LE DRAPPIER.

N'est-ce pas ceans que je suy
Cheuz maistre Pierre Pathelin?

GUILLEMETTE.

Ouy. Le mal sainct Mathelin[2],
Sans le mien, au cueur vous tienne[3]!
Parlez bas!

LE DRAPPIER.

  Le dyable y avienne!
Ne le oseray-je demander?

GUILLEMETTE.

A Dieu me puisse commander!
Bas, se ne voulez qu'il s'esveille?

---

[1] Gausser, railler.
[2] C'est-à-dire : la folie; de l'italien *matto*. Il y a dans l'édition de 1490 : le mal sainct Mathurin.
[3] Edition de Niverd :

  A la teste vous tienne.

Manuscrit de Bigot :

  Sans le bien, beau sire, vous tienne.

LE DRAPPIER.

Quel bas? Voulez-vous en l'oreille,
Au fons du puys, ou de la cave?

GUILLEMETTE.

Hé Dieu! que vous avez de bave!
Au fort [1], c'est tousjours vostre guise.

LE DRAPPIER.

Le dyable y soit! quand je m'avise:
Se voulez que je parle bas,
Payez-moy sans plus de debas;
Telz noises n'ay-je point aprins [2].
Vray est que maistre Pierre a prins
Six aulnes de drap aujourd'huy.

GUILLEMETTE.

Et qu'est-ce cecy? Est-ce à meshuy?
Dyable y ait part! Aga [3]! quel prendre?
Ha! sire, que l'en le puist pendre,
Qui ment! Il est en tel party,
Le povre homme, qu'il n'est party
Du lict, y a unze semaines!
Nous baillez-vous de vos trudaines?
Maintenant en est-ce raison?
Vous vuiderez de ma maison,
Par les angoisses Dieu, moy lasse [4]!

[1] Au fait, au demeurant, au surplus.
[2] C'est-à-dire : Je n'ai pas appris à m'entendre contester une dette.
Edition de Niverd :

> Dictes; car, quand est de debas
> Itels, je ne l'ay point aprins.

[3] « *Aga*, pour *regarde*; *agardes*, pour *regardez*, dit Théodore de Bèze (*De linguæ francicæ recta pronuntiatione*), sont des formules abandonnées à la populace de Paris. »
[4] Manuscrit de Bigot :

> De vos baveries je suis lasse.

LE DRAPPIER.

Vous disiez que je parlasse
Si bas, saincte benoiste Dame?
Vous criez!

GUILLEMETTE.

C'estes vous, par m'ame,
Qui ne parlez, fors que de noise!

LE DRAPPIER.

Dictes, afin que je m'en voise :
Baillez-moy?

GUILLEMETTE.

Parlez bas! Ferez?

LE DRAPPIER.

Mais vous-mesmes l'esveillerez ;
Vous parlez plus hault quatre fois,
Par le sang bieu! que je ne fais.
Je vous requier qu'on me delivre [1]?

GUILLEMETTE.

Et qu'est cecy? Estes-vous yvre,
Ou hors de sens? Dieu nostre pere!

LE DRAPPIER.

Yvre? Maugré en ait sainct Pere [2]!
Voicy une belle demande!

GUILLEMETTE.

Helas! plus bas!

LE DRAPPIER.

Je vous demande

---

[1] C'est-à-dire : qu'on me paye.
[2] Pour : *Pierre*.

Pour six aulnes, bon gré saint George,
De drap, dame...

GUILLEMETTE.

On le vous forge !
Et à qui l'avez-vous baillé ?

LE DRAPPIER.

A luy-mesme.

GUILLEMETTE.

Il est bien taillé
D'avoir drap ! Helas ! il ne hobe[1] !
Il n'a nul besoin d'avoir robe :
Jamais robe ne vestira,
Que de blanc ; ne ne partira
D'ond il est, que les piedz devant[2]

LE DRAPPIER.

C'est doncq depuis soleil levant ?
Car j'ay à luy parlé sans faute.

GUILLEMETTE.

Vous avez la voix si très-haute :
Parlez plus bas, en charité !

LE DRAPPIER.

C'estes-vous, par ma verité,
Vous-mesme, en sanglante estraine[3]

---

[1] Il ne bouge d'ici.

[2] C'est-à-dire, qu'il ne sera plus vêtu que d'un linceul, et qu'on l'emportera, les pieds devant, pour le conduire au cimetière.

[3] C'est-à-dire : C'est vous-même qui êtes en mauvaise passe. Génin fait remarquer que l'abus de l'adjectif *sanglant* dans une foule de phrases était un terme violent et grossier, une espèce de juron. On emploie maintenant le mot *furieux*, de la même manière que *sanglant* autrefois.

Par le sang bieu! veez-cy grant paine!
Qui me payast, je m'en allasse [1]!
Par Dieu! oncques que je prestasse [2],
Je n'en trouvay point autre chose!

PATHELIN.

Guillemette? Un peu d'eaue rose [3]!
Haussez-moy, serrez-moy derriere!
Trut [4]! à qui parlay-je? L'esguiere?
A boire? Frottez-moy la plante [5]?

LE DRAPPIER.

Je l'oy là?

GUILLEMETTE.

Voire.

PATHELIN.

Ha, meschante!
Vien çà? T'avoye-je fait ouvrir
Ces fenestres? Vien moy couvrir!
Ostez ces gens noirs!... *Marmara,
Carimari, carimara* [6].
Amenez-les-moy, amenez!

---

[1] Pasquier nous apprend que ce vers était devenu proverbe.
[2] C'est-à-dire: Toutes les fois que j'ai fait un prêt.
[3] L'eau rose était employée, comme cordial, pour ranimer les forces des malades.
[4] Interjection d'indignation, selon la Grammaire de Palsgrave. Génin, qui n'avait rien trouvé sur ce mot dans le Glossaire de Ducange, s'est bien gardé de l'expliquer. On disait: *Trut, avant!* dans le sens de: *Truand, avance donc!* Génin a oublié son *truanus*, ainsi que son Palsgrave. Plusieurs éditions écrivent ici *tost*, au lieu de *trut*.
[5] Plante des pieds.
[6] Ce sont des termes insignifiants que les magiciens employaient dans leurs conjurations et qui avaient été compris dans la grande famille des jurons. Génin les a laissés passer, sans leur dire leur fait, Ducange à la main.

GUILLEMETTE.

Qu'est-ce? Comment vous demenez!
Estes-vous hors de vostre sens?

PATHELIN.

Tu ne vois pas ce que je sens :
Vela un moine noir qui vole?
Prens-le, baille-luy une estole [1]...
Au chat, au chat! Comment il monte!

GUILLEMETTE.

Et qu'est cecy? N'a' vous pas honte [2]?
Et, par Dieu! c'est trop remué.

PATHELIN.

Ces physiciens [3] m'ont tué
De ces brouilliz [4] qu'ilz m'ont fait boire :
Et toutesfois les faut-il croire,
Ilz en oeuvrent comme de cire [5].

GUILLEMETTE.

Helas! venez-le voir, beau sire :
Il est si très-mal patient [6].

---

[1] On passait une étole autour du cou des possédés, pour dompter le démon.

[2] Manuscrit de Bigot :

Et qu'essé icy? N'avez-vous honte?

[3] Médecins. Génin, qui est ici fort comme Ducange, dit que le mot *physicien*, « venu du grec, n'est tout au plus que de la seconde époque de notre langue, d'une époque déjà pédante; le mot primitif est *mire*. » Et là-dessus il renvoie son monde au *miro* du Glossaire de Ducange. *Mire* signifiait chirurgien plutôt que médecin.

[4] Tisanes, drogues.

[5] Edition de Niverd :

Ils en usent comme de cire.

[6] Souffrant; du latin *patiens*.

LE DRAPPIER.

Est-il malade, à bon escient,
Puis orains ¹ qu'il vint de la foire ?

GUILLEMÊTTE.

De la foire ?

LE DRAPPIER.

Par sainct Jehan, voire !
Je cuide qu'il y a esté.
Du drap que je vous ay presté,
Il m'en fault l'argent, maistre Pierre ?

PATHELIN.

Ha ! maistre Jehan ! Plus dur que pierre,
J'ay chié deux petites crottes
Noires, rondes comme pelotes.
Prendray-je ung autre cristere ² ?

LE DRAPPIER.

Et que sçay-je ? Qu'en ay-je à faire ?
Neuf francs m'y fault, ou six escus.

PATHELIN.

Ces trois petis morceaulx becuz ³,
Les m'appellez-vous pilloueres ⁴ ?

---

¹ Depuis un instant.
² Pour *clystère*. « Le peuple a retenu *cristere*, dit Génin. L'étymologie n'a que faire ici, parce que la permutation des deux liquides *l* en *r* est continuelle. » Génin était parfois plaisant.
³ Noirs ; du bas latin *bechus*.
Edition de Beneaut :

Ces trois morceaux noirs et becuz.

⁴ Manuscrit de Bigot :

Dites-vous que ce sont pilloires ?
Ilz m'ont tout rompu les maschoires !

Ilz m'ont gasté les machoueres.
Pour Dieu! ne m'en faites plus prendre,
Maistre Jehan : ilz m'ont fait tout rendre.
Ha! il n'est chose plus amere !

LE DRAPPIER.

Non ont¹, par l'ame de mon pere!
Mes neuf francs ne sont point rendus.

GUILLEMETTE.

Parmy le col soient-ilz pendus,
Tels gens qui sont si empeschables²
Allez-vous-en, de par les dyables,
Puis que de par Dieu ne peult estre !

LE DRAPPIER.

Par celuy Dieu qui me fist naistre,
J'auray mon drap, ains que je fine ³,
Ou mes neuf francs!

PATHELIN.

Et mon orine
Vous dit-elle point que je meure⁴?...
Pour Dieu! Faites qu'il ne demeure ⁵?
Que je ne passe point le pas !

GUILLEMETTE.

Allez-vous-en! Et n'est-ce pas
Mal faict de luy tuer la teste?

---

¹ C'est-à-dire : les pillules ne vous ont pas fait tout rendre.
² Importuns, gênants.
³ Avant que je sorte d'ici.
⁴ Les médecins alors attachaient une grande importance à l'examen de l'urine du malade; il y avait même une médecine spéciale des urines, qui a subsisté jusqu'au dix-huitième siècle.
⁵ Edition de Beneaut :

Pour Dieu, pour Dieu, quoy qui demeure!

4

LE DRAPPIER.

Dame! Dieu en ait male feste [1] !
Six aulnes de drap maintenant,
Dictes, est-ce chose avenant [2],
Par vostre foy, que je les perde?

PATHELIN.

Se peussiez esclaircir ma merde,
Maistre Jehan : elle est si très-dure,
Que je ne sçay comment je dure,
Quand elle yst hors du fondement [3].

LE DRAPPIER.

Il me fault neuf francs rondement,
Que, bon gré sainct Pierre de Romme...

GUILLEMETTE.

Helas! tant tourmentez cest homme!
Et comment estes-vous si rude?
Vous voyez clerement qu'il cuide
Que vous soyez physicien?
Helas! le povre chrestien
A assez de male meschance [4] :
Unze semaines, sans laschance [5]
A esté illec, le povre homme....

LE DRAPPIER.

Par le sang Dieu! je ne sçay comme
Cest accident luy est venu :

---

[1] C'est-à-dire : Tant pis! que Dieu ait l'ennui de le juger!
[2] Agréable.
[3] Edition de Beneaut :

    Quant ell' sault hors de fondement.

[4] Mauvaise chance.
[5] Sans relâche.

Car il est aujourd'huy venu,
Et avons marchandé ¹ ensemble :
A tout le moins, comme il me semble,
Ou je ne sçay que ce peult estre!

GUILLEMETTE.

Par Nostre Dame! mon doulx maistre,
Vous n'estes pas en bon memoire ².
Sans faute, si me voulez croire,
Vous vrez un peu reposer;
Car moult de gens pourroient gloser ³
Que vous venez pour moy ceans.
Allez hors! Les physiciens
Viendront icy tout en presence.
—Je n'ay cure que l'en y pense
A mal; car je n'y pense point.

LE DRAPPIER.

Et maugrebieu! suis-je en poinct?
Par la feste Dieu! je cuidoye
Encor.... Et n'avez-vous point d'oye
Au feu ⁴?

GUILLEMETTE.

    C'est très-belle demande!
Ah, sire! ce n'est pas viande

---

¹ Fait une affaire de commerce.

² « *En bon mémoire*, au quinzième siècle, dit Génin, doit être un de ces archaïsmes qu'on trouve dans la bouche des vieilles gens et des bourgeoises comme Guillemette ou madame Jourdain. »

³ Manuscrit de La Vallière :

    Moult de gens pourroient supposer.

⁴ Génin ne voit, dans cette question, que la gourmandise du drapier obstiné à manger de l'oie; mais Génin comprend mal ce drapier, qui commence à douter de lui-même et qui se rattache à tous les souvenirs de sa récente entrevue avec Pathelin, pour s'assurer qu'il est bien dans son bon sens.

Pour malades. Mangez vos oes,
Sans nous venir jouer des moes [1] !
Par ma foy, vous estes trop aise !

LE DRAPPIER.

Je vous pry' qu'il ne vous desplaise ;
Car je cuidoye fermement...
Encor', par le sainct sacrement [2]
Dieu !... Dea ! or voys-je sçavoir [3].

Il sort et retourne dans sa boutique.

Je sçay bien que je dois avoir
Six aulnes, tout en une piece :
Mais ceste femme me despiece [4]
De tous poinctz mon entendement.....
Il les a eues vrayement [5] ?.....
Non a, dea ! il ne se peut joindre !
J'ay veü la mort, qui le vient poindre ;
Au moins, ou il le contrefaict...
Et si a [6] ! il les print de faict,
Et les mist dessoubz sou aisselle,
Par saincte Marie la belle !...
Non a [7] ! Je ne sçay si je songe.
Je n'ay point aprins que je donge [8]
Mes drapz, en dormant, ne veillant ?

---

[1] Faire des grimaces, montrer les dents.
[2] Edition de Génin .

　　Encore... Par le sacrement...

[3] Edition de Beneaut :

　　Adieu, dea ! Or je voys sçavoir.

[4] Trouble, dérange, brouille.
[5] Editions gothiques :

　　Je les avoye vrayement !....

[6] C'est-à-dire : Certes, il a mes six aunes de drap.
[7] Non, il ne les a pas.
[8] Donne ; du vieux verbe *doingner*, que Génin n'a pas cherché dans Ducange.

A nul, tant soit mon bien vueillant [1],
Je ne les eusse point accrues [2]....
Par le sang bieu ! il les a eues...
Et, par la mort ! non a, ce tiens-je,
Non a !... Mais à quoy donc en viens-je ?
Si a, par le sang Notre-Dame !
Meschoir puist-il [3] de corps et d'ame,
Si je sçay qui sçauroit à dire
Qui a le meilleur ou le pire
D'eux ou de moy ! Je n'y voy goute !...

PATHELIN, à Guillemette.

S'en est-il allé ?

GUILLEMETTE.

Paix ! J'escoute
Ne sçay quoy qu'il va flageollant [4].
Il s'en va si fort grumelant [5],
Qu'il semble qu'il doive desver [6].

PATHELIN.

Il n'est pas temps de se lever [7] ?
Comme il est arrivé à poinct !

GUILLEMETTE.

Je ne sçay s'il reviendra point.
Nenny dea, ne bougez encore !
Nostre fait seroit tout frelore [8],
S'il vous trouvoit levé.

---

[1] Pour : *bienveillant* ; mon ami, mon compère.
[2] *Accroire*, prêter, livrer à crédit.
[3] Puisse-t-il choir en mal, être malheureux.
[4] Parlant tout seul, murmurant comme s'il jouait du *flageol*.
[5] Pour : *grommelant*.
[6] *Desver*, pour *endéver*, enrager.
[7] Manuscrit de Bigot :

>Certes, s'il vous trouvoit levé !
>— Haro ! qu'il est tendre sevré !

[8] Perdu ; de l'allemand *verloren*.

PATHELIN.

Sainct George !
Qu'il est venu à bonne forge [1],
Luy qui est si très-mescreant [2] !
Il est en luy trop mieux seant [3],
Qu'ung crucifix en ung monstier [4].

GUILLEMETTE.

En ung très-ord vilain bronstier [5],
Onc lard ès pois n'escheut si bien !
Et, quoy, dea, il ne faisoit rien [6]
Aux dimenches !

PATHELIN.

Pour Dieu ! sans rire !
S'il venoit, il pourroit trop nuyre.
Je m'en tiens fort qu'il reviendra.

GUILLEMETTE.

Par mon serment, il s'en tiendra [7],
Qui vouldra ; mais je ne pourroye !

---

[1] xpression proverbiale, signifiant : Il a trouvé son maître, il a été traité de la belle manière.

[2] Si dur au prêt, si peu confiant.

[3] C'est-à-dire : Ce qui lui arrive est aussi bien fait pour lui, qu'un crucifix pour un couvent.

[4] Ou *moustier*, du latin *monasterium*, monastère.

[5] C'est ainsi que ce mot est écrit dans l'édition de 1490. On lit dans les autres éditions : *broutier, putier, brustier, bruityer*. Génin, qui cite Ducange, en renvoyant son monde au mot *broueta*, dit que c'est un chasse-marée ! Nous croyons, sans citer Ducange, que *bronstier*, pour *broustier*, signifie tout simplement *brouet*, potage, où le lard aux pois est mieux à sa place que dans le chasse-marée de maître Génin.

[6] Manuscrit de Bigot :

> Car, certes, il ne donnoit rien
> Ne pour feste ne pour dimenches.

Mais, dans le manuscrit, le vers suivant est incomplet et ne rime pas avec *dimenches*.

[7] C'est-à-dire : Se retienne de rire qui voudra.

LE DRAPPIER, seul, chez lui.

Et, par le sainct soleil qui roye [1],
Je retourneray, qui qu'en grousse [2],
Cheuz cest advocat d'eaue douce
Hé, Dieu! quel retrayeur de rentes,
Que ses parens ou ses parentes
Auroient vendu [3]! Or, par sainct Pierre,
Il a mon drap, le faux tromperre [4]!...
Je luy baillay en ceste place.

GUILLEMETTE, chez elle.

Quand me souvient de la grimace
Qu'il faisoit en vous regardant,
Je ris! Il estoit si ardant
A demander...

PATHELIN.

Or, paix, riace [5]!
Je regnie bieu, que jà ne face :
S'il advenoit qu'on vous ouïst,
Autant vaudroit qu'on s'enfouïst.
Il est si très-rebarbatif.

LE DRAPPIER, chez lui.

Et cest advocat portatif [6],

---

[1] Pour : *rayonne.*
[2] Pour: *glose.* Il y a *grousse* dans toutes les éditions. Ce *Qui qu'en glousse* rappelle le fameux *Qui qu'en grogne,* qu'on employait aussi incidemment. Génin a fait une bien belle note pour démontrer comment *grousse* (du latin *crocitare*) s'est transformé en *glousse,* « par substitution d'une liquide à l'autre. » Génin semble avoir un faible pour les liquides.
[3] Le Drapier se souvient que Pathelin lui a dit qu'il allait retraire une rente.
[4] Pour : *trompeur.*
[5] Rieuse.
[6] Quelques anciennes éditions mettent *potatif,* qui a le même sens : avocat sans cause. On appelait *potatifs* les évêques sans évêchés, *in partibus.*

A trois leçons et trois pseaumes [1] !
Et tient-il les gens pour Guillaumes?
Il est, par Dieu! aussi pendable,
Comme seroit un branc prenable [2].
Il a mon drap, ou je regnie bieu!
Et il m'a joué de ce jeu...

Il va frapper à la porte de Pathelin.

Hola! Où estes-vous fouye?

GUILLEMETTE.

Par mon serment, il m'a ouye!
Il semble qu'il doye desver.

PATHELIN.

Je feray semblant de resver.
Allez là?

GUILLEMETTE, *ouvrant au Drapier.*
Comment vous criez!

LE DRAPPIER.

Bon gré en ayt Dieu! Vous riez?
Çà, mon argent!

GUILLEMETTE.

Saincte Marie!
De quoy cuidez-vous que je rie?
Il n'a si dolente en la feste!...
Il s'en va [3] : oncques tel tempeste
N'ouystes, ne tel frenaisie :

---

[1] C'est comme s'il disait : avocat de rien. Cette locution proverbiale était très-usitée, surtout en Normandie, pour exprimer une chose aussi réduite que possible : « C'est un bréviaire de Fécamp, à trois psaumes, et rien du tout qui ne veut. »

[2] Génin a mis *blanc*, au lieu de *branc*, sans savoir ce qu'il jugeait *pendable*. Nous croyons qu'il s'agit d'une vieille épée qu'on suspendait par la garde à la muraille.

[3] C'est-à-dire : Mon mari se meurt.

Il est encore en resverie :
Il resve ; il chante, et puis fatrouille ¹
Tant de langaiges, et barbouille :
Il ne vivra pas demye heure.
Par ceste ame ! je ris et pleure
Ensemble.

LE DRAPPIER.

Je ne sçay quel rire,
Ne quel pleurer. A brief vous dire,
Il faut que je soye payé.

GUILLEMETTE.

De quoy ? Estes-vous desvoyé ² ?
Recommencez-vous vostre verve ³ ?

LE DRAPPIER.

Je n'ay point apprins qu'on me serve
De tels mots, en mon drap vendant.
Me voulez-vous faire entendant
De vessies, que sont lanternes ?

PATHELIN, simulant le délire.

Sus tost ! la Royne des Guiternes ⁴ !
A coup, qu'ell' me soit approuchée ?...
Je sçay bien qu'elle est accouchée
De vingt et quatre Guiterneaux ⁵,

---

¹ *Fatrasse*, remue, fait sonner comme un *fatras* de clefs.
² Insensé, hors de sens.
³ Vertige, folie. Génin pense que *verve* dérive du *ver coquin* que le peuple logeait dans la cervelle des fous.
⁴ Guitares. « Depuis douze ou quinze ans en ça, disait Bonaventure Des Periers (*Discours non plus mélancoliques que divers*), tout le monde s'est mis à guiterner, le luc presque mis en obly, pour estre en la guiterne je ne sçay quelle musique et icelle beaucoup plus aisée que celle-là du luc. »
⁵ Manuscrit de Bigot :

De quatre petis guiterneaux.

Enfans de l'abbé d'Iverneaux [1] :
Il me fault estre son compere.

GUILLEMETTE.

Helas! pensez à Dieu le pere,
Mon amy, non pas à guiternes?

LE DRAPPIER.

Ha! quels bailleurs de balivernes
Sont-ce cy?... Or tost, que je soye
Payé, en or ou en monnoye,
De mon drap que vous avez prins?

GUILLEMETTE.

Hé, dea, se vous avez mesprins [2]
Une foys, ne souffit-il mye?

LE DRAPPIER.

Sçavez-vous qu'il est, belle amye?
M'aist Dieu, je ne sçay quel mesprendre!...
Mais quoy! il convient rendre ou pendre [3].
Quel tort vous fais-je, se je vien
Ceans, pour demander le mien?
Quel? Bon gré sainct Pierre de Romme!

GUILLEMETTE.

Helas! tant tormentez cest homme!
Je voy bien, à vostre visaige,

---

[1] L'abbaye d'Iverneaux, ou Hiverneaux, ou Ivernel (de Hibernali), à une lieue de Brie-Comte-Robert, appartenait à l'ordre de Saint-Augustin. Cette désignation d'une localité de la Brie, et en même temps d'un personnage sans doute connu dans cette province par sa vie débauchée, viendrait à l'appui d'une opinion qui fait de la farce de Pathelin une production indigène de la ville de Meaux.

[2] Si vous avez fait une méprise.

[3] « Pendre, qui est aujourd'hui verbe actif, dit Génin, était dans l'origine verbe neutre, comme le latin pendere, et signifiait être pendu. »

Certes, que vous n'estes pas saige...
Par ceste Pecheresse lasse [1],
Si j'eusse ayde, je vous lyasse !
Vous estes trestout forcené.

LE DRAPPIER.

Helas ! j'enraige que je n'ay
Mon argent !

GUILLEMETTE.

Ha ! quel niceté [2] !
Seignez-vous ? *Benedicite !*
Faites le signe de la croix ?

LE DRAPPIER.

Or, regnie-je bieu, se j'accrois [3],
De l'année, drap !... Hen ! quel malade !

PATHELIN.

Mere de Diou, la Coronade,
Par fyé, y m'en voul anar,
Or renague biou, outre mar !
Ventre de Diou ! zen dict gigoné,
Castuy carrible, et res ne donne.
Ne carillaine, fuy ta none ;
Que de l'argent il ne me sone [4].

---

[1] Est-ce la Madeleine ou sainte Marie l'Égyptienne que désigne cette qualification, dont Génin ne daigne pas s'occuper, parce que Ducange ne lui souffle pas ce qu'il doit dire ? Nous proposons de ponctuer ainsi ce vers :

Par ceste Pecheresse, lasse,

en rapportant ce dernier mot à Guillemette.
[2] Sottise, niaiserie, naïveté
[3] Si je vends à crédit.
[4] Nous avouons ne rien comprendre à ce jargon limousin que Génin n'a pas tenté d'expliquer, quoiqu'il se vante d'entendre le *argon* de Villon sans le secours de Ducange.

Au Drapier.
Avez entendu, beau cousin [1] ?

GUILLEMETTE.

Il eut ung oncle Lymosin,
Qui fut frere de sa belle ante :
C'est ce qui le faict, je me vante,
Gergonner [2] en Lymosinois.

LE DRAPPIER.

Dea, il s'en vint en tapinois,
A-tout [3] mon drap soubz son aisselle.

PATHELIN.

Venez ens [4], doulce damiselle?...
Et que veut ceste crapaudaille?
Allez en arriere, mardaille !
Cha tost, je veuil devenir prestre.
Or cha, que le deable y puist estre
En chelle vielc prestrerie !
Et faut-il que le preste rie,
Quand il deust canter sa messe?

GUILLEMETTE.

Helas! helas ! l'heure s'appresse
Qu'il fault son dernier sacrement !

LE DRAPPIER.

Mais comment parle-il proprement
Picard? D'ond vient tel coquardie [5] ?

[1] C'était une appellation d'honneur et d'étiquette, à la cour et parmi les grands seigneurs. Les rois se donnent encore réciproquement le titre de : *mon cousin*.
[2] Pour : *jargonner*, parler comme une pie.
[3] Avec.
[4] Pour : *céans*, ici dedans.
[5] Bêtise, sottise.

GUILLEMETTE.

Sa mere fut de Picardie;
Pour ce, le parle maintenant.

PATHELIN [1].

D'ond viens-tu, caresme prenant?
Wacarme liefve, Gonedman,
Tel bel bighod gheueran.
Henriey, Henriey, conselapeu
Ich salgned, ne de que maignen;
Grile, grile, schole houden,
Zilop, zilop, en nom que bouden,
Disticlien unen desen versen
Mat groet festal ou truit den herzen.
Hau, Wattewille! come trie.
Cha, à dringuer, je vous en prie?
Commare, se margot de l'eaue;
Et qu'on m'y mette ung petit d'eaue?
Hau! Watwille! pour le frimas,
Faictes venir sire Thomas [2],
Tantost, qui me confessera.

---

[1] Génin a essayé de restituer ce couplet, qui est en baragouin flamand, et nous avons adopté, de confiance, son texte, en regrettant qu'il ait négligé de le traduire. Il prétend avoir retrouvé, dans ce grimoire, le nom des Watteville, famille noble, originaire de Suisse et de Bourgogne : « Parmi les officiers du duc de Bourgogne et de la petite cour de Genappe, où je conjecture, dit-il, que *Pathelin* a été composé et représenté, il y en avait apparemment un du nom de Watteville; en sorte que cette interpellation réitérée : « Ho Watteville! » offrait à l'auditoire quelque allusion perdue pour nous. » Puisque Génin tenait à son Watteville, qui est écrit *Vus u viulle* dans les éditions gothiques, il eût trouvé, sans aller si loin, en Normandie, quatre ou cinq localités, nommées Vateville, et deux ou trois familles nobles du même nom.

[2] Génin a découvert un père Thomas qui confesse les gens dans le roman de *Baudoin de Sebourg*, et il veut que Pathelin fasse allusion à ce personnage d'un roman du treizième siècle ! C'est comme si l'on voulait rattacher le Génin, l'éditeur de *Maistre*

LE DRAPPIER.

Qu'est cecy ? Il ne cessera
Huy de parler divers langaige ?
Au moins, qu'il me baillast ung gaige,
Ou mon argent, je m'en allasse !

GUILLEMETTE.

Par les angoisses Dieu ! moy lasse !
Vous estes ung bien divers [1] homme !
Que voulez-vous ? Je ne sçay comme
Vous estes si fort obstiné.

PATHELIN.

Or cha, Renouart au Tiné [2],
Bé dea, que ma couille est pelouse
Ell' semble une catte pelouse,
Ou à une mousque à miel.
Bé ! parlez à moy, Gabriel ?
Les playes Dieu ! Qu'est-ce qui s'ataque
A men cul ? Est-che or une vaque,
Une mousque, ou ung escarbot ?

Pathelin, au héros d'un roman du quinzième siècle, intitulé : le *Chevalier Génin*. (Voy. *Catalogue des Livres du duc de La Vallière*, n° 2843.)

[1] Étrange, bizarre.
[2] Édition de Le Caron, de Coustelier et de Durand :

Or charnouart austiné.

« *Renouart*, dit Génin, est le héros d'une des branches du roman épique de *Guillaume au court nez*. Renouart, avant d'être un héros dans la seconde bataille d'Aleschams, était marmiton dans les cuisines du roi. Prêt à suivre Guillaume d'Orange à la guerre, ce nouvel Hercule va couper dans les jardins un gros sapin qu'il fait cercler de fer... Il s'en escrime si bien, que, de ce *tinel*, c'est-à-dire de cette massue, lui est demeuré le sobriquet de *Renouart au Tinel*. Ce personnage jouissait sans doute, grâce aux récits des jongleurs, d'une grande célébrité parmi le peuple, et Pathelin, feignant de prendre le drapier Guillaume Jousseaume pour Renouart au Tinel, devait exciter l'hilarité de l'auditoire. »

Hé dea, j'ay le mau sainct Garbot[1] !
Suis-je des Foyreux de Bayeux[2],
Jean du Quemin[3] sera joyeux :
Mais qu'il sçache que je le sée...
Bé ! par sainct Jean ! je berée
Voulentiers à luy une fés.

LE DRAPPIER.

Comment peut-il porter le fés
De tant parler ? Ha ! il s'affole !

GUILLEMETTE.

Celuy qui l'apprint à l'escole
Estoit Normand[4] : ainsi avient
Qu'en la fin il luy en souvient.
Il s'en va !

LE DRAPPIER.

Ah ! saincte Marie !
Vecy la plus grand' resverie
Où je fusse oncques-mais bouté.
Jamais ne me fusse douté
Qu'il n'eust huy esté à la Foire[5] !

---

[1] Le mal de saint Gerbold, c'est la dyssenterie, que ce grand saint, évêque de Bayeux, au septième siècle, envoya un jour à ses diocésains, qui l'avaient chassé de son siége. Génin, qui a trouvé ce détail dans son Ducange, au mot *Senescallus*, traduit par hémorrhoïdes le *mal saint Garbot*, quoiqu'il cite l'épitaphe du sénéchal qui en fut affligé :

Den peu son ventre n'ut relague.

[2] L'épitaphe, citée ci-dessus d'après Génin, ou plutôt d'après Ducange, prouve que ce dicton proverbial était venu du mal de saint Garbot, plutôt que des foires célèbres de Bayeux.

[3] Il y a *Jehan du Quaisnay*, dans l'édition de Le Caron.

[4] Si Pathelin était Normand, comme on l'a dit souvent, et si la pièce avait été faite pour être représentée devant des Normands, ce patois du pays ne serait pas ici trop à sa place.

[5] Ce passage et plusieurs autres indiqueraient que c'est dans une foire de la Brie que Pathelin a trompé le Drapier.

GUILLEMETTE.

Vous le cuydez?

LE DRAPPIER.

Saint Jacques! voire :
Mais j'apperçoy bien le contraire.

PATHELIN.

Sont-il ung asne que j'os braire [1] ?
Halas [2] ! halas ! cousin à moy !
Ilz seront tous en grand esmoy,
Le jour, quand je ne te verray.
Il convient que je te herray ;
Car tu m'as faict grand trichery :
Ton faict, il est tout trompery.
Ha oul danda, oul en ravezeie
Corf ha en euf [3].

GUILLEMETTE.

Dieu vous aseie [4]!

PATHELIN.

Huis oz bez ou dronc noz badou
Digaut an can en ho madou
Empedit dich guicebnuan

---

[1] Les éditions de Leroy, de Le Caron, de Trepperel, et autres, portent : *que j'orre braire*. Génin, qui s'y connaissait, a mis : *que j'os*. Génin fait, en outre, une note grammaticale sur ce singulier mélange du pluriel et du singulier : *Sont-il un âne?* pour *N'est-ce pas un âne?*

[2] Pour : *hélas!* Panurge crie aussi *halas!* pendant la tempête.

[3] Nous n'avons rien changé au texte bas breton de ce passage, que Émile Souvestre a pourtant essayé de restituer. « Il y a ici, dit-il, des vers de prophéties, d'autres empruntés sans doute à des poëmes bretons du temps, d'autres inventés; le tout entremêlé d'une manière grotesque, pour reproduire le désordre de la folie. »

[4] Génin a mis *ayst*, qui ne rime pas; il y a dans plusieurs éditions gothiques : *ist*. Nous avons fait un changement arbitraire.

Quez que vient ob dre donchaman
Men ez cachet hoz bouzelou
Eny obet grande canou
Maz rechet crux dan holcon,
So ol oz merveil gant nacon,
Aluzen archet episy,
Hau cals amour ha courteisy.

LE DRAPPIER.

Helas! pour Dieu, entendez-y!
Il s'en va! Comment il gargouille?
Mais que dyable est-ce qu'il barbouille?
Saincte Dame! comme il barbote!
Par le corps bieu! il barbelote[1]
Ses mots, tant qu'on n'y entent rien.
Il ne parle pas chrestien,
Ne nul langaige qui apere[2].

GUILLEMETTE.

Ce fut la mere de son pere,
Qui fut attraicte[3] de Bretaigne...
Il se meurt : cecy nous enseigne
Qu'il fault ses derniers sacremens.

PATHELIN.

Hé, par sainct Gignon[4], tu ne meus!
Vualx te Deu, couille de Lorraine

---

[1] Manuscrit de Bigot :
    Par le saint corps bieu! il radote...

[2] Manuscrit de Bigot :
    Ne langaige qui y appairé.

C'est-à-dire : Ni langage qui ressemble à celui d'un chrétien.

[3] Attirée, amenée.

[4] Génin veut reconnaître ici saint Gengoulf, qu'on appelait Gigon ou Gingon dans les Pays-Bas; mais ce saint Gignon (du latin gignere) est plutôt le fameux saint Guignolet, qui faisait des enfants aux femmes stériles en Bretagne.

Dieu te mette en male sepmaine [1] !
Tu ne vaux mye une vieilz nate
Va, sanglante botte chavate,
Va, coquin; va, sanglant paillard [2] :
Tu me refais trop le gaillard.
Par la mort bieu! Çà, vien t'en boire,
Et baille-moy stan grain de poire :
Car vrayement je le mangera,
Et, par sainct George, je beura
A ty!... Que veux-tu que je die?
Dy, viens-tu niant de Picardie?
Jacque niant, que t'es chaubis [3] ?
Et bona dies sit vobis, [4]
Magister amantissime,
Pater reverendissime.
Quomodò brulis? Quæ nova?

[1] Dans l'édition de Beneaut, il y a *bonne semaine*, et *botte semaine*, dans l'édition in-8 gothique sans date.

[2] Manuscrit de Bigot :

Va te foute, sacré paillard!

[3] Edition de Beneaut :

Jacques nyent ce sont ebobis.

[4] Voici la traduction de ce latin rimé, dans lequel Pathelin confesse sa tromperie au pauvre Drapier qui ne peut le comprendre : « Je vous donne le bonjour, mon maître bien-aimé, père révérendissime! Comment vous va? Quoi de nouveau? Il n'y a pas d'œufs à Paris. Que demande ce marchand? Qu'on lui dise que le trompeur, qui est couché dans ce lit, veut lui donner, s'il lui plaît, à manger de l'oie. Si l'oie est prête à paraître sur la table, qu'on l'avertisse sans retard! » Rabelais, dans sa lettre burlesque à maître Antoine Gallet, seigneur de la Cour Compin, fait allusion à un passage de ces vers : « *He, pater reverendissime, quomodo bruslis? quæ nova? Parisius non sunt ova?* Ces parolles, proposées devant vos reverences et translatées de Patelinois en nostre vulgaire Orleanois, valent autant à dire que si je disois : Monsieur, vous soiez le très-bien revenu des nopces, de la feste, de Paris. Si la vertu Dieu vous inspiroit de transporter vostre paternité jusqu'en cestuy hermitàge, vous nous en raconteriez de belles! »

Parisius non sunt ova.
Quid petit ille mercator?
Dicat sibi quod trufator
Ille, qui in lecto jacet,
Vult ei dare, si placet,
De ocâ ad comedendum :
Si sit bona ad edendum,
Pete sibi sine morâ.

GUILLEMETTE.

Par mon serment, il se mourra,
Tout parlant! Comment il escume[1] !
Veez-vous pas comment il fume?
A haultaine divinité,
Or s'en va son humanité!
Or demourray-je povre et lasse!

LE DRAPPIER, à part.

Il fust bon que je m'en allasse,
Avant qu'il eust passé le pas.

A Guillemette.

Je doute qu'il ne voulsist pas
Vous dire, à son trespassement,
Devant moy, si priveement,
Aucuns secrez, par aventure[2]?

---

[1] Éditions de Beneaut, de Leroy, de Trepperel, et autres :

> Tout parlant, comment il l'a scume!
> Veez-vous pas comme il escume
> Haultement la divinité?
> Ell' s'en va, son humanité!

Manuscrit de Bigot :

> Tout parlant, comment il latine!
> Nostre-Dame! comme il estime
> Largement la Divinité!

[2] Manuscrit de Bigot :

> Devant moy, mais secretement,
> Et prenez en gré l'aventure.

Pardonnez-moy; car je vous jure
Que je cuydoie, par ceste ame,
Qu'il eust eu mon drap. Adieu, dame.
Pour Dieu, qu'il me soit pardonné!

GUILLEMETTE.

Le benoist jour vous soit donné!
Si soit[1] à la povre dolente!

LE DRAPPIER, seul.

Par saincte Marie la gente!
Je me tiens plus esbaubely[2]
Qu'onques!... Le dyable, en lieu de ly,
A prins mon drap pour moy tenter.
Benedicite! Attenter
Ne puist-il jà à ma personne!
Et, puis qu'ainsi va, je le donne,
Pour Dieu, à quiconques l'a prins.

PATHELIN, après le départ du Drapier.

Avant! Vous ay-je bien apprins?
Or s'en va-il, le beau Guillaume!
Dieux! qu'il a dessoubz son heaulme[3]
De menues conclusions!
Moult luy viendra d'avisions[4]
Par nuyt, quant il sera couchié.

GUILLEMETTE.

Comment il a esté mouchié[5]!
N'ay-je pas bien faict mon devoir?

---

[1] Pour: *ainsi soit-il.*
[2] Pour: *ébaubi.*
[3] C'est-à-dire: Sous son bonnet.
[4] Pour: *visions.*
[5] Dupé, mystifié.

PATHELIN.

Par le corps bieu! à diré voir,
Vous y avez très-bien ouvré.
Au moins, avons-nous recouvré [1]
Assez drap pour faire des robes.

---

[1] Il y a ici, dans le manuscrit de Bigot, cinquante-six vers que Génin regarde comme interpolés par les acteurs qui jouaient cette farce, longtemps après l'époque de sa composition. Voici ces vers, qui paraissent, en effet, d'une facture moins ancienne que ceux du *Pathelin*, mais qui ne sont pas sans mérite, quoi qu'en dise Génin :

PATHELIN.

Au moins aurons-nous recouvré
Assez drap, comme qu'il en voise.
Qu'en dites-vous donc, ma bourgeoise ?
Sçay-je rien d'avocasserie ?

GUILLEMETTE.

Ouil, dessus la draperie.
Vrayement, vous avez bien fait pestre
Joceaulme ? Qu'estes-vous bon mestre,
D'embougler gens, sainte Marie !
Je n'eusse ceste tromperie,
Jour de ma vie, controuvée,
Que vous avez cy esprouvée.
Sacrement bieu ! quand vous voulez,
Je voy bien que vous y moulez
Bien parfont en l'advocassage !
Je ne vous cuidoie pas si sage,
Mes je voy bien, sans vous louer,
Que l'on vous peut bien appeler
Dessus tous les aultres le mestre.

PATHELIN.

Je feray plus fort que Pierre (*sic*)
Encore ; mais que je m'y mette.
Ce n'est icy riens, Guillemette :
Je pense bien à aultre chose
Qui sera fait sans faire pose.
Car pourquoy ? ung homme authentique
Ne doit point lesser sa pratique
Dormir au feu, ne reposer,
Mais se doit tousjours exposer
La proceder de mieulx en mieulx.
Et pour ce, belle seur, je veulx
Aller encore marchander.

LE DRAPPIER, chez lui.

Quoy, dea! chacun me paist de lobes [1]!
Chacun m'emporte mon avoir,
Et prent ce qu'il en peut avoir!

GUILLEMETTE.

Voulez-vous encore eschauder
Ne sçay qui?

PATHELIN.

Ouil, par saint Pierre!
Ce sera mon gentil compere
Le fournier du bout de la rue.
Il a tant, que chacun luy rue;
Mais où je faudray laidement
A traire, ou certainement
Il me rendra, ains que je fine,
Ceans pain tout cuit et farine,
Dès huy jusques au bout de l'an,
Et si sera payé en bran
Ainsi qu'a esté Joceaulme.

GUILLEMETTE.

Haro! vous vallez un royaulme!
Oncques-mais je ne vy nul tel.

PATHELIN.

Or gardez très-bien à l'ostel.
Je m'en vay par icy devant.

(*Saluant l'auditoire.*)

Messeigneurs, à Dieu vous commant!

(*Ils sortent, et la scène se transporte dans la boutique du Drapier.*)

LE DRAPPIER.

En dea, maugré saint Mathelin
Et mestre Pierre Pathelin
Pense-il ainsi à emporter
Mon drap, sans point le rapporter?
Encor ne scay-je, sur ma vie,
S'il l'a ou s'il ne l'a mie;
Ce ne fais mon, par le sang bieu!
Et qu'est checy, dea! Es-che geu?
Chacun emporte mon avoir,
Dont je me doy forment douloir.
Or suis-je le roy des meschans!...

[1] Folies, illusions; de *lobe*, on a fait *lubie*, qui est resté dans la langue.

Or suis-je le roy des marchans[1] ?
Mesmement, les bergers des champs
Me cabassent[2]: ores le mien,
A qui j'ay tousiours faict du bien.
Il ne m'a pas pour rien gabé[3] :
Il en viendra au pied levé[4],
Par la Benoiste couronnée[5] !

THIBAULT AIGNELET, *bergier*.

Dieu vous doint benoiste journée
Et bon vespre[6], mon seigneur doulx !

LE DRAPPIER.

Ha ! es-tu là, truant merdoux[7] !
Quel bon varlet ! Mais à quoy faire[8] ?

LE BERGIER.

Mais, qu'il ne vous vueille desplaire ;

---

[1] Génin a mis : *le roi des meschans*, pour avoir l'occasion de se répandre en citations. Selon lui, *meschant* serait là pour *mecheant*, malheureux, mal chanceux.

[2] Trompent. Génin, au mot *cabassent*, a préféré *cabusent*, parce qu'il a trouvé *cabusare* dans son Ducange. Il faut dire cependant que les éditions de Leroy et de Bengaut portent : *cabusent*.

[3] Édition de 1762 :

Il ne m'a pour neant gabé.

C'est-à-dire : Il lui en coûtera cher de s'être joué de moi.

[4] C'est-à-dire : Il faudra qu'il soit congédié et qu'il lève le pied. Génin a mis, dans son édition : *à pié l'abbé*, sans nous apprendre ce que fait là *l'abbé*. Plusieurs éditions anciennes portent : *au Pont l'Abbé*, ce qui nous donnerait le lieu de la scène, car il y a une ville de Pont-l'Abbé en Bretagne et un village du même nom en Normandie.

[5] C'est-à-dire : la sainte Vierge.

[6] Soir; du latin *vesper*.

[7] Manuscrit de Bigot :

Ha, es-tu là, faulx gors, ordou x

[8] On qualifiait un bon valet, de *valet à tout faire*

Ne sçay quel vestu de royé [1],
Mon bon seigneur, tout desvoyé [2],
Qui tenoit ung fouet sans corde [3],
M'a dict... Mais je ne me recorde
Point bien, au vray, ce que peut estre.
Il m'a parlé de vous, mon maistre,
Et ne sçay quelle ajournerie.
Quant à moy, par saincte Marie !
Je n'y entends, ne gros, ne gresle [4].
Il m'a brouillé de pesle mesle,
De brebis, et de relevée [5];
Et m'a faict une grant levée,
De vous, mon maistre, de boucher [6]...

LE DRAPPIER.

Se je ne te fais emboucher [7]
Tout maintenant devant le juge,
Je prie à Dieu que le deluge
Courre sur moy, et la tempeste !

[1] C'est-à-dire : Un sergent à verge, vêtu d'habit rayé ou mi-parti de plusieurs couleurs.

[2] C'est-à-dire : Qui avait quitté le grand chemin, qui paraissait être égaré.

[3] C'est la verge ou bâton d'ébène que portaient les sergents dans l'exécution de leur charge.

[4] Locution proverbiale qui équivaut à celle-ci : Je n'y entends ni *a* ni *b*.

[5] C'est-à-dire : que le Berger était assigné à telle heure de relevée ou de l'après-midi.

[6] C'est-à-dire : Il m'a fait une grande histoire, de vous, de boucher... Cet endroit est corrompu dans toutes les éditions, qui portent: *deboucler*, ou *de bouclier*, ou *de boucler*, comme s'il s'agissait d'une *grande levée de bocliers*, ce qui serait de bien haut style pour un berger. Génin, en adoptant *de boucler*, s'est bien gardé d'expliquer cette leçon. Dans l'édition de 1762, il y a : *deboucher*, en un seul mot.

[7] Comparaître. Le manuscrit de Bigot porte : *embougler*. Génin a mis *emboucler*, d'après plusieurs anciennes éditions; mais, comme à son ordinaire, il n'explique rien.

Jamais tu n'assommeras beste,
Par ma foy, qu'il ne t'en souvienne!
Tu me rendras, quoy qu'il advienne,
Six aulnes.... dis-je, l'assommaige [1]
De mes bestes, et le dommaige
Que tu m'as faict depuis dix ans.

LE BERGIER.

Ne croyez pas les mesdisans,
Mon bon seigneur; car, par ceste ame [2]...

LE DRAPPIER.

Et, par la Dame que l'on reclame!
Tu rendras, avant samedy [3],
Mes six aulnes de drap... Je dy,
Ce que tu as prins sur mes bestes.

LE BERGIER.

Quel drap? Ah! mon seigneur, vous estes,
Ce croy, courroucé d'autre chose.
Par sainct Leu! mon maistre, je n'ose
Rien dire, quand je vous regarde.

LE DRAPPIER.

Laisse m'en paix, va t'en, et garde
Ta journée [4], se bon te semble!

LE BERGIER.

Mon seigneur, accordons ensemble :
Pour Dieu! que je ne plaide point [5]?

---

[1] Il y a : le laynage, dans le manuscrit de Bigot :
[2] Manuscrit de Bigot :
    N'ay fait chose pour avoir blasm.
[3] Édition de Beneaut :
    Tu les rendras ains samedy.
[4] C'est-à-dire : Rends-toi à l'assignation.—
Manuscrit de Bigot :
    Pour Dieu! que nous ne plaidons point!

LE DRAPPIER.

Va, ta besongne est en bon poinct[1];
Va t'en! Je n'en accorderay,
Par Dieu, je n'en appointeray
Qu'ainsi que le juge fera.
Ha, quoy! chacun me trompera[2]
Mesouen[3], se je n'y pourvoie.

LE BERGIER.

A Dieu, sire, qui vous doint joye!
Il faut donc que je me defende.

Il frappe à la porte de Pathelin.

A-il ame là?

PATHELIN.

On me pende,
S'il ne revient, parmy la gorge[4]!

GUILLEMETTE.

Et non faict, que bon gré sainct George!
Ce seroit bien au pis venir.

LE BERGIER, entrant.

Dieu y soit! Dieu puist advenir!

PATHELIN.

Dieu te gard, compains! Que te fault?

LE BERGIER.

On me piquera en defaut,
Se je ne voys à ma journée,

---

[1] C'est-à-dire : Ton affaire est en bon train.
[2] Manuscrit de Bigot :
    En dea! chacun me volera.
[3] Dorénavant.
[4] Pathelin croit que c'est le Drapier qui revient

Monseigneur, à de relevée [1].
Et, s'il vous plaist, vous y viendrez,
Mon doulx maistre; et me defendrez
Ma cause; car je n'y sçay rien.
Et je vous payeray très-bien,
Pourtant, se je suis mal vestu.

PATHELIN.

Or vien çà? Parles! Qui es-tu?
Ou demandeur? ou defendeur?

LE BERGIER.

J'ay affaire à ung entendeur
(Entendez-vous bien, mon doulx maistre?)
A qui j'ay longtemps mené paistre
Ses brebis, et les luy gardoye.
Par mon serment! je regardoye
Qu'il me payoit petitement [2]....
Diray-je tout?

PATHELIN.

Dea, seurement :
A son conseil doit-on tout dire.

LE BERGIER.

Il est vray et verité, sire,
Que je les luy ay assommées;
Tant que plusieurs se sont pasmées
Maintesfois, et sont cheutes mortes,
Tant feussent-elles saines et fortes.

[1] Édition de Beucaut :
> Monseigneur siet de relevée.

[2] Manuscrit de Bigot :
> Ses brebis, et les y gardoye
> Trestout du mieulx que je pouvoye,
> Qui me payast petitement.

Et puis, je luy fesoye entendre,
Afin qu'il ne m'en peust reprendre,
Qu'ilz mouroient de la clavelée [1].
« Ha! faict-il; ne soit plus meslée
Avec les autres : gette-la!
— Voulentiers! » fais-je. Mais cela
Se faisoit par une autre voye :
Car, par sainct Jean! je les mangeoye,
Qui sçavoye bien la maladie.
Que voulez-vous que je vous die?
J'ay cecy tant continué,
J'en ay assommé et tué
Tant, qu'il s'en est bien apperceu [2].
Et quand il s'est trouvé deçeu,
M'aist dieu! il m'a fait espier :
Car on les ouyt bien crier [3],
(Entendez-vous?) quand on le sçait [4].
Or, j'ay esté prins sur le faict :
Je ne le puis jamais nier.
Si vous voudroye bien prier
(Pour du mien, j'ay assez finance)
Que nous deux luy baillons l'avance [5].

[1] Manuscrit de Bigot :
> Que c'estoit de la clavelée.

[2] Manuscrit de Bigot :
> J'en ay tant batu et tué,
> Qu'il s'en est très-bien apperceu.

[3] Manuscrit de Bigot :
> Midieux! il me fist espier.
> Car on les oit trop hault crier.

[4] Il y a : *fait*, dans l'édition de Génin, comme dans plusieurs éditions gothiques.

[5] Locution proverbiale; *bailler l'avance*, suivant Génin, c'est enhardir quelqu'un à s'avancer, le pousser pour le faire tomber dans le piége. Suivant nous, *bailler l'avance*, c'est offrir un arrangement, proposer une transaction.

Je sçay bien qu'il a bonne cause;
Mais vous trouverez bien tel clause,
Se voulez¹, qu'il l'aura mauvaise.

PATHELIN.

Par ta foy, seras-tu bien aise?
Que donras-tu, si je renverse
Le droit de ta partie adverse,
Et si je t'en envoye absoulz?

LE BERGIER.

Je ne vous payeray point en soulz,
Mais en bel or à la couronne ².

PATHELIN.

Donc auras-tu ta cause bonne.
Et, fust-elle la moytié pire,
Tant mieulx vault, et plustost l'empire,
Quand je veulx mon sens aplicquer.
Que tu m'orras bien descliquer ³,
Quand il aura fait sa demande!
Or, vien çà : et je te demande,
Par le sainct Sang bien precieux ⁴!
Tu es assez malitieux
Pour entendre bien la cautelle ⁵.
Comment est-ce que l'en t'appelle?

LE BERGIER.

Par sainct Maur! Thibault l'Aignelet.

---

¹ Le manuscrit de Bigot porte : *S'il vous plaist.*

² Les premiers écus d'or *à la couronne* furent frappés sous Philippe le Bel, comme le dit Génin en citant à propos Ducange; mais cette vieille monnaie avait encore cours sous Louis XI.

³ Faire grand bruit de paroles, comme celui des cliquettes d'un moulin.

⁴ C'est-à-dire : Par le saint et précieux sang de Jésus-Christ!

⁵ Ruse, finesse; du latin *cautela*.

PATHELIN.

L'Aignelet, maint aigneau de laict
Tu as cabassé à ton maistre?

LE BERGIER.

Par mon serment! il peut bien estre
Que j'en ay mangé plus de trente
En trois ans.

PATHELIN.

Ce sont dix de rente,
Pour tes dez et pour ta chandelle [1].
Je croy que luy bailleray belle!...
Penses-tu qu'il puisse trouver
Sur piez, par qui ces faicts prouver?
C'est le chief de la playderie [2].

LE BERGIER.

Prouver, sire! Saincte Marie!
Par tous les saincts de paradis!
Pour ung, il en trouvera dix,
Qui contre moy deposeront.

PATHELIN.

C'est ung cas qui bien fort desrompt
Ton faict [3]... Vecy que je pensoye :
Je faindray que point je ne soye
Des tiens, ne que je te visse oncques?

LE BERGIER.

Ne ferez, dieux!

---

[1] Locution proverbiale, signifiant : pour tes profits. Plus tard, dans les réunions bourgeoises, qui avaient lieu le soir, chacun payait une légère redevance pour les cartes et pour la chandelle.

[2] Manuscrit de Bigot :
   C'est la clef de la plaiderie.

[3] C'est-à-dire : Voilà une circonstance qui peut nuire beaucoup à ta cause.

PATHELIN.

Non, rien quelconques.
Mais vecy qui te conviendra¹ :
Se tu parles, on te prendra,
Coup à coup, aux positions² ;
Et, en telz cas, confessions
Sont si très-prejudiciables,
Et nuysent tant, que ce sont dyables !
Et, pour ce, vecy qu'il faudra³ :
Jà tost, quand on t'appellera
Pour comparoir en jugement,
Tu ne respondras nullement,
Fors Bée, pour riens⁴ que l'on te die.
Et, s'il advient qu'on te mauldie,
En disant : « Hé, cornart puant ;
Dieu vous mette en mal an, truant !
Vous mocquez-vous de la justice ? »
Dy : Bée. « Ha ! feray-je ; il est nice⁵ ;
Il cuide parler à ses bestes. »
Mais, s'ilz devoient rompre leurs testes,
Que autre mot n'ysse de ta bouche :
Garde-t'en bien !

LE BERGIER.

Le faict me touche.
Je m'en garderay vrayement,

---

¹ Manuscrit de Bigot :

Mais vecy qu'il esconviendra.

² C'est-à-dire : En te posant des questions embarrassantes.
³ Edition de Leroy :

Et pour ce, vecy que fera.

⁴ *Riens*, dans la vieille langue, était synonyme de *quelque chose*.
⁵ Nigaud, niais, simple.

Et le feray bien proprement,
Je vous promets et afferme [1].

PATHELIN.

Or t'en garde; tiens-toy bien ferme.
A moy-mesme, pour quelque chose
Que je te die, ne propose,
Si ne respondz point autrement.

LE BERGIER.

Moy! Nenny, par mon sacrement!
Dictes hardiment que j'affolle [2],
Se je dy huy autre parolle,
A vous, ne à autre personne,
Pour quelque mot que l'on me sonne,
Fors *Bée*, que vous m'avez apprins.

PATHELIN.

Par sainct Jean! ainsi sera prins
Ton adversaire par la moe [3].
Mais, aussi, fais que je me loe,
Quand ce sera faict, de ta paye?

LE BERGIER.

Monseigneur, se je ne vous paye
A vostre mot [4], ne me croyez
Jamais. Mais, je vous pry', voyez [5]
Diligemment à ma besongne.

[1] Manuscrit de Bigot :
> Je le vous promets et affie.
> — Ores t'y garde bien, non mye.

[2] Que je perds la raison, que je suis fou.
[3] Pour : *moue*, grimace. C'est la mine que le Berger fera.
[4] Selon ce que vous demanderez; au prix que vous fixerez vous-même.
[5] Manuscrit de Bigot :
> Jamais!... Je vous pry, pourvoyez ..

PATHELIN.

Par Nostre Dame de Boulogne !
Je tiens que le juge est assis ;
Car il se siet tousjours à six [1]
Heures, ou illec environ.
Or vien après moy : nous n'iron
Pas tous les deux par une voye [2].

LE BERGIER.

C'est bien dit : afin qu'on ne voye
Que vous soyez mon advocat ?

PATHELIN.

Nostre Dame ! moquin, moquat [3],
Se tu ne payes largement !...

LE BERGIER.

Dieux ! à vostre mot vrayement,
Monseigneur, n'en faictes nul doubte [4].

PATHELIN, seul.

Hé dea, s'il ne pleut, il desgoute [5].

---

[1] Manuscrit de Bigot :

　　Car il se sied, de cinq à six
　　Heures, illec ou environ.

[2] Édition de Génin :

　　Nous deux ensemble pas en voye.

[3] Locution proverbiale, signifiant : Prends garde à toi, gare à toi ! Génin cite une vieille chanson, dite du *Loup conjuré*, dans laquelle ce loup est sommé, *moquin moquat*, de sortir du bois. « Suivant les localités, on disait en variante : *Compère Brocard*, ou *moquin, moquat*. »

[4] Manuscrit de Bigot :

　　Monseigneur, et n'en doutez goutte.

[5] Locution proverbiale, signifiant : Si ce ne sont pas de gros honoraires, du moins sera-ce un petit profit.

Au moins, auray-je une espinoche [1] :
J'auray de luy, s'il chet en coche [2],
Ung escu ou deux, pour ma paine.

Devant le juge.

Sire, Dieu vous doint bonne estraine,
Et ce que vostre cueur desire [3] !

LE JUGE.

Vous soyez le bien venu, sire !
Or vous couvrez. Çà, prenez place.

PATHELIN.

Dea, je suis bien, sauf vostre grace :
Je suis icy plus à delivre [4].

LE JUGE.

S'il y a riens, qu'on se delivre
Tantost, affin que je me lieve [5] ?

LE DRAPPIER.

Mon advocat vient, qui acheve
Ung peu de chose qu'il faisoit,
Monseigneur; et, s'il vous plaisoit,
Vous feriez bien de l'attendre.

LE JUGE.

Hé dea ! j'ay ailleurs à entendre.

---

[1] C'est-à-dire : Cette affaire me rapportera au moins quelque chose. L'épinoche est un petit poisson qui doit son nom aux épines qu'il a sur le dos. *Pécher aux épinoches, épinocher*, c'est perdre son temps à des riens.

[2] Locution proverbiale, signifiant : Si l'affaire tourne bien, s'il arrive à son but, comme un voyageur qui se rencontre justement à l'heure du départ d'un coche.

[3] Dans le manuscrit de Bigot, ces deux vers sont attribués au Drapier.

[4] Plus à l'aise, plus libre de mes mouvements.

[5] C'est-à-dire : S'il y a quelque procès pendant, qu'on se hâte de plaider l'affaire, afin que je lève la séance.

Se vostre partie est presente,
Delivrez-vous [1], sans plus d'attente.
Et n'estes-vous pas demandeur?

LE DRAPPIER.

Si suis.

LE JUGE.

Où est le defendeur?
Est-il cy present en personne?

LE DRAPPIER.

Ouy : veez-le là qui ne sonne
Mot; mais Dieu scet qu'il en pense.

LE JUGE.

Puisque vous estes en presence
Vous deux, faites vostre demande?

LE DRAPPIER.

Vecy doncques que luy demande,
Monseigneur. Il est verité
Que, pour Dieu et en charité,
Je l'ay nourry en son enfance;
Et, quand je vy qu'il eut puissance
D'aller aux champs, pour abregier,
Je le fis estre mon bergier,
Et le mis à garder mes bestes :
Mais, aussi vray comme vous estes
Là assis, monseigneur le juge,
Il en a faict ung tel deluge [2]
De brebis et de mes moutons,
Que sans faulte...

---

[1] C'est-à-dire : Dites votre fait, posez vos conclusions.
[2] Ravage, abatis, destruction.

LE JUGE.

Or, escoutons :

Au Drapier.

Estoit-il point vostre aloué [1] ?

PATHELIN.

Voire ; car, s'il s'estoit joué
A le tenir, sans alouer...

LE DRAPPIER, reconnaissant Pathelin, qui se couvre le visage avec la main.

Je puisse Dieu desavouer,
Se n'estes-vous sans nulle faulte [2] !

LE JUGE.

Comment vous tenez la main haute?
A'vous [3] mal aux dents, maistre Pierre?

PATHELIN.

Ouy ; elles me font telle guerre,
Qu'oncques-mais ne senty tel raige :
Je n'ose lever le visaige.
Pour Dieu, faites-les proceder [4] ?

---

[1] Mercenaire, domestique à louage.
[2] Édition de Génin :

Se ce n'estes-vous, vous sans faulte.

Manuscrit de Bigot :

Se ce n'est-il. C'est-il sans faulte?

[3] Pour : *avez-vous*. A la fin du seizième siècle, Théodore de Bèze autorisait encore cette façon de parler : « Il est d'usage, dit-il, d'employer l'apostrophe dans certaines locutions : *a' vous, sa' vous*, pour : *avez-vous, savez-vous*. »

[4] Édition de Leroy :

Pour Dieu, faites-le proceder.

LE JUGE.

Avant, achevez de plaider.
Suz, concluez appertement?

LE DRAPPIER, à part.

C'est-il, sans autre, vrayement!

A Pathelin.

Par la croix où Dieu s'estendy !
C'est à vous à qui je vendy
Six aulnes de drap, maistre Pierre?

LE JUGE.

Qu'est-ce qu'il dit de drap?

PATHELIN.

      Il erre.
Il cuide à son propos venir;
Et il n'y scet plus advenir,
Pour ce qu'il ne l'a pas apprins.

LE DRAPPIER.

Pendu soye, se autre l'a prins,
Mon drap, par la sanglante gorge !

PATHELIN.

Comme le meschant homme forge
De loing, pour fournir son libelle !
Il veut dire (il est bien rebelle?)
Que son bergier avoit vendu
La laine (Je l'ay entendu),
Dont fut faict le drap de ma robbe,
Comme il dict qu'il le desrobe,
Et qu'il luy a emblé la laine [1]
De ses brebis.

---

[1] Manuscrit de Bigot :
  Et que luy a cueilly la laine.

LE DRAPPIER.

Male semaine
M'envoye Dieu, se vous ne l'avez !

LE JUGE.

Paix ! par le dyable ! vous bavez !
Et ne sçavez-vous revenir
A vostre propos, sans tenir
La Court de telle baverie ?

PATHELIN.

Je sens mal, et faut que je rie.
Il est desja si empressé,
Qu'il ne scet où il l'a laissé :
Il faut que nous luy reboutons [1].

LE JUGE.

Suz, revenons à ces moutons [2] :
Qu'en fut-il ?

LE DRAPPIER.

Il en print six aulnes
De neuf francs.

LE JUGE.

Sommes-nous bejaunes,
Ou cornarts [3] ? Où cuidez-vous estre ?

---

[1] C'est-à-dire : Que nous le remettions dans sa voie.

[2] Toutes les éditions modernes, en s'autorisant de la leçon adoptée par Pasquier, écrivent : *à nos moutons*. C'est avec cette variante que le vers de Pathelin est devenu proverbial.

[3] Dans plusieurs anciennes éditions, il y a : *conardz* ou *conars*. Ce mot-là était synonyme de *sot* en Normandie, où les clercs de la Bazoche de Rouen s'étaient organisés en confrérie joyeuse, sous le nom d'*Abbaye des Conards* ; tous les ans, ils faisaient élection d'un *abbé*, à l'époque des jours gras, et ils donnaient des représentations dramatiques, après avoir parcouru la ville en masque. Cette confrérie des Conards exista jusqu'à la fin du seizième siècle, comme celle de la Mère Sotte, qui nommait encore un Prince des Sots, à Paris, sous le règne de Louis XIII.

PATHELIN.

Par le sang bieu! il vous fait paistre [1] !
Qu'est-il bon homme par sa mine!
Mais, je le loz, qu'on examine [2]
Un bien peu sa partie adverse?

LE JUGE.

Vous dictes bien : il le converse [3] !
Il ne peut qu'il ne le cognoisse.
Vien çà? Dy?

LE DRAPPIER.

Bée!

LE JUGE.

Vecy angoisse [4] !
Quel *Bée* est-ce cy? Suis-je chievre?
Parle à moy?

LE BERGIER.

Bée!

LE JUGE.

Sanglante fievre
Te doint Dieu! Et te moques-tu?

PATHELIN.

Croyez qu'il est fol, ou testu,
Ou qu'il cuide estre entre ses bestes?

---

[1] C'est-à-dire : Il vous traite comme une bête, il se moque de vous.

[2] Edition de Galyot du Pré :

> Mais, je le veux, qu'on examine...

Génin a corrigé ainsi ce vers :

> Mais je loe qu'on examine...

[3] Il le fréquente; du latin *conversari*.

[4] C'est-à-dire : Voici du tracas, de l'ennui. On dirait aujourd'hui proverbialement : Voilà le hic! On dit encore, parmi le peuple, dans le même sens : Voilà la grêle ou la grève!

LE DRAPPIER, à Pathelin.

Or regnie-je bieu, se vous n'estes
Celuy, sans autre, qui avez
Eu mon drap?... Ha! vous ne sçavez,
Monseigneur, par quelle malice...

LE JUGE.

Et taisez-vous! Estes-vous nice?
Laissez en paix cest accessoire [1],
Et venons au principal.

LE DRAPPIER.

Voire,
Monseigneur; mais le cas me touche :
Toutesfois, par ma foy, ma bouche
Meshuy un seul mot n'en dira.
Une autre fois, il en yra
Ainsi qu'il en pourra aller :
Il le me convient avaller
Sans mascher [2]... Or çà, je disoye,
A mon propos, comment j'avoye
Baillé six aulnes... Doy-je dire
Mes brebis... Je vous en pry, sire,
Pardonnez-moy?... Ce gentil maistre,
Mon bergier, quant il devoit estre
Aux champs... Il me dit que j'auroye
Six escus d'or, quant je viendroye...
Dy-je, depuis trois ans en çà,

---

[1] Manuscrit de Bigot :

> Vous estes trop grand brétoire!
> Laissez-moy tout cest accessoire;
> Et revenez au principal?
> —Voire-mais il me fait trop mal,
> Monseigneur, car cecy me touche.

[2] C'est-à-dire : comme une pilule.

Mon bergier me convenança [1]
Que loyaument me garderoit
Mes brebis, et ne m'y feroit
Ne dommaige ne villenie....
Et puis, maintenant il me nie
Et drap et argent plainement!
Ah! maistre Pierre, vrayement,
Ce ribaut-cy m'embloit [2] les laines
De mes bestes ; et, toutes saines,
Les fesoit mourir et perir,
Par les assommer et ferir
De gros baston sur la cervelle...
Quant mon drap fut soubz son aisselle,
Il se mist en chemin grant erre [3],
Et me dist que j'allasse querre
Six escus d'or en sa maison...

LE JUGE.

Il n'y a rime ne raison
En tout quant que vous rafardez [4].
Qu'est cecy? Vous entrelardez
Puis d'un, puis d'autre. Somme toute,
Par le sang bieu! je n'y voy goute!
Il brouille de drap, et babille
Puis de brebis, au coup la quille [5]!
Chose [6] qu'il dit ne s'entretient [7].

---

[1] Edition de Génin :

Mon bergier m'enconvenança.

Enconvenancer, faire une convention avec quelqu'un.

[2] Me dérobait.

[3] A grands pas, à grande hâte.

[4] Ou refardez, comme on lit dans l'édition de 1490; refarder est le verbe itératif de farder.

[5] Expression proverbiale empruntée au jeu de quilles et signifiant : coup sur coup, sans transition.

[6] Le manuscrit de Bigot met riens, au lieu de chose.

[7] C'est-à-dire : Tout ce qu'il dit est décousu, ne se lie pas.

6.

PATHELIN.

Or, je m'en fais fort, qu'il retient
Au povre bergier son salaire ?

LE DRAPPIER.

Par Dieu ! vous en peussiez bien taire !
Mon drap, aussi vray que la messe [1]...
Je sçay mieux où le bas m'en blesse,
Que vous ne un autre ne sçavez...
Par la teste bieu ! vous l'avez !

LE JUGE.

Qu'est-ce qu'il a ?

LE DRAPPIER.

Rien, monseigneur.
Certainement [2], c'est le greigneur [3]
Trompeur... Holà ! je m'en tairay,
Si je puis, et n'en parleray
Meshuy, pour chose qu'il advienne.

LE JUGE.

Et non ! Mais qu'il vous en souvienne !
Or, concluez appertement ?

PATHELIN.

Ce bergier ne peut nullement [4]
Respondre aux fais que l'on propose,
S'il n'a du conseil ; et il n'ose
Ou il ne scet en demander.
S'il vous plaisoit moy commander
Que je fusse à luy, je y seroye ?

---

[1] Manuscrit de Bigot :
　　　Du drap est vray comme la messe.
[2] Edition de Génin :
　　　Par mon serment !...
[3] Le plus grand ; du latin *grandior*.
[4] Les éditions gothiques portent : *aultrement*.

LE JUGE.

Avecques luy? Je cuideroye
Que ce fust trestoute froidure :
C'est peu d'acquest [1].

PATHELIN.

        Mais je vous jure
Qu'aussi n'en veuil rien avoir :
Pour Dieu soit! Or, je voys sçavoir
Au pauvret, qu'il voudra me dire,
Et s'il me sçaura point instruire
Pour respondre aux fais de partie.
Il auroit dure departie
De ce, qui ne le secourroit [2] !
Vien çà, mon amy? Qui pourroit
Trouver... Entens?

LE BERGIER.

Bée!

PATHELIN.

        Quel *Bée*, dea!
Par le sainct Sang que Dieu crea [3] !
Es-tu fol? Dy-moy ton affaire?

LE BERGIER.

Bée!

---

[1] C'est-à-dire : Je crois que ce serait une pénible corvée pour vous, et de peu de profit. Génin a vu dans *peu d'acquest* un sobriquet donné au berger!

[2] Cette phrase est peu intelligible; nous sommes forcés de la paraphraser pour lui donner un sens ; elle peut donc s'interpréter ainsi : Ce pauvre diable serait condamné aux dépens, si quelque âme charitable ne lui venait en aide.

[3] Il faut lire : *rea*, suivant Génin. Les éditeurs du seizième siècle ont changé *rea* en *crea*, parce que le sens leur a paru obscur. Il y a : *desrea*, dans le manuscrit de Bigot. Le *Saint Sang*, qu'on invoquait souvent au moyen âge, c'est le *Sa'nt Graal*, qui a été chanté par les trouvères dans plusieurs grands romans épiques du treizième siècle.

PATHELIN.

Quel *Bée!* Oys-tu tes brebis braire?
C'est pour ton prouffit : entens-y.

LE BERGIER.

Bée !

PATHELIN.

Et dy : Ouy ou Nenny,
C'est bien faict. Dy tousjours? Feras?

LE BERGIER.

Bée !

PATHELIN.

Plus haut ! Ou tu t'en trouveras
En grans depens, ou je m'en doubte?

LE BERGIER.

Bée !

PATHELIN.

Or est plus fol cil qui boute
Tel fol naturel en procès !
Ha ! sire, renvoyez-l'en à ses
Brebis? Il est fol de nature [1].

LE DRAPPIER.

Est-il fol? Sainct Sauveur d'Esture [2] !
Il est plus saige que vous n'estes.

PATHELIN.

Envoyez-le garder ses bestes,

---

[1] Idiot de naissance.
[2] La province d'*Esture* ou d'Asturie fut le berceau de l'Espagne chrétienne. Au moyen âge, on jurait par les saints d'*Esture*. Cette invocation à *saint Sauveur d'Esture* s'adresse peut-être à l'ordre militaire de Saint-Sauveur ou San Salvadore, qui avait été créé au douzième siècle pour protéger l'Asturie contre les Maures de Grenade.

Sans jour que jamais ne retourne [1]?
Que maudit soit-il qui adjourne [2]
Tels folz, que ne fault adjourner [3]!

LE DRAPPIER.

Et l'en fera-l'en retourner,
Avant que je puisse estre ouy?

PATHELIN.

M'aist Dieu! Puis qu'il est fol, ouy.
Pourquoy ne fera?

LE DRAPPIER.

Hé dea, sire,
Au moins, laissez-moy avant dire
Et faire mes conclusions?
Ce ne sont pas abusions
Que je vous dy, ne mocqueries [4]!

LE JUGE.

Ce sont toutes tribouilleries [5],
Que de plaider à folz ne à folles!
Escoutez : à moins de parolles [6],
La Court n'en sera plus tenue.

---

[1] C'est-à-dire : Sans qu'on puisse le faire reparaître à l'audience pour aucune cause.

[2] Manuscrit de Bigot :

> Que mauldict soit-il qui l'adjourne!

[3] Edition de Génin :

> Telz folz ne ne fait adjourner.

[4] Manuscrit de Bigot :

> Que je dy, ne boqueleries.

[5] Confusions, perturbations, casse-tête. On trouve encore le verbe *tribouiller* dans Molière.

[6] Manuscrit de Bigot :

> Escoutez au moins des paroles.

LE DRAPPIER.

S'en iront-ilz, sans retenue
De plus revenir [1] !

LE JUGE.

Et quoy doncques ?

PATHELIN.

Au Juge.

Revenir ? Vous ne veistes oncques
Plus fol, ne en faict, ne en response :
Montrant le Drappier.
Et cil ne vault pas mieulx une once [2].
Tous deux sont folz et sans cervelle [3] :
Par saincte Marie la belle !
Eux deux n'en ont pas un quarat.

LE DRAPPIER.

Vous l'emportastes, par barat [4],
Mon drap, sans payer, maistre Pierre ?
Par la chair bieu, ne par sainct Pierre !
Ce ne fut pas faict de preud'homme.

PATHELIN.

Or, je regny sainct Pierre de Romme,
S'il n'est fin fol, ou il affolle !

[1] C'est-à-dire : Les parties seront-elles renvoyées, sans que le juge retienne la cause pour les faire revenir devant lui?

[2] Les quatre vers suivants sont remplacés par deux vers seulement dans le manuscrit de Bigot :

L'aultre n'en vault pas mieulx une once,
Eux deux ne valent ung carat.

[3] Les trois vers précédents sont évidemment altérés dans la plupart des éditions gothiques :

Plus fol n'en faictes neant response.
Et s'il ne vault pas mieulx une once
L'aultre : tous deux sont folz sans cervelle.

[4] Tromperie, dol ; du bas latin *baratum*.

LE DRAPPIER, à Pathelin.

Je vous cognois à la parolle,
Et à la robbe, et au visaige.
Je ne suis pas fol ; je suis saige,
Pour congnoistre qui bien me faict.

Au Juge.

Je vous compteray tout le faict,
Monseigneur, par ma conscience?

PATHELIN, au Juge.

Hé, sire, imposez-luy silence[1] !

Au Drappier.

N'avous honte de tant debatre
A ce bergier, pour trois ou quatre
Vieilz brebiailles ou moutons,
Qui ne valent pas deux boutons?
Il en faict plus grand kirielle....!

LE DRAPPIER.

Quelz moutons? C'est une vielle[2] :
C'est à vous-mesme que je parle,
A vous! Et me le rendrez, par le
Dieu, qui voult[3] à Noël estre né!

LE JUGE.

Veez-vous? Suis-je bien assené[4] ?
Il ne cessera huy de braire.

LE DRAPPIER.

Je luy demande.....

---

[1] La plupart des éditions portent : *Imposez-leur silence!* Génin adopte cette leçon et la défend.
[2] C'est-à-dire : Ce bavard répète toujours la même chose, comme une vielle fait entendre une note continue.
[3] Pour : *voulut.*
[4] Ai-je l'esprit bien sain?

PATHELIN, au Juge.
Faictes-le taire?
Au Drappier.
Et, par Dieu, c'est trop flageollé¹.
Prenons qu'il en ait affollé
Six ou sept, ou une douzaine,
Et mengez en sanglante estraine :
Vous en estes bien meshaigné ²!
Vous avez plus que tant gaigné,
Au temps qu'il les vous a gardez?

LE DRAPPIER.

Regardez, sire; regardez!
Je luy parle de drapperie,
Et il respond de bergerie!
Six aulnes de drap, où sont-elles,
Que vous mistes soubz vos aisselles?
Pensez-vous point de me les rendre?

PATHELIN.

Ha! sire, le ferez-vous pendre
Pour six ou sept bestes à laine?
Au moins, reprenez vostre halaine :
Ne soyez pas si rigoureux
Au povre bergier douloureux,
Qui est aussi nud comme un ver!

LE DRAPPIER.

C'est très-bien retourné le ver ³!

---

¹ Babillé, bavardé, pipé.
² Malade, chagrin, offensé.
³ Expression proverbiale signifiant : C'est répondre blanc à qui parle noir. Le *ver* ou *vair*, c'est le menu-vair dont les habits des deux sexes étaient garnis. Retourner le vér, c'est endosser un vêtement fourré, surtout une aumusse, du côté de la fourrure, à cause du froid. Génin dit que retourner sur-le-champ un vers qui va mal, c'est la marque d'un esprit subtil et fécond en ressources!

Le Dyable me fist bien vendeur
Dé drap à ung tel entendeur!
>Au Juge.

Dea, monseigneur, je luy demande.....

>LE JUGE, au Drapier.

Je l'absoulz de vostre demande,
Et vous deffens le proceder.
C'est un bel honneur de plaider
>Au Berger.

A ung fol!... Va-t'en à tes bestes?

>LE BERGIER.

Bée!

>LE JUGE, au Drapier.

Vous monstrez bien quel vous estes,
Sire, par le sang Nostre Dame!

>LE DRAPPIER.

Hé dea, monseigneur, bon gré m'ame [1],
Je luy vueil.....

>PATHELIN.

S'en pourroit-il taire?

>LE DRAPPIER, à Pathelin.

Et c'est à vous que j'ay affaire :
Vous m'avez trompé faulcement,
Et emporté furtivement
Mon drap, par vostre beau langaige?

>PATHELIN, au Juge.

Ho! j'en appelle à mon couraige :
Et vous l'oyez bien, monseigneur?

---

[1] *Bon gré m'ame!* nous parait vouloir dire : Grâce, par mon âme! Dans plusieurs éditions gothiques, il y a : *maulgré m'ame*.

LE DRAPPIER.

M'aist Dieu! vous estes le greigneur
Au Juge.
Trompeur[1]... Monseigneur, quoy qu'on die[1]...

LE JUGE.

C'est une droicte conardie[2]
Que de vous deux : ce n'est que noise.
Il se lève.
M'aist Dieu, je loe que je m'en voise[3].
Au Bergier.
Va-t'en, mon amy; ne retourne
Jamais, pour sergent qui t'adjourne.
La Court t'absout : entens-tu bien?

PATHELIN, au Bergier.

Dy grand mercy?

LE BERGIER.

Bée!

LE JUGE, au Bergier.

Dy-je bien?
Va-t'en, ne te chault; autant vaille.

LE DRAPPIER.

Mais est-ce raison qu'il s'en aille
Ainsi?

---

[1] Manuscrit de Bigot :

Trompeur... Oh! monseigneur, que je die!

[2] Dans l'édition de Beneaut, il y a : *comedie;* dans l'édition de Trepperel : *resverie.* Génin tient pour *cornardie* : chacun son goût.

[3] Manuscrit de Bigot :

M'aist Dieu! il faut que je m'en voise!

Edition de 1490 et autres :

M'aist Dieu! je loz que il s'en voise.

LE JUGE.

Ouy. J'ay affaire ailleurs.
Vous estes par trop grands railleurs[1] :
Vous ne m'y ferez plus tenir :
Je m'en voys. Voulez-vous venir
Souper avec moy, maistre Pierre?

PATHELIN.

Je ne puis.
Le Juge s'en va.

LE DRAPPIER, à Pathelin.

Ha! qu'es-tu fort lierre[2] !
Dictes : seray-je point payé?

PATHELIN.

De quoy? Estes-vous desvoyé?
Mais qui cuidez-vous que je soye?
Par le sang de moy ! je pensoye
Pour qui c'est que vous me prenez?

LE DRAPPIER.

Hé, dea!

PATHELIN.

Beau sire, or vous tenez.
Je vous diray, sans plus attendre,
Pour qui vous me cuidez prendre[3] :
Est-ce point pour escervellé?

---

[1] Manuscrit de Bigot :
    Vous n'estes icy que railleurs.
[2] Ou *lerre*, larron. Manuscrit de Bigot :
    Qu'estes-vous fort tricherre!
[3] Edition de 1490 et autres :
    Pour qui vous me cuidez prendre.
Manuscrit de Bigot :
    Pour qui c'est que me cuidiez prendre?
    Est-ce point ung escervelé?

Voy : nenny, il n'est point pellé,
Comme je suis, dessus la teste [1].

LE DRAPPIER.

Me voulez-vous tenir pour beste ?
C'estes-vous en propre personne,
Vous de vous [2] : vostre voix le sonne,
Et ne le croy point aultrement [3].

PATHELIN.

Moy de moy [4] ? Non suis, vrayement.
Ostez-en vostre opinion.
Seroit-ce point Jehan de Noyon [5] ?
Il me ressemble de corsaige.

LE DRAPPIER.

Hé dea! il n'a pas le visaige
Ainsy potatif [6], ne si fade [7].
Ne vous laissay-je pas malade
Orains [8] dedans vostre maison ?

PATHELIN.

Ha! que vecy bonne raison !

---

[1] Ces deux vers sont très-obscurs. Pathelin semble se parler à lui-même, en faisant allusion à l'épaisse chevelure du Drapier; quant à lui, il reconnaît que son chef est pelé, ce qui est l'indice de l'expérience et de la sagesse.

[2] Dans le manuscrit de Bigot, dans les éditions du seizième siècle et dans l'édition de 1762, il y a : *vous mesme*.

[3] Edition de Beneaut et autres :
   Et ne le croyez nullement.

[4] *Voiré, moy!* dans le manuscrit de Bigot.

[5] Génin a conjecturé, avec force érudition et très-peu de logique, que ce Jean de Noyon était le fou du roi Jean!

[6] Ou *portatif*, comme on lit dans plusieurs éditions. Ce mot veut dire *hauta'n*, *effronté*. Génin le traduit par : *face d'iurogne*.

[7] Triste, défait.

[8] Naguère, il y a peu de temps.

Malade? Et quelle maladie?
Confessez vostre conardie :
Maintenant elle est bien clere.

LE DRAPPIER.

C'estes vous! je regnie sainct Pierre!
Vous, sans aultre, je le sçay bien
Pour tout vray!

PATHELIN.

Or n'en croyez rien;
Car, certes, ce ne suis-je mye.
De vous, onc aulne ne demye
Ne prins : je n'ay pas le loz tel[1].

LE DRAPPIER.

Ha! je voys veoir en vostre hostel,
Par le sang bieu, se vous y estes[2].
Nous n'en debatrons plus nos testes
Icy, se je vous treuve là.

PATHELIN.

Par Nostre Dame, c'est cela :
Par ce poinct, le sçaurez-vous bien.

Le Drapier sort.

Dy, Aignelet?

LE BERGIER.

Bée!

PATHELIN.

Vien çà, vien?
Ta besogne est-elle bien faicte?

LE BERGIER.

Bée!

---

[1] C'est-à-dire : Je ne passe pas pour un voleur.
[2] Ce proverbe était ou est devenu populaire. Regnard a dit, dans le *Distrait* :

Rentrez et là dedans allez voir si j'y suis!

PATHELIN.

Ta partie est retraicte[1] :
Ne dy plus *Bée*; il n'y a force[2].
Luy ay-je baillé belle estorse[3]?
T'ay-je point conseillé à poinct?

LE BERGIER.

Bée!

PATHELIN.

Hé dea! On ne te orra point!
Parle hardiment : ne te chaille?

LE BERGIER.

Bée!

PATHELIN.

Il est jà temps que je m'en aille.
Paye-moy?

LE BERGIER.

Bée

PATHELIN.

A dire voir[4],
Tu as très-bien faict ton devoir,
Et aussy bonne contenance[5].
Ce qui luy a baillé l'advance[6],
C'est que tu t'es tenu de rire.

LE BERGIER.

Bée!

---

[1] C'est-à-dire : Le demandeur est mis hors de cause.
[2] Il n'y a plus nécessité.
[3] Pour : *entorse*.
[4] Vrai.
[5] Edition de Beneaut :

Et aussy bien la contenance.

[6] C'est-à-dire : Ce qui l'a déferré, démonté. On appelait *advance* le premier coup de lance, d'épée ou de hache d'armes, qu'un champion recevait de son adversaire dans un combat singulier.

PATHELIN.

Quel *Bée*? Il ne le fault plus dire.
Paye-moy bien et doulcement?

LE BERGIER.

Bée!

PATHELIN.

Quel *Bée*? Parle sagement,
Et me paye? Si m'en iray.

LE BERGIER.

Bée!

PATHELIN.

Scez-tu quoy je te diray?
Je te prie, sans plus m'abayer[1],
Que tu penses de moy payer?
Je ne vueil plus de baverie[2].
Paye-moy?

LE BERGIER.

Bée!

PATHELIN.

Est-ce mocquerie?
Est-ce à tant que tu en feras?
Par mon serment! tu me payeras,
Entends-tu? se tu ne t'envolles!
Çà, argent?

LE BERGIER.

Bée!

PATHELIN.

Tu te rigolles[3]!

---

[1] *Abayer*, pour : *bêler*, dire *bée*.
[2] Il faut lire *bayerie*, comme dans l'édition de Génin. D'anciennes éditions portent *braire*.
[3] Tu te moques, tu plaisantes, tu m'amuses.

A lui-même.

Comment! N'en auray-je autre chose?

LE BERGIER.

Béé!

PATHELIN.

Tu fais le rimeur en prose!
Et à qui vends-tu tes coquilles?
Scez-tu qu'il est? Ne me babilles
Meshuy de ton *Béé*, et me paye?

LE BERGIER.

Béé!

PATHELIN.

N'en auray-je autre monnoye?
A qui cuides-tu te jouer?
Et je me devoye tant loüer
De toy! Or fay que je m'en loë?

LE BERGIER.

Béé!

PATHELIN.

Me fais-tu manger de l'oë[1]?
Maugré bieu! Ay-je tant vescu,
Qu'un bergier, un mouton vestu,
Un villain paillart, me rigolle?

LE BERGIER.

Béé!

PATHELIN.

N'en auray-je autre parolle?
Se tu le fais pour toy esbatre,
Dy-le: ne m'en fais plus debatre.
Vien-t'en souper à ma maison?

---

[1] Pathelin se souvient de sa propre tromperie à l'égard du Drapier.

LE BERGIER.

Bée!

PATHELIN.

Par sainct Jean! tu as bien raison :
Les oysons menent les oes paistre.

A lui-même.

Or cuidois-je estre sur tous maistre
Des trompeurs d'icy et d'ailleurs,
Des forts coureux[1], et des bailleurs
De parolles en payement,
A rendre au jour du Jugement :
Et un bergier des champs me passe!

Au Bergier.

Par sainct Jacques! se je trouvasse
Un bon sergent, te feisse prendre?

LE BERGIER.

Bée!

PATHELIN.

Heu, *Bée!* L'en me puisse pendre,
Se je ne voys faire venir
Un bon sergent! Mesavenir
Luy puisse-il, s'il ne t'emprisonne!

LE BERGIER, *s'enfuyant.*

S'il me treuve, je luy pardonne!

---

[1] *Courratiers*, courtiers, maquignons, qui étaient alors et qui sont peut-être encore des dupeurs. Les éditions du seizième siècle ont remplacé *forts coureux*, par *corbineurs*, aigre-fins rapaces.

CY FINE PATHELIN.

LE

NOUVEAU PATHELIN

PRÉFACE DE L'ÉDITEUR

Les historiens du théâtre ont à peine daigné citer le *Nouveau Pathelin*, comme s'ils avaient confondu cette farce avec celle de *Maître Pierre Pathelin*. Quelques-uns même, entre les plus savants et les plus exacts, n'en parlent seulement pas. Ainsi, n'en est-il pas question dans le *Dictionnaire portatif historique et littéraire des théâtres*, par de Leris (2ᵉ édition, 1763, in-8), qui dit positivement que la grande farce de *Maître Pierre Pathelin* a été représentée à Paris *sur l'échaffaud*, en 1470, et que François Villon en est l'auteur.

Cependant Simon Guculette, savant amateur de curiosités littéraires, avait fait réimprimer le *Nouveau Pathelin* (sans nom de lieu, 1748, in-12) comme un ouvrage presque inconnu de François Villon. « M. Coustelier, libraire, dit-il en tête de cette nouvelle édition, qui semble n'avoir jamais été mise dans le commerce, fit réimprimer, en 1723, la *Farce du Pathelin* et son *Testament*. Apparemment qu'il n'avoit pu trouver le *Nouveau Pathelin à trois personnages*, sçavoir Pathelin, le Pelletier et le Prestre; puisqu'il n'en fit point part au public. Cette farce, que je lui présente aujourd'hui, n'est pas moins originale que celle du *Testament* : elles ne sont ni l'une ni l'autre du même auteur que celle de Pathelin avec le Drapier.....

« Il y a plus de trente ans que j'avois copié, dans la bibliothèque des Petits-Pères de la place des Victoires, les deux farces de Pathelin et son Testament, sur une édition gothique sans date, avec des figures en bois, à la tête de chacune de ces trois pièces, au-dessus desquelles il y avoit seulement : *On les vend à Paris en la rue Neuve-Nostre-Dame, à l'enseigne de saint Nicolas.* Je prêtai, quelques années après, ce manuscrit, sur lequel j'avois mis mon nom, à une personne à qui il ne m'étoit pas permis de rien refuser ; après plusieurs remises pour me le rendre, on me dit qu'il étoit perdu. Je le crus de bonne foi, et, comme j'avois mis beaucoup de temps à le transcrire, je ne jugeai point à propos de recommencer cet ouvrage ; je n'y pensois plus, lorsqu'il me fut rapporté, il y a quatre ans, sous enveloppe. Je ne fus pas aussi sensible à cette restitution que je l'aurois été avant l'édition de Coustelier, et j'aurois laissé encore longtemps ce manuscrit dans ma bibliothèque, sans les instances du libraire, qui, en m'engageant de lui communiquer la *Farce de Pathelin et du Pelletier, qui est extrêmement rare*, m'a prié d'y joindre des notes et quelques conjectures sur celui qui peut en être l'auteur. L'exemple de M. de Beauchamps m'a encouragé et m'a fait hasarder de dire que ce pourroit bien être à Villon à qui l'on auroit cette obligation.

« L'édition gothique sur laquelle j'ai copié cette farce étoit jointe aux œuvres de Villon, poëte françois de ce temps-là : même papier, même gravure en bois, à peu près même style, même impression, et même conformité d'une des friponneries de cet auteur avec la pièce de *Pathelin et du Pelletier*. »

L'édition gothique qui contient le *Nouveau Pathelin* n'était pas alors absolument introuvable, car, outre l'exemplaire de la bibliothèque des Petits-Pères, il en existait au moins deux, l'un dans la bibliothèque théâtrale de Pont de Vesle (et cet exemplaire y est resté, en quelque sorte, ignoré et oublié jusqu'à l'époque de la vente et de la dispersion de cette précieuse collection en 1847), et 'autre dans la bibliothèque de Delaleu. Voici comment cette édition est décrite en 1774 dans le Catalogue de Pont de Vesle : « N° 156. *Maître Pierre Pathelin*, le *Testament* et le *Nouveau Pathelin.* Paris, in-16 goth. » Dans le catalogue de Delaleu, publié en 1775, la description de ce rare recueil semblerait annoncer une édition différente : « N° 532.

Pathelin grand et petit, c'est-à-dire l'Ançien et le Nouveau, avec le Testament à quatre personnages en rime françoise Paris, sans date, in-16 goth. » C'est là une description de fantaisie, car M. Brunet nous apprend, dans son *Manuel du libraire et de l'amateur*, que l'exemplaire de Delaleu, qui fut vendu 19 fr. 19 s. (et non 15 fr., comme le prix est indiqué dans le *Manuel*), était de l'édition sans date, portant le nom de Jehan Bonfons. Cet exemplaire fut acheté par le duc de La Vallière ; mais les rédacteurs du premier Catalogue de l'immense bibliothèque de cet amateur éclairé de la littérature dramatique ont négligé d'y mentionner la présence du *Nouveau Pathelin*, qui ne fut vendu, à cause de cette omission, que 9 fr. 1 s., en 1788.

Un autre exemplaire de cette même édition, relié en maroquin bleu par Derome, est décrit, comme il le fallait, sous le n° 666 du Catalogue Soleinne : « *Maistre Pierre Pathelin,* — le *Testament de maistre Pierre Pathelin,* — le *Nouveau Pathelin*, à trois personnages, c'est assavoir : Pathelin, le Pelletier et le Prestre (en vers, attribué à Villon). — *Cy fine le grant Maistre Pierre Pathelin, à trois personnages. Ensemble Testament d'iceluy. Et après s'ensuyt un Nouveau Pathelin à trois personnages. Nouvellement imprimé à Paris par Jehan Bonfons, demeurant en la rue Neufve-Nostre-Dame à l'enseigne Sainct-Nicolas,* sans date, in-8 goth. de 80 ff. y compris le dernier où se trouve la marque du libraire, fig. s. b. » Cette édition serait postérieure à l'année 1548, si le libraire-éditeur Jean Bonfons est le même que celui dont la réception, dans la compagnie des libraires de Paris, est fixée à cette année-là dans le Catalogue chronologique de Lottin. Quoi qu'il en soit, il y a une autre édition des trois Farces de *Pathelin*, beaucoup plus ancienne que la précédente, également sans date et dont nous ne connaissons qu'un seul exemplaire, qui est à la bibliothèque de l'Arsenal. Voici, d'après le *Manuel du libraire*, la description de la partie qui contient le *Nouveau Pathelin* et qui forme une édition séparée : « Le *Nouveau Pathelin*, à troys persohnages. C'est assavoir Pathelin, le Pelletier et le Prebstre *On les vend à Paris en la rue Neufve-Nostre-Dame, à l'enseigne Sainct-Nicolas,* 24 ff. Sign. A. C. Au verso du dernier feuillet se voit la même vignette en bois qui est sur l'édition de G. Nyverd et qui représente Pathelin au lit. »

Il n'est donc pas étonnant, vu la rareté du *Nouveau Pathelin*, que cette farce soit restée à peu près inconnue.

D'ailleurs, la célébrité de la farce de *Maître Pierre Pathelin* avait absolument étouffé le souvenir de cette autre farce contemporaine, qui n'est, à vrai dire, qu'une imitation et un complément de la première, mais qui, pourtant, passerait aussi pour un chef-d'œuvre, si elle avait été seule conservée. Génin l'a jugée avec une incroyable légèreté. On pourrait presque croire qu'il ne l'avait pas lue; car, malgré les lubies de son goût partial et systématique, il était homme à savoir apprécier les œuvres originales qui portent le cachet de l'esprit gaulois. Or le *Nouveau Pathelin* est une de ces œuvres où se reflète le mieux le génie de l'ancien théâtre des farces.

« Le *Nouveau Pathelin* est moins mauvais que le *Testament de Pathelin*, dit Génin (p. 73 de son édition monumentale) : il y a de l'esprit dans les détails. L'idée en est prise du second chapitre des *Repues franches* : « La ma-
« nière comment ils eurent du poisson. » Tout le monde connaît cette industrieuse friponnerie de maître Villon s'en allant acheter une provision de marée et mettant le portepanier aux prises avec le pénitencier de Nôtre-Dame, qui s'imagine avoir affaire à un fou et veut à toute force le confesser, tandis que l'autre réclame obstinément le prix de son poisson. Le quiproquo avait été préparé par Villon, qui s'esquive et court se régaler et rire avec ses amis aux dépens de l'une et de l'autre dupe :

> C'estoit mère nourricière
> De ceulx qui n'avoient point d'argent;
> A tromper devant et derrière
> Estoit un homme diligent.

« A Villon, substituez Pathelin ; au marchand de poisson, un Pelletier ; le personnage du Prêtre demeure comme dans le conte, et vous avez la farce du *Nouveau Pathelin*. La première partie en est copiée servilement sur l'ancien *Pathelin*, moins le rôle de Guillemette qui disparaît ici. Le patelinage auprès du Pelletier pour emporter ses fourrures à crédit, est le même exactement qui avait escroqué son drap à Guillaume Joussceume. Pathelin se forge de même une parenté avec sa victime ; il l'invite de même à dîner; seulement, l'oie proverbiale est ici remplacée par une *belle grosse anguille*. Rien ne manque à l'imitation, que la verve et le trait de l'original. La scène de la confession, qui forme la seconde partie, pouvait être comique; mais elle n'est qu'ennuyeuse à force de prolixité. Tout ce verbiage, d'ailleurs, ne la fait point avancer d'un pas; c'est toujours la même chose. Cependant, à défaut d'autre mérite, l'auteur a celui d'une versification facile ; parfois, il rencontre un vers heureux, un mot fin et naïf. En un mot, le *Nouveau Pathelin* me semble très-inférieur au *Testament de Pathelin*. Il pourrait être, comme les *Repues franches*, l'ouvrage d'un disciple de Villon; mais on n'y saurait reconnaître la main de Villon lui-même à qui Gueulette essaye de l'attribuer dans la préface de son édition du *Nouveau Pathelin*, donnée en 1748. Au surplus, Gueulette ne produit pas le moindre argument à l'appui de son hypothèse. »

Voici le chapitre des *Repues franches*, où l'on trouve, en effet, l'idée de la tromperie que Pathelin met en œuvre à l'égard du Pelletier :

LA MANIERE D'AVOIR DU POISSON.

Lors partit de ses compaignons
Et vint à la Poissonnerie,
Et les laissa de là les ponts
Quasi pleins de merencolie.
Il marchanda à chere lie,
Ung pannier tout plain de poisson,
Et sembloit, je vous certiffie,
Qu'il fust homme de grant façon.

Maistre Françoys fut diligent
D'achapter, non pas de payer,
Et qu'il bailleroit de l'argent
Tout comptant au porte-pannier.
Ils partent donc sans plaidoyer
Et passerent par Nostre-Dame,
Là où il vit le Penancier
Qui confessoit homme ou bien femme.

Quant il le vit, à peu de plaist,
Il luy dist : « Monsieur, je vous prie,
Que vous despechez, s'il vous plaist,
Mon nepveu, car, je vous affie,
Qu'il est en telle resverie :
Vers Dieu il est fort negligent;
Il est en tel' merencolie,
Qu'il ne parle rien que d'argent.

— Vrayement, ce dit le Penancier,
Très-volontiers on le fera. »
Maistre Françoys print le pannier,
Et dist : « Mon amy, venez çà ?
Vela qui vous despechera,
Incontinent qu'il aura fait. »
Adonc maistre Françoys s'en va
A-tout le pannier, en effect.

Quant le Penancier eut parfaict
De confesser la creature,
Gaigne-Denier, par dict parfaict,
Accourut vers luy bonne allure,
Disant : « Monsieur, je vous assure,
S'il vous plaisoit prendre loysir
De me despecher à ceste heure,
Vous me feriez ung grant plaisir.

— Je le veuil bien, en verité,
Dist le Penancier, par ma foy!
Or, dictes *Benedicite*,
Et puis je vous confesseray,
Et en après, vous absouldray,
Ainsi comme je doy le faire;
Puis, penitence vous bauldray,
Qui vous sera bien necessaire.

— Quel confesser? dit le povre homme.
Fus-je pas à Pasques absoulz?
Que bon gré sainct Pierre de Romme!
Je demande cinquante soulz.
Qu'esse-cy! A qui sommes-nous?
Ma maistresse est bien arrinée!
A coup, à coup, despechez-vous :
Payez mon pannier de marée.

— Ha, mon amy, ce n'est pas jeu,
Dit le Penancier, seurement :

> Il vous fault bien penser à Dieu
> Et le supplier humblement.
> — Que bon gré en ayt mon serment !
> Dist cet homme ; sans contredit,
> Despechez-moy legierement.
> Ainsi que le Seigneur a dit ? »
>
> Adonc le Penancier vit bien
> Qu'il y eut quelque tromperie :
> Quant il entendit le moyen,
> Il congneut bien la joncherie.
> Le povre homme, je vous affie,
> Ne prisa pas bien la façon,
> Car il n'eut, je vous certiffie,
> Or ne argent de son poisson.

Dans le *Nouveau Pathelin*, comme dans les *Repues franches*, la tromperie repose sur l'équivoque des deux mots *despecher* et *depescher*, l'un signifiant *expédier*, et l'autre, *confesser* ; mais l'objet et les particularités de cette tromperie sont totalement différents dans les deux ouvrages. On ne saurait donc dire quelle est la source primitive de l'aventure. Pathelin a-t-il imité Villon ? Villon a-t-il imité Pathelin ? Les *Repues franches* ont été composées vers 1485 ; c'est un point d'histoire littéraire à peu près fixé. Quant au *Nouveau Pathelin*, qui a été appelé ainsi pour le distinguer de l'*ancien*, on a prétendu qu'il devait être du même temps que le *Testament*, qui, selon les frères Parfaict, daterait de l'année 1520 environ. Nous ignorons d'après quelles preuves ou quelles inductions les auteurs de l'*Histoire du Théâtre-François* ont été amenés à placer sous cette date la composition et la représentation du *Testament ;* mais nous pouvons, nous, établir, d'une manière presque certaine, que le *Nouveau Pathelin* a été composé en 1474, c'est-à-dire quelques années plus tard que le premier *Pathelin*.

Il y a, dans cette seconde farce, un passage qui équivaut à une date : c'est la valeur de l'écu d'or ou *écu à la couronne*, valeur qui, à cette époque, variait sans cesse suivant les conditions du change et de l'état financier du pays. Il s'agit de savoir en quelle année dix écus d'or valaient seize francs. Or cette évaluation du taux de l'argent ne se rapporte exactement qu'à l'année 1474, pendant laquelle l'écu d'or eut cours pour trente sols.

Ce n'est pas tout ; un autre passage de cette farce est évidemment l'origine du nom de *jeu des pois pilés*, que le peuple donnait aux représentations des Enfants-sans-Souci, de la Mère Sotte et de la Bazoche. Il est évident, pour nous, que le *Nouveau Pathlin* fut composé à l'imitation de *Maître Pierre Pathelin*, qui avait fait la fortune d'une de ces troupes de joueurs de farces, qu'on vit naître au milieu du quinzième siècle pour faire concurrence aux Confrères de la Passion. Le *Nouveau Pathelin* fut joué certainement à Paris, sans doute aux Halles, comme on y joua plus tard, en 1511, le *Jeu du Prince des Sots et de Mère Sotte*; le *Nouveau Pathelin* eut une vogue prodigieuse, et les gens du peuple, qui couraient à ce spectacle, disaient entre eux. « *Allons voir piler les pois par maître Pathelin.* » Ce fut donc le peuple de Paris qui, dans une de ses boutades, inventa ce mot de *pois pilés*, que les savants dénicheurs d'étymologies du dix-septième siècle ne comprenaient déjà plus.

Le *Nouveau Pathelin* est incontestablement de l'année 1474 ; mais on peut, on doit supposer que le langage de cette farce fut tout naturellement rajeuni, lorsqu'on l'imprima pour la première fois vers 1512. Le *Mystère de la Passion* a été, comme on sait, retouché et refait deux ou trois fois dans le courant du quinzième siècle ; la farce du *Nouveau Pathelin*, jouée par les Enfants-sans-Souci, qui comptaient dans leurs rangs Clément Marot, André de La Vigne, Jean Bouchet et d'autres bons poëtes, a dû subir aussi une sorte de rajeunissement littéraire, que la représentation publique rendait indispensable, et qui n'a pas trop changé ce curieux monument de l'esprit, de la langue et des mœurs de nos ancêtres.

LE
NOUVEAU PATHELIN

A TROIS PERSONNAGES

c'est à sçavoir

PATHELIN,
LE PELLETIER,
LE PREBSTRE.

PATHELIN commence.

Plus m'esbays tant plus j'y pense,
Car je voy gens de conscience
Qui souvent sont tous malheureux :
Les pires [1] sont les plus heureux
Qui prennent de taille et d'estoc [2].
Se je n'eusse joué du croc [3]
Et vescu d'autre que du mien,
Par sainct Jacques! je n'eusse rien.
Il n'est que le croc et la trompe [4],
Pour vivre à l'ayse et dans la pompe.
Aujourd'huy ne peux rien acquerre;
Et ne suis-je pas maistre Pierre

[1] Les plus méchants, les plus pervers.
[2] A droite et à gauche; de toutes mains.
[3] *Jouer du croc*, c'est voler, *crocheter* les serrures, forcer les offres-forts. On nommait les voleurs : *gens de p'nce et de croc*.
[4] Tromperie; terme d'argot.

Pathelin, qui tout en ung lieu,
Pour ung tout seul denier à Dieu [1]
Eus six aulnes de bon fin pers [2]?
Il n'est que gens fins et expers,
Pour leurs bons marchez espier.
En effet, le villain drappier
N'en sçeut oncque avoir autre chose.
Mais il fault bien que je m'expose
D'empoigner quelqu'un à la source [3]
Et d'avoir, sans deslier bourse,
Des fourrures pour noz cotelles [4].
Dieu mercy! je sçay des cautelles
Beaucoup; je m'en voys à la Foire
Essayer que je y pourray faire.
Il est aujourd'huy bonne jeune [5],
Que mainte personne sarrazine [6]
Se dispose à soy confesser?
Mais pourtant, si fault-il penser
De mon prouffit; je trouveray
Quelque sot que je tromperay
Par beau parler, fraude, et fallace [7].

---

[1] Allusion à la première farce de Pathelin, où ce maître fourbe emporte le drap, en laissant un denier à Dieu dans les mains du drapier. Voy. ci-dessus, p. 30.

[2] *Fin pers* doit être ici synonyme de brunette. Le *pers*, qui était de couleur bleue dans l'origine, avait d'abord moins de prix que la brunette, comme on le voit dans cette phrase de la Vie anonyme de saint Louis : « Le bon roy ne voulut plus dès lors vestir d'escarlate, ni de brunette, ni de vert, ni couleur qui fust de grande apparence, et vestoit robe de camelin, de brun et de pers. »

[3] Nous croyons qu'il faut lire : *course*.

[4] *Cotelle*, diminutif de *cotte* et dérivé du latin *cutis*, se prenait indifféremment pour les habits d'homme ou de femme.

[5] Jour de jeûne, veille d'une bonne fête. Le peuple prononçait sans doute : *juine*, en souvenir du latin : *jejunium*.

[6] Païenne, infidèle, comme les Sarrasins.

[7] Ruse, tour de passe-passe; du latin *fallacia*.

LE PELLETIER commence.

Je suis icy en bonne place
Pour vendre ma pelleterie,
S'il me vient de la seigneurie [1] ;
Pour en avoir quelque bon lot,
Je lui feray payer l'escot
De mon souper bien largement.

PATHELIN, à part.

Voilà mon homme proprement
Qui m'attend, voilà mon marchant ;
Je voys à luy tout beau marchant,
Faisant semblant de le congnoistre.

Au Pelletier.

Et Dieu vous doint joye, nostre maistre !

LE PELLETIER.

Dieu vous doint joye !

PATHELIN.

    Comment vous va ?

LE PELLETIER.

Bien, Dieu mercy !

PATHELIN.

    Couvrez-vous, dea !
Ce n'est pas signe de preud'homme
D'estre si gracieux, comme
Vous estes ? Comme va, beau sire ?

LE PELLETIER.

Mais vous-mesme ?

PATHELIN.

    Tant de fois dire ?
C'est trop tenu.

LE PELLETIER.

    Bien donc.

---

[1] C'est-à-dire : des chalands.

PATHELIN.

Or ça,
Quant venistes-vous par deçà?

LE PELLETIER.

Hier.

PATHELIN.

Vous soyez le bien venu!
Dea, vous estes bien tenu [1]
De retourner en ceste ville.

LE PELLETIER.

Il me semble que tout aville [2],
Quant je y vien.

PATHELIN.

Vendez-vous point bien
Doncques?

LE PELLETIER.

Pas trop; sans le moyen,
Je n'y fais pas de grant despesche [3].

PATHELIN.

Si n'y a-il qui vous empesche.
Au moins, n'y congnois-je personne
Qui ait marchandise si bonne,
Comme vous en avez le bruit;
J'en congnois encor sept ou huit,
Lesquels, quand je retourneray,
Selon ce que je leur diray,
Vous viendront veoir, pour en avoir.

LE PELLETIER.

Tant mieux.

---

[1] C'est-à-dire : Vous avez bien raison.
[2] C'est-à-dire : que le commerce baisse.
[3] C'est-à-dire : Faute de clients, je n'y fais pas de grandes affaires.

PATHELIN.

Et vous fais asscavoir
Qu'il y a deux ou trois bourgeoises
De mesmes, qui seront bien ayses [1]
Quant je leur diray qui vous estes;
Icy se doivent tenir festes
Et nopces, dedans peu de temps;
Mais je vous promets et m'attends
Leur en faire avoir bonne part.

LE PELLETIER.

S'il me vient quelque bon hazard
De par vous; pensez que je suis
Pour le recongnoistre.

PATHELIN.

Si je puis
(Et je le puis bien toutesfois),
Je vous vaudray, pour une fois,
Ung bon pot de vin.

LE PELLETIER.
Grans mercys!

PATHELIN.

J'en sçay, parbieu! tels cinq ou six,
De qui cent et cinquante francs
Viendront en vostre main tous francs.

LE PELLETIER.
Il seroit bien à desservir [2].

PATHELIN.

Là où je vous pourray servir,
Je le feray : je y suis tenu.

---

[1] Cette rime prouve qu'on prononçait alors *bourgeaises*, comme on prononce maintenant *françaises*.
[2] C'est-à-dire : Cela serait bon à avoir, à gagner.

Dea, j'ay bien autrefois congnu
Vostre pere; vit-il encoire?

LE PELLETIER.

Nenny, plus.

PATHELIN.

Dieu luy doint gloire
Et à tous bons loyaux marchans!
Il n'en va gueres sur les champs
Maintenant, qui soyent de la sorte [1]...
Quant une telle personne est morte,
C'est pour tout le quartier dommaige!
Il n'avoit encores que bon aage;
Il n'estoit point fort ancien [2].
Dieu! tant il a presté du sien!
Car il accroyoit [3] à plusieurs.
Mais il est tant de cabuseurs [4],
Que marchans n'osent plus croire [5].

LE PELLETIER.

On ne sçait present comme croire
Les gens, tant sont fort variables.

PATHELIN.

Par Dieu! c'estoit ung des notables,
(Encore y suis-je) vostre pere,
Ce croy-je, qui fust né de mere :
Aussi, tout le monde l'aymoit;

---

[1] Les quatre-vingt-deux vers suivants manquent dans l'édition de Gueulette, qui avait copié, sans doute, le *Nouveau Pathelin*, sur un exemplaire imparfait, et qui ne s'était pas même aperçu de cette lacune de deux feuillets, que nous avons retrouvés, par bonheur, dans un exemplaire de la Bibliothèque de l'Arsenal.

[2] Vieux.

[3] Il vendait à crédit, sur parole.

[4] Trompeurs, *abuseurs*.

[5] Ou *accroire*, vendre à crédit.

PATHELIN.

Tout le monde le reclamoit;
Chascun le louoit en tout cas :
Et encores ne disoit-on pas
La moictié du bien qui estoit
En luy.

LE PELLETIER.

Voire-mais [1] il prestoit
Tant à chascun? Pour parler franc,
Marchant si liberal et franc
A prester le sien n'est pas saige.

PATHELIN.

Non, si ne le fait sur bon gaige.
Mais pourtant, si vous m'en croyez,
De vostre vie, rien n'accroyez [2],
Se vous ne sçavez bien à qui :
Maint bon marchant est relinqui [3]
Et povre, pour le sien prester.

LE PELLETIER.

Il faut prester et emprunter
Aucunesfois?

PATHELIN.

Il est tout vray,
Mais il y a si peu de foy
Aujourd'huy en plusieurs gens,
Que plusieurs en sont indigens,
Qui se confient en leur promesse.

LE PELLETIER.

Il est aussi vray que la messe !
Je m'en sçay bien à quoy tenir.

---

[1] Oui-dà, vraiment.
[2] Ne vendez rien à crédit.
[3] *Reliquataire*, débiteur, endetté.

PATHELIN.

Pourtant, vous en doibt souvenir?
Il en est bien à qui l'on baille
Assez sans denier ne sans maille [1],
En qui on ne pert rien pourtant?
Mais j'en congnois d'autres, qu'autan
Vauldroit le pied comme la main [2].
Bien disent : « Je payeray demain!
Seurement, je vous le promctz. »
Mais ce demain ne vient jamais [3].
Et pourtant jamais ne prestez
A telz gens!

LE PELLETIER.

Vous m'amonnestez
Beau et bien, et vous en mercye.

PATHELIN.

Dea, il fault bien qu'on se soucye
De ses amys, et toutesfois
J'ay ouy dire maintesfois
A mon pere, dont Dieu ayt l'ame!
Que entre vostre pere et sa femme
Avoit ne sçay quell' parenté :
Combien que ne soye pas renté
Comme vous, mais se j'estoye homme
Qui le vaulsist [4], je croy qu'en somme

---

[1] La maille, monnaie de cuivre valant un demi denier, frappée sous Philippe le Bel, avait depuis longtemps disparu dans les transactions commerciales; mais elle était restée dans la langue, pour exprimer la monnaie la plus infime.

[2] Quand on empruntait ou quand on achetait à crédit, on levait la main en s'engageant à payer sa dette.

[3] Ce vers est resté proverbe, sans qu'on se soit rappelé son origine.

[4] Qui le valût, c'est-à-dire : Si j'étais aussi riche que le fut votre père.

PATHELIN.

Quant tous voz parens et amys
Seroyent contez, j'en serois mys
Du nombre; car, de verité,
Il y a grant affinité
Entre nous.

LE PELLETIER.

En bonne heure, sire,
J'en suis joyeux; mais, au vray dire,
Je ne vous congnois pas present.

PATHELIN.

C'est tout ung. Mais, par mon serment!
Il est vray. Aussi, vostre pere
Faisoit tousjours tout son repaire [1]
Chieuz nous, et se ailleurs il logeoit,
Ne buvoit-il pas, ne mengeoit
Pas voulentiers en autre lieu.

LE PELLETIER.

Possible est.

PATHELIN.

Il est vray, parbieu!
Pensez-vous point qu'il m'en souviengne?
Si faict, dea! et quant j'estois jemne [2]
Et petit, il m'en souvient bien
Que vostre beau pere et le mien,
Quant ilz tenoient festes ou nopces
Ou qu'ilz traictoient d'autres negoces,
Estoient l'ung chieuz l'autre à toute heure.

LE PELLETIER.

Mais dictes où est la demeure,
Pour vous veoir le temps advenir?

---

[1] Séjour, logis.
[2] Pour : *jeune*. Le peuple prononce encore ainsi.

PATHELIN.

Parbieu! mon pere fut tenir
Sur fons¹... Mais je ne suis pas seur
Si ce fust vous ou vostre seur?
Mais tousjours s'appelloient comperes.
Les fils ne vaudront jà leurs peres :
Aujourd'huy sont trop differens,
Car, sur mon ame, les parens
Ne s'entrayment plus, ce me semble,
Ne ne hantent point tant ensemble,
Comme ilz souloient ²!

LE PELLETIER.

Mais, dictes-moy,
Je vous en prie, par vostre foy,
D'où vient ce grant lignaige-cy ³?

PATHELIN.

Le cuidez-vous sçavoir ainsi
Tout courant? Parbieu! nous serons
Les pieds soubz la table, et burons,
Avant qu'autre chose en sçachez...

LE PELLETIER.

Trop bien!

PATHELIN.

Nous ferons des marchez
A l'aventure, ains que ⁴ je parte,

---

¹ Les fonts de baptême. Gueulette, qui n'avait pas sous les yeux les vers qui précèdent, a écrit : *surfons*, avec cette note ridicule : *ils surfont la marchandise.*
² Comme ils avaient coutume autrefois.
³ Cette généalogie, ces détails de famille.
⁴ Avant que.

Qui vauldront bien à boire quarte[1],
Et puis, là, en deviserons.

LE PELLETIER.

S'il vous fault rien[2], nous en aurons
Fait en deux mots, car seurement
Tout est bien au commandement,
Et n'y eust-il denier comptant.

PATHELIN.

Rien, rien[3]. Je vous mercye pourtant ;
Mais, quant d'avec moy partirez,
Par ma foy, vous emporterez
Tout ce que vous debvez avoir.
Je ne hais rien tant que debvoir :
Jamais d'accroire[4] homme ne prie[5] ;
Quant est de la pelleterie,
Il m'en fault de belle et de bonne,
Non pas pour ma propre personne,
Mais pour... Vous le congnoissez bien ?
Si croy-je ! un très-homme de bien,
Le curé de ceste paroisse.
Je vous y meneray.

LE PELLETIER.

D'où est-ce ?
Qui il est ?

PATHELIN.

Qui ? Dieu ! c'est un homme
Qui a, de par Dieu, pleine somme,

---

[1] Ancienne mesure contenant deux pintes.
[2] C'est-à-dire : Si vous avez besoin de quelque marchandise.
[3] Non, non.
[4] Faire crédit ; du latin *credere*.
[5] L'édition de Gueulette porte : *p'c* ; ce qui semblerait un proverbe populaire.

Et suis son parent, moy indigne :
Il ne soupe point ne ne digne [1]
Gueres, que tousjours je n'y soye.

LE PELLETIER.

Se c'estoit pour fins draps de soye,
J'ay pannes [2] assez suffisantes.
Advisez quelz pannes, et quantes
Il fault?

PATHELIN.

Mais pannes de bon prix?

LE PELLETIER.

De quoy?

PATHELIN.

De quarreaux ou de gris [3].

LE PELLETIER.

J'ay de très-bon gris epuré.

PATHELIN.

Or ça, pour monsieur le curé,
Puisqu'une fois en ay la charge,
Pour sa robbe, qui est longue et large,
Combien fault-il bien de manteaux [4]

---

[1] Pour : *disne*. On pouvait alors, par licence poétique, changer l'orthographe et la forme des mots pour les besoins de la rime; ce que la Fontaine n'a pas manqué de faire, à l'exemple des vieux auteurs.

[2] *Pannes* ou *pennes*, fourrures; du latin *penna*.

[3] Ce sont les noms de deux sortes de fourrures : l'une, composée sans doute de peaux de deux couleurs, cousues en carreaux; l'autre, d'une seule couleur, en peaux de petit-gris ou d'écureuil. Comme il est dit plus loin que les *quarreaux* venaient de Lombardie, nous croyons qu'il s'agit de fourrures de chats sauvages.

[4] Espèce d'aunage particulier au commerce de la pelleterie. C'était sans doute ce qu'il fallait de fourrure, en longueur et en largeur, pour doubler un manteau.

(Par vostre serment!) de quarreaux [1]
(Pour la fourrer) de Lombardie?

LE PELLETIER.

Il en fault bien deux et partie
Du tiers, par ma foy, mon amy.
Je vous en fends deux et demy [2]
Tout du long?

PATHELIN.

Et puis nous convient
(C'est grant argent qui vous vient),
Pour sa niepce (laquelle est preste
D'espouser), une panne honneste
De bon gris?

LE PELLETIER.

J'ay du gris de meure [3] :
En voulez-vous? ou gris d'aumure [4]?
Pensez que j'en ay à tout seur [5].

PATHELIN.

Par ma foy! je veux du meilleur.

LE PELLETIER.

Se vous voulez de tortes bannes [6],

---

[1] Cette phrase burlesque, dans laquelle les incidences produisent équivoque, fait allusion à une plaisanterie du même genre qui se trouve dans la première farce de Pathelin; c'est le fameux : *par mon sermen', de laine*, qu'on a si souvent imité. (Voy. ci-dessus, p. 35.)

[2] C'est-à-dire : Je coupe donc, pour vous, deux *manteaux* et demi dans la longueur de la pièce de fourrure.

[3] Fourrure de petit-gris, qu'on nomme *mure* dans les poëtes du treizième siècle; du bas latin *murina*.

[4] Fourrure de peau de lapin, qu'on employait pour doubler es aumusses que les chanoines portaient en hiver, afin de tenir chaudement la tête et les épaules. *Aumure*, pour : *aumusse*, est une de ces transformations de mots que la rime autorisait.

[5] Prix. Il y a, dans l'édition gothique : *à tous seur*.

[6] « Pour la rime, il faudroit lire *tortes binnes*, dit Gueulette, lesquelles, ainsi que *grognelles*, *mentonnelles*, *troupes* et *pen'l*-

Par ma foy ! j'en ay de bien fines ?
Ou, se vous voulez de groingnettes,
Prenez-en, ou des mantonnettes,
Des croupes, ou des pennilleres ?

PATHELIN.

Ces pannes sont trop legieres.

LE PELLETIER.

J'entens vostre cas bien et beau ;
Je vous sortiray [1] d'un manteau
Bel et bon.

PATHELIN.

Monstrez ?

LE PELLETIER.

Voy-le-cy [2] ?

PATHELIN.

Voire ! Mais souffira cecy,
Pour bien fourrer toute sa robbe ?

LE PELLETIER

Ouy, si on ne luy en desrobe.

PATHELIN.

Fauldra-t-il point de fourniture ?

---

lettes, étoient des étoffes ou des fourrures de ce temps, et dont les trois dernières pouvoient avoir pris leurs noms des parties du corps qu'on les destinoit à couvrir. » Nous croyons plutôt que ces différents noms indiquent les parties du corps de l'animal auxquelles on empruntait diverses sortes de fourrures ; ainsi le dos ou le ventre est plus ou moins estimé dans le pelage de la bête ; le mot *croupe* paraît donc synonyme de *dos* ; *penillière*, de *ventre*. La *groingnette* pourrait être la civette ou la fouine. Quant à *tortes bannes*, c'est un mot évidemment défiguré, comme on en peut juger d'après la rime correspondante ; plus loin, p. 141, on voit reparaître sans doute la même fourrure, qui est nommée : *toutes vaines*.

[1] Pour : *assortirai*.
[2] Pour : *le voici*.

LE PELLETIER.

Il en fauldra à l'avanture;
Voire, et si vous est necessaire,
Et est bien honneste, pour faire
Les paremens, une douzaine
De beaulx dos de gris [1].

PATHELIN.

    C'est grant peine,
Or ça monstrez-moy ces quarreaux?

LE PELLETIER.

Voy-les-cy, et, s'ilz ne sont beaux,
N'en payez ne denier ne maille;
Se vous en trouvez qui les vaille,
Je les vous quitte [2].

PATHELIN.

    Ilz sont passables.

LE PELLETIER.

Ilz sont, parbieu, bien prouffitables.
C'est proprement ce qu'il vous fault.

PATHELIN.

Combien (mais ne parlez point hault)
Coustera toute la marée [3]?

LE PELLETIER.

Et c'est toute bonne denrée?

PATHELIN.

Encore en est-il de meilleure;
Mais vrayement, en la bonne heure,

---

[1] Ce sont des pièces de fourrures de petit-gris prises sur le dos de la bête.
[2] Je vous les donne pour rien, gratis.
[3] Locution proverbiale, empruntée au langage des marchandes de poisson et signifiant : le tout, la totalité.

Il convient bailler (c'est raison)
Le denier à Dieu [1] : ne faison
Marché de quoy Dieu n'ait sa part.

LE PELLETIER.

C'est raison d'y avoir regard,
Et dictes comme homme de bien.

PATHELIN.

Or ça, disons, present [2], combien
Tout coustera, sans barguigner?

LE PELLETIER.

Je ne veux en vous rien gaigner,
Pour l'amour de la congnoissance.

PATHELIN.

Encore, j'ay bonne esperance
Qu'après ce marché s'en fera
Bien d'autres.

LE PELLETIER.

Tout vous coustera...
(Les manteaux sont grans et montans)
Douze beaulx escus tout contans.

PATHELIN.

Vrayement, c'est bien dit, douze escus?

LE PELLETIER.

Parbieu! le tout vault encor plus.

PATHELIN.

Sans jurer, car il me fait mal,
Quant n'y aura bon principal,

---

[1] Dans la grande Farce de Pathelin, maître Pierre donne aussi le denier à Dieu et presque dans les mêmes termes (voy. p. 33) :

> Dieu sera
> Payé des premiers : c'est raison.
> Vecy un denier ; ne faison
> Rien qui soit, où Dieu ne se nomme.

[2] Présentement, à présent.

PATHELIN.

D'ouyr jurer; il souffira
De neuf escus?

LE PELLETIER.

Ah! non sera.
Par ma foy, vous vous hausserez¹?

PATHELIN.

Trop bien, mais vous vous baisserez.
Or çà, vous en aurez donc dix?

LE PELLETIER.

Mais unze?

PATHELIN.

Rien.

LE PELLETIER.

Et je vous dis
Que c'est marché sans decepvoir.

PATHELIN.

Brief, je veux bon marché avoir
Et bien payer aussi.

LE PELLETIER.

Pourtant,
Si vous n'aurez pas tout pour tant :
Sans plus, il ne se pourroit faire.

PATHELIN.

Ung trompeur, (qui le voudroit croire²),
En offriroit plus largement,
Mais je en offre tout justement
Ce que en veux payer, sur le pec³.

---

¹ C'est-à-dire : Vous hausserez votre prix; vous m'en donnerez davantage.
² C'est-à-dire : qui voudrait l'avoir à crédit.
³ En conscience, sur ma parole, en mettant la main *ad pectus*, sur la poitrine.

LE PELLETIER.

Vous remettrez deux francs avec?

PATHELIN.

Combien seroit-ce?

LE PELLETIER.

Ce seroit
Dix-huit francs que tout cousteroit [1].

PATHELIN.

Ce seroit trop.

LE PELLETIER.

Par mon serment!
Vous les payerez tout rondement?

PATHELIN.

Bien; puisque vous avez juré,
Non pas moy, mais monsieur le curé
Les payera.

LE PELLETIER.

Cela m'est tout ung.

---

[1] Il y a ici, de même que dans *Maistre Pierre Pathelin*, un calcul à faire sur la valeur relative de l'écu-à-la-couronne et du franc employé comme monnaie de compte : calcul qui doit donner d'une manière à peu près certaine la date de la composition de cette farce, postérieure à la première. Le Pelletier demande d'abord douze écus de sa fourrure; Pathelin n'en veut donner que dix; le Pelletier se réduit à onze, mais, comme Pathelin tient bon, le Pelletier le prie d'ajouter deux francs à son offre; or, dix écus, avec deux francs en plus, représentent dix-huit francs. Nous voyons, d'après les tables du *Traité des monnoies* de Leblanc, que, vers l'année 1474, l'écu d'or à la couronne valait trente-deux sols, ce qui produit la valeur exacte spécifiée dans le *Testament de Pathelin* : car dix écus, à trente-deux sols l'un, équivalent à seize francs nets, auxquels il faut adjoindre les deux francs supplémentaires exigés par le Pelletier, pour parfaire la somme de dix-huit francs. On peut donc dire avec certitude que le *Testament de Pathelin* a été composé en 1474.

PATHELIN.

Et si ne reviendrez pas jeung [1]
De sa maison.

LE PELLETIER.

Nous ne buvons
Toujours que trop.

PATHELIN.

Ça achevons.
Il nous fault maintenant aller
A nostre beau curé parler,
Pour recevoir vostre payement.

LE PELLETIER.

Le fault-il ?

PATHELIN.

Et ouy, vrayement.
Ce n'est pas loing jusqu'à l'eglise,
Mais il vault mieux, quand je m'advise,
Que vous prenez à l'avanture
Quelqu'autre sorte de fourrure,
Car je croy, quand il en verra
D'autres, qu'il en acheptera ;
Et si y a de noz voisines
(Comme j'ay dit) qui font bien mines
D'en accepter un très-bon lot ;
Vous y pouvez gaigner un pot
De vin, pour employer vostre err. [2]

LE PELLETIER.

Vous dictes vray.

PATHELIN.

Et, par sainct Pierre !

---

[1] A jeûn.
[2] C'est-à-dire : vos pas, votre démarche, la peine que vous prendrez de venir chez le curé.

Ce fait mon [1], vous en pourrez vendre
A de grant argent.

LE PELLETIER.

Je voys prendre
Du menu vair [2] donc et de faines,
Des crouppes, et des toutes vaines,
Et ung beau manteau de regnard.

PATHELIN.

Faictes-en un pacquet à part ?

LE PELLETIER.

Si feray-je; laissez-moy faire.

PATHELIN.

Vous aurez chieuz nous bien affaire
Et beaucoup plus que ne pensez.

LE PELLETIER.

De tant mieux, ne vous soulciez.
Aussi, se je fais mon prouffit,
Rien n'y perdrez.

PATHELIN.

Il me suffit
Que vous vendez bien voz denrées.

LE PELLETIER.

Voicy noz pannes bien serrées,
Chascune à sa part.

PATHELIN.

Allons doncques.
Le porteray-je...

---

[1] Expression populaire, synonyme de : or donc, en ce cas, oui vraiment. Nous croyons que cette locution proverbiale s'est changée par corruption en : *si fait*, qu'on emploie encore familièrement dans le même sens.

[2] Le menu vair était une fourrure de petit-gris mêlée de blanc et de noir, mais nous ne savons pas quelles espèces de fourrures désignent les noms de *faines*, de *croupes* et de *tou'es va'nes*. Voy. la note ci-dessus, p. 111.

LE PELLETIER.

     Rien quelconques.
Il n'y a rien qui soit pesant [1].

    PATHELIN.

Pensez-vous que je soye laysant [2] ?
Et vous porterez tout le faix !
Maudit sois-je, se je le fais ;
Jamais je ne le souffriroye.

    LE PELLETIER.

Ne vous chaille ; j'en porteroye
Bien plus, à une de mes mains.

    PATHELIN.

Et parbieu ! sire, à tout le moins,
Je porteray ce paquet-cy.
J'en seray bien grevé aussi !
Il ne fault pas tant de caquet.

    LE PELLETIER.

Bien ; portez donc vostre paquet !
Mais c'est peine et honte.

    PATHELIN.

       Rien, rien [3],
Chascun emportera le sien.
Pensez-vous que cecy m'enhenne [4] ?

---

[1] Dans la première Farce de Pathelin, on retrouve presque le même dialogue (p. 58) :

   LE DRAPPIER.
  Allez devant; sus, je yray doncques
  Et le porteray.

   PATHELIN.
    Rien quiconques.
  Que me grevera-il? Pas mailles.

[2] Fainéant, paresseux.
[3] Pas du tout, nullement.
[4] Me fatigue, m'essouffle; le verbe *henner* ou plutôt *enhenner* qui vieillissait, fut remplacé par *ahanner*, souffler d'*ahan*, de fatigue.

LE PELLETIER, à son valet.

Ne bouge, tant je reviengne,
D'icy entends-tu, mon varlet?
Et prens bien garde à ton palet¹?

A Pathelin.

Sus devant, allons, de par Dieu!

PATHELIN.

Vous verrez bientost ung beau lieu
Chez ce curé, où je vous maine,
Et si c'est une maison plaine
De tous biens; mais aussi le bien
Luy est bien deu, il le vault bien.
Pensez qu'il vous fera grant chere.

LE PELLETIER.

Dictes-vous que c'est sa maniere
De festoyer ainsi les gens?

PATHELIN.

Quant vous aurez reçeu l'argent
Ou de l'or, tel qu'il vous plaira,
Car tout premier il vous payera,
D'assiette², de ce qu'il vous doit,
Vous verrez de quel vin il boit;
Et si vous donra, par sainct Gille!
D'une très-belle et grosse anguille :
Et là, vous diray du lignage
D'entre nous.

LE PELLETIER.

   J'ay bien grant courage
D'en sçavoir.

PATHELIN.

  Nous en parlerons,

---

¹ C'est évidemment la boutique, la baraque, la tente, que le Pelletier occupait dans le champ de foire.

² Cette expression équivaut à celle-ci, qu'on emploie encore dans le même sens : *rubis sur l'ongle*.

Sur le vin [1], et nous nous trouverons,
Ce croy-je, de bien près parens.
Ça, voicy l'eglise : entrons ens [2],
A l'avanture qu'il y est [3] ;
S'il y est, il sera tout prest
De vous payer à la raison,
Avant qu'aller à sa maison,
Car tousjours sur luy il apporte
Or et argent de mainte sorte :
C'est sa maniere et sa nature.

LE PELLETIER.

Hors mettons donc à l'avanture
Une patenostre [4].

PATHELIN.

  Devant

Entrez ?

LE PELLETIER.

  Mais vous ?

PATHELIN.

  Ça, quant et quant [5].

(Ils entrent dans l'église.)

Voilà le curé qui confesse.
Regardez, il n'y a pas presse ;
Nous sommes entrez bien à point.
Je luy voys tout de poinct en poinct
Dire le marché qu'avons faict,
Et, s'il est appoint [6], qu'en effet
Il vous despesche [7].

---

[1] Le verre à la main.
[2] Dedans ; du latin *intus*.
[3] C'est-à-dire : en cas qu'il y soit.
[4] C'est-à-dire : profitons de l'occasion pour faire une prière.
[5] C'est-à-dire : entrez avec moi.
[6] C'est-à-dire : s'il a de l'argent sur lui.
[7] Qu'il vous paye.

LE PELLETIER.

C'est bien dit.

LE PREBSTRE commence.

Vrayement la teste m'estourdit
De confesser; c'est trop grant peine...
En quel temps fusse[1]? En quel semaine?
Estoit-elle point mariée?...
Car, se elle estoit femme liée,
Il y fauldroit avoir esgard.

PATHELIN.

Doint bon jour, monsieur!

LE PREBSTRE.

Dieu vous gard!
Qu'a-il de nouveau?

PATHELIN.

Le cas est
Que voicy ung fils, s'il vous plaist,
Qui se veut à vous confesser,
Et l'ay bien voulu adresser
A vostre personne, et pourtant
Vous le confesserez d'autant,
Et qu'à plusieurs j'ay ouï dire
Que très-bien le scaurez instruire
Et interroger de tous cas.

LE PREBSTRE.

Par mon ame, je ne sçay pas
Plus qu'ung autre!

---

[1] Le prêtre s'adresse à un pénitent qu'il est en train de confesser. Guculette pense que la scène représentait un confessionnal avec un homme à genoux tournant le dos aux spectateurs. Il faut ajouter que les confessionnaux à cette époque étaient ouverts et non fermés comme ils le sont aujourd'hui. On voyait donc le prêtre assis en face du public.

PATHELIN.

Sauf votre grace,
Avant que d'icy il desplace [1],
S'il vous plaist en prendre la peine,
Vous aurez, pour une douzaine
De messes, l'argent tout contant ;
Et puis vous les yrez chantant,
Quant vous serez tout de loysir.

LE PREBSTRE.

Quand il voudra, à son plaisir.
J'en prendray voulentiers la charge.

PATHELIN.

Pour bien vous dire tout au large
Son cas et sa condition,
Il est d'une complexion
Aucunesfois bien fantasticque,
Et souvent, quant le ver le picque [2],
Devient comme tout insensé,
Tant qu'on n'auroit jamais pensé
Les follies de quoy il s'advise,
Mais, quelque chose qu'il devise,
Il ne faict nulles folles malles [3],
Et si y a des intervalles,
Comme present, qu'il est bien saige.
Pourtant luy ay donné couraige
(Tant comme il est en bon propos [4])
De vous dire deux ou trois mots
Pour le faict de sa conscience.
Vous avez assez de science,

[1] Il s'en aille.
[2] C'est-à-dire : dans certains moments de folie. On croyait alors généralement que la folie était produite par un petit ver qui rongeait le cerveau.
[3] Aucun acte de folie dangereuse.
[4] En bonne disposition.

9.

Se d'avanture il se vouloit
Fantasier¹ comme il souloit,
Pour le remettre à son advis².

LE PREBSTRE.

Par ma foy, je confesse envis³ :
C'est ung métier trop pénible.

PATHELIN.

Pour ce, faictes-y le possible
Pour l'argent; et quant vous l'aurez
Confessé, vous vous en viendrez
Disner avec nous, s'il vous plaist :
Vous trouverez le disner prest
A ceste taverne prochaine.

LE PREBSTRE.

Eh bien ! je prendray donc la peine
De le despescher⁴, mais qu'il viengne :
Mais il fault qu'ung peu, là, se tiengne,
Tant que j'aye achevé cestuy.

PATHELIN.

Monsieur, qu'il soit bien adverty
De son cas, je vous en requier.
Despeschez-le.

LE PRESBTRE.

   Sans reliquer⁵.
J'entends bien le cas tout de long.

PATHELIN.

S'il vous plaist, vous luy direz donc
Que present le despescherez ?

---

¹ Entrer en démence, exalter.
² C'est-à-dire : dans son bon sens.
³ C'est-à-dire : vous demandez que je confesse un homme malgré lui, *invitus*.
⁴ De le confesser.
⁵ Sans délai.

LE PREBSTRE.

Trop bien....
(Il s'adresse au Pelletier que Pathelin a fait approcher.)
Mon amy, vous serez
Despesché present pour certain?

LE PELLETIER.

Bien, monsieur.

PATHELIN.
Je m'en voys soudain
Devant faire mettre la table,
Mais venez à heure convenable,
Monsieur?

LE PREBSTRE.
Sainct Jean! si ferons-nous;
Nous serons bien tost après vous.

PATHELIN, au Pelletier.

Or ça, vous avez bien ouy
(De quoy je suis bien resjouy),
Que present serez despesché.
Je luy ay dit tout le marché
Et la somme totallement.

LE PELLETIER.

Voire, mais fera-il le payement
Icy?

PATHELIN.

Et ouy dea, veu le cas...
(Au Prêtre.)
Et le despescherez-vous pas
Icy?

LE PREBSTRE.
Et ouy dea, c'est le mieux.

PATHELIN.

Voire, et bien tost?

LE PREBSTRE.
(A Pathelin qui revient encore l'interrompre.)
Tant de fois, Dieux !
Mais que cestuy ait achevé
De soy confesser, luy levé,
Quelconque s'y offre ou presente,
Il sera, en heure presente,
Despesché, tout en la maniere
Qu'il est dit.

PATHELIN.
Pour faire la chere,
Je voys donc penser du disner,
Car il nous fauldra choppiner
Un peu, pour mieux s'entre-congnoistre.

LE PELLETIER.
S'il me fault longtemps icy estre?

PATHELIN.
Rien, rien.

LE PELLETIER.
Je seroye deceu !

PATHELIN.
Après que vous aurez receu
Tout vostre argent, et recueilly,
Vous en viendrez avecque luy
Disner, l'entendez-vous pas bien?
Je ne vous serviroye de rien,
Puisqu'il sçait quelle somme il y a...
Dictes ung *Ave Maria*,
S'il vous ennuie, en attendant.

LE PELLETIER.
J'attendray doncques, cependant
Qu'il paracheve cestuy-là....
Heu, emportez-vous donc cela [1] !
Laissez-le moy, si vous voulez?

[1] Le paquet de fourrures.

PATHELIN.
Rien, rien.

LE PELLETIER.
Or allez donc, allez !

PATHELIN.
Cecy.... Eh ! que me coustera-t-il?...
La voulez-vous dessus le gril
Ou bouillie, ceste grosse anguille?

LE PELLETIER.
Or, je vous requiers qu'on n'habille [1]
Rien qui soit pour moy davantage?

PATHELIN.
Vous souciez-vous du coustage [2]?
Vous n'aurez rien que l'ordinaire.

LE PELLETIER.
C'est assez.

PATHELIN.
Or, m'en laissez faire,
Je m'en voys faire piler les pois [3].

LE PRESBTRE, à son pénitent.
Or ça, mon amy, quantes fois
Avez-vous eu sa compagnie [4]?

LE PELLETIER, à part.
J'auray une belle poignie

---

[1] Apprête, prépare. On dit encore *habiller* les viandes.
[2] Dépense.
[3] « On appeloit *pois pilés* le marc des pois dont on a tiré la purée, dit Le Duchat dans ses notes sur le *Baron de Fœneste*. De là ce nom a été donné à ces comédies informes mêlées de sérieux et de burlesque, jouées en France sous François Ier, et continuées jusque sous le règne de Louis XIII. » Nous ne doutons pas que ce passage du *Nouveau Pathelin* ne soit la véritable origine du nom de *jeu des pois pilés*, donné aux farces que représentaient les clercs de la Bazoche à la fin du quinzième siècle.
[4] C'est-à-dire : combien de fois avez-vous commis le péché de luxure.

D'argent, maintenant, pour mes pannes :
Et si ne sont que des moyennes ;
Les manteaux ne sont point des grans :
Si en auray-je dix-huit francs
Pourtant ; et, s'il eust barguigné [1]
Plus fort, il eust, parbieu ! gaigné
Ung escu d'or, au premier bout.
Mais, puisque le curé paye tout,
Ne m'en chault : il fera l'avance [2].

LE PREBSTRE, au Pénitent.

Faictes bien vostre penitence
Et entendez doresenavant
A bien faire mieux que devant ;
Car vous avez beaucoup failly.
In nomine Patris et Fili
Et Spiritus Sancti. Amen.....

au Pelletier.

Ça, mon amy, venez-vous-en ?

LE PELLETIER.

Et je suis, monsieur, fort venu.

LE PREBSTRE.

Je vous ay ung petit tenu [3],
Mais il falloit icy parfaire.

LE PELLETIER.

C'est raison, il le convient faire,
Quant on y est.

LE PREBSTRE.

Or ça, disons ?

LE PELLETIER.

Dictes donc, monsieur ?

---

[1] Marchandé.
[2] Il payera plus cher.
[3] C'est-à-dire : je vous ai fait assez attendre.

PATHELIN.

LE PREBSTRE.

Advisons? Placez-vous?

LE PELLETIER.

C'est tout advisé.
Ne vous a-t-il pas devisé
La chose, tout ainsi qu'elle est [1]?

LE PREBSTRE.

Ouy, mon amy, et je suis prest
De vous despescher maintenant.

LE PELLETIER.

N'estes-vous pas bien souvenant
Du marché, tel qu'il vous l'a dit?

LE PREBSTRE.

Ouy dea, ouy, et, tout à son dit [2],
J'en feray.

LE PELLETIER.

Ça, despeschez-nous?

LE PREBSTRE.

Doncques mettez-vous à genoux,
S'il vous plaist?

LE PELLETIER.

Et pourquoy cecy?

LE PREBSTRE.

C'est la maniere d'estre ainsi,
Pour compter son cas humblement.

LE PELLETIER.

Mais, pour compter bien aysement,
Ce lieu-cy n'est pas bien sortable,

---

[1] C'est-à-dire : cet homme ne vous a t-il pas dit la chose?
[2] Suivant sa recommandation.

Et allons dessus une table
Ou quelque autel, pour bien compter.

LE PREBSTRE.

Il ne fault pas si hault monter.
Agenouillez-vous cy ung pou [1]?

LE PELLETIER.

Par mon ame, il ne me chault où !
Mais que j'aye ce que je demande.

LE PREBSTRE.

Tant plus est l'humilité grande
Du pescheur, plus est eslevé.

LE PELLETIER.

Si seroye-je pourtant grevé [2],
Si j'estoye icy longuement.

LE PREBSTRE.

Vous estes bien devotement :
Despeschez-vous, sans tant prescher?

LE PELLETIER.

C'est vous qui devez despescher :
Despeschez-moy?

LE PREBSTRE.

   Or comptez donc
Ce qui vous maine, tout du long,
Et bien tost vous despescheray.

LE PELLETIER.

Baillez donc, et je compteray.
Je ne voy que compter icy [3],

LE PREBSTRE.

Dea! ce n'est pas à dire ainsi.
Sçauriez-vous compter vostre cas?

---

[1] Pour : *un peu.*
[2] Lésé, molesté. Le Pelletier a consenti à s'agenouiller devant le Prêtre.
[3] C'est-à-dire : je ne vois pas d'argent à compter ici.

LE PELLETIER.

Ouy bien! Mais ne vous l'a-il pas,
Cet homme, qui s'en va, compté?

LE PREBSTRE.

Pensez-vous qu'il m'aura compté
Voz cas particulierement?
Il n'y a que vous seulement,
Qui en sçeust parler au certain.

LE PELLETIER.

Pour le vous dire plus à plain,
Doncques, il est vray qu'il y a,
Pour tout, dix-huit francs.

LE PREBSTRE.

     Eh dea, dea!
Qu'est-ce à dire?

LE PELLETIER.

    Il y a autant.
Il me les fault avoir comptant,
Pour les deux pannes qu'il emporte,

LE PREBSTRE.

Il vous fault parler d'autre sorte.
Qu'est cecy? Je n'y entends rien.

LE PELLETIER.

C'est vous qui ne parlez pas bien :
Vous ne faictes que barbouiller.

LE PREBSTRE.

Ça, dictes, sans plus vous brouiller,
Tout premier *Benedicite?*

LE PELLETIER.

Et pourquoy? Quell' necessité
En est-il?

LE PREBSTRE.
Si est-ce la guise ¹.

LE PELLETIER.
Quand je verray la table mise,
Je le diray; non autrement.

LE PREBSTRE.
Si est-ce le commencement
Et le sceau de confession.
Dictes-le en devotion,
Et puis vostre *Confiteor?*

LE PELLETIER.
Baillez-moy, ou argent, ou or?
Vous ne faictes que ravasser!
A quel propos me confesser
Maintenant? Il en est bien temps!

LE PREBSTRE.
Mon amy, veu ce que j'entends,
Vostre entendement est brouillé.

LE PELLETIER.
Seray-je cy agenouillé
Tout meshuy ² ? Qu'est-ce cy à dire?
Vous m'y faictes mettre pour rire,
Ce croy-je, en vous jouant de moy!

LE PREBSTRE.
Non fais, mon amy, par ma foy!
Ce n'est pas pour me faire honneur,
Mais pour l'amour du beau Seigneur
Que je represente en ce lieu.

LE PELLETIER.
Or, me payez donc, de par Dieu,
Puisque representez vostre homme,

---

¹ C'est l'usage, la forme de la confession.
² Tout aujourd'hui.

PATHELIN.

Et me baillez toute la somme
Qui m'est deue pour la marchandise
Qu'il emporte?

LE PREBSTRE.

On vient à l'eglise
Pour y prier Dieu, et non pas
Pour y parler de telz fatras;
Ce n'est pas lieu pour marchander.

LE PELLETIER.

Est-ce peché de demander
Ce qui est bien loyaulment deu?

LE PREBSTRE.

Vous sçavez bien que je n'ay eu
Rien de vous?

LE PELLETIER.

Rien!

LE PREBSTRE.

De quel mestier
Estes-vous?

LE PELLETIER.

Je suis pelletier,
De par tous les diables d'enfer!

LE PREBSTRE

Il ne se fault point eschauffer.
Mon amy, parlez sagement
Et vous confessez gentement?

LE PELLETIER.

Je confesse que vous devez
Dix-huit francs; que vous avez
La denrée qui mieulx vault encoire...

LE PREBSTRE.

Dieu vous rende vostre memoire!

D'où vient ceste merencolie?
Il y a bien de la follie.
Je prie Dieu que il vous sequeure[1] !
Vous est-il prins tout à ceste heure,
Mon amy? Vous estes volage[2]?

LE PELLETIER.

Par la morbieu! je suis plus sage
Que vous n'estes de la moitié!

LE PREBSTRE.

Sans jurer... Voicy grant pitié!
Il fault que vous vous confessez,
Mon amy, et que vous pensez
A Dieu, comme ung homme notable.

LE PELLETIER.

Mais pensez-y, de par le diable
Et me payez, avant la main[3]!

LE PREBSTRE.

Je ne vey jamais si soubdain
Entendement d'homme troubler!

LE PELLETIER.

Me cuydez-vous ainsi embler[4]
Mes pannes, sans estre payé?
Ah! si vous m'avez delayé[5],
Payez-moy, sans plus m'abuser.

LE PREBSTRE.

Mais pensez de vous accuser,
Sans rien laisser, de bout en bout?

[1] Pour : *secoure*.
[2] Lunatique, visionnaire.
[3] On dit maintenant : *haut la main*.
[4] Dérober, voler.
[5] Fait attendre.

LE PELLETIER.

Le corps bieu! Si vous ay dit tout,
Et suis tout prest de recepvoir...

LE PREBSTRE.

Comment voulez-vous donc avoir
Corpus Domini? Il faudroit,
Premier, vous confesser à droit [1].

LE PELLETIER.

Mais quel diable d'entendement!
Quant je vous parle de recepte
D'argent...

LE PREBSTRE.

Voicy bien grant decepte [2]!

LE PELLETIER.

Faictes-m'en la solution [3]?

LE PREBSTRE.

Faictes donc la confession
Premierement. Vous absouldray-je
Sans confesser?

LE PELLETIER.

Voicy bien raige.
Je ne vous parle point d'absouldre;
De par le diable! c'est de souldre...
Vous n'entendez pas à demy.

LE PREBSTRE.

Je ne vous dois rien, mon amy?
Vous estes troublé de la teste.

LE PELLETIER.

Me cuidez-vous donc faire beste?

[1] Comme il faut, de bonne grâce.
[2] Déception, erreur.
[3] Le payement.

Suis-je à cabasser¹ ainsi?
Vostre homme, qui s'en va d'icy,
M'a dit que me payerez tant bien?

LE PREBSTRE.
Quel homme? Ce n'est pas le mien.

LE PELLETIER.
Et parbieu, si est! C'est le vostre!

LE PREBSTRE.
Et, de par sainct Jacques l'apostre!
Je ne le connois nullement.
Il m'a dit que presentement
Vous confesse, et que me payerez
Très-bien, et si me baillerez
Argent, pour dire une douzaine
De messes.

LE PELLETIER.
Sa fiebvre quartaine!

LE PREBSTRE, à part.
Voicy un homme desvoyé².

LE PELLETIER.
Ne l'avez-vous pas envoyé
Pour vostre disner habiller,
Tendant que me devez bailler
L'argent? Il dit qu'il vous gouverne³.

LE PREBSTRE.
Il est allé à la taverne
Où il nous attend à disner,
Ce m'a-il dit.

LE PELLETIER.
C'est à deviner
Où il est, le diable le saiche!

¹ Berner, ballotter.
² Hors de sens, égaré.
³ C'est-à-dire : qu'il est votre intendant.

LE PREBSTRE.

Voicy un homme qui me fasche
Terriblement.

LE PELLETIER.

   C'est bien fasché;
Que ne suis-je donc depesché!
Seray-je meshuy aux escoutes [1]?
Je vous prie, une fois pour toutes,
Quant j'en ay assez enduré,
l'ayez-moy, monsieur le curé?

LE PREBSTRE.

Mais vostre petit chapellain?

LE PELLETIER.

Vous estes curé?

LE PREBSTRE.

   Pour certain,
Je ne suis que simple vicaire.

LE PELLETIER.

Me le cuidez-vous faire accroire?
Et si estes, bon gré sainct Pol!

LE PREBSTRE, à lui-même.

Saincte Marie! voicy bon fol!
Quant vers Dieu se doit retourner,
Il me vient icy reprimer [2]
D'un tas de follies, où n'y a
Nulle raison!

LE PELLETIER, à lui-même.

   C'est bien dit là!
Mais, quant de payer doit penser,

---

[1] C'est-à-dire : Resterai-je ici toute la journée à faire le pied de grue?

[2] La mauvaise rime de ce vers indique une altération de texte. On pourrait lire : *recorner* ou *atourner*.

Il me parle de confesser,
Sans faire d'argent mention !

LE PREBSTRE, à lui-même.

Je fais en bonne intention
Ce que je fais, pour abreger.

LE PELLETIER, à lui-même.

Voicy assez pour enrager !
Je suis en grant perplexité.
Qu'est cecy ? *Benedicite !...*

LE PREBSTRE.

Deus sit in corde tuo, etc. *Ad vere confitendum peccata tua, in nomine Patris, et Filii et Spiritus sancti. Amen.*

LE PELLETIER, à lui-même.

C'est à recommencer... Bien, bien !
Que diable est-ce qu'il me latine ?
Il a fait de croix un grand signe,
Comme s'il eust veu tous les diables.

LE PREBSTRE.

Mon amy, je ne dis pas fables ;
C'est une benediction
— Que je donne à l'inception [1]
De vostre confession faire.

LE PELLETIER.

Eh ! Dieu vous doint tout au contraire
Malheur et malediction !

A lui-même.

Voicy bien grant derision !
Sang bieu ! cessera-t-il jamais
De me bailler des entremets
De confession, en payement ?

[1] Au commencement ; du latin *inceptio*.

LE PREBSTRE, à lui-même.

Il est desolé seurement,
Et son cas assez le conduict
Comme cest homme m'avoit dict.

Haut.

Mon amy, puisqu'il ne vous chault
De vous confesser, il vous fault
Vous en aller de ceste eglise?

LE PELLETIER.

Et qui payera ma marchandise?
Ne pensez pas à m'envoyer,
Sans mes pannes, ou sans payer :
Payez-les, ou me les rendez?
Car il faut que vous entendez
Ou à payer, ou à les rendre.

LE PREBSTRE, à part.

Il n'est qui sceust icy pretendre.
C'est une droicte mocquerie...

LE PELLETIER.

Mais une forte tromperie !
J'entends bien le cas, ce me semble :
Vostre homme et vous, tous deux ensemble,
De m'embler et tollir mes pannes.
Vous estes plus traistres que Ganes [1],
Dangereux et mauvais trompeurs !
Où ay-je trouvé tels pipeurs?
Quel rencontre ! Quelle avanture !

LE PREBSTRE.

Ah ! ne me dictes point d'injure,
Ou je vous donray [2] sur la joue !

---

[1] Pour *Ganelon*, un des preux de Charlemagne, dans les romans du treizième siècle; c'est lui dont la trahison engagea l'armée du grand empereur dans les défilés de Roncevaux et fut cause de la mort de Roland.

[2] Pour : *donnerai*.

LE PELLETIER.

Et pensez-vous que je vous loue
De m'embler ainsi mes denrées?
Aurez-vous les robbes fourrées
A mes despens? *Ubi de hoc.*

LE PREBSTRE.

Corps bieu! Je mets sur vous le croc[1] :
Je vous feray vuider[2] soudain!

LE PELLETIER.

Le diable emport le chapellain,
Et le curé et le varlet!

LE PREBSTRE.

Mais le pelletier tout seulet[3]!

LE PELLETIER.

En suis-je ainsi sur le cul ceint[4]?
Tu me les embles en lieu sainct,
Traistre, larron, simoniacle[5]!

LE PREBSTRE.

Fol, enragé, demoniacle[6],
Tais-toy, et t'en vas bien à coup[7]!

LE PELLETIER.

Perdre dix-huit francs tout d'un coup!
C'est bien gardé le privilege
Des marchands! Larron, sacrilege
Au moustier, de faict apensé[8]!

---

[1] C'est-à-dire : je mets la main sur vous.
[2] Sortir de ce confessionnal, de l'église.
[3] C'est-à-dire : Que le diable emporte plutôt le Pelletier tou seul!
[4] Cette locution proverbiale se trouve aussi dans *Maistre Pierre Pathelin*; voy. ci-dessus, p. 43, la note y relative.
[5] Pour : *simoniaque*.
[6] Pour : *démoniaque*.
[7] Sur-le-champ, à l'instant.
[8] Par guet-apens, de fait prémédité.

LE PREBSTRE.

Vuide dehors, fol, insensé,
Car il est bien temps que tu partes !

LE PELLETIER.

Et je feray... Tes fiebvres quartes !...

LE PREBSTRE.

Et qui te puissent espouser !

LE PELLETIER, à lui-même.

Je ne sçay plus que proposer...
Que maudit soit de Dieu le prebstre !

LE PREBSTRE, à lui-même.

Mais le vilain paillard !

LE PELLETIER, à lui-même.

     Quel maistre !
Seray-je trompé en ce poinct !

Au prêtre.

J'entends bien tout ; il ne fault point
Traisner festu devant vieil chat [1] ;
Car celuy qui a fait l'achapt
Des pannes, et vous, c'est tout un.

LE PREBSTRE.

Tu as menty !

LE PELLETIER.

    J'en croy chascun
Que si, et que vous avez tort.

LE PREBSTRE.

Et le diable, sire, m'empoit,
Si jamais le vis que à ceste heure !

[1] Locution proverbiale signifiant · il ne faut pas essayer de me faire prendre le change, me tendre un piége.

LE PELLETIER.

Ah ! je prie Dieu qu'il me sequeure !

LE PREBSTRE.

Il dit qu'il est vostre voisin...

LE PELLETIER.

Il m'a dit qu'il est mon cousin.
Le diable emport le cousinage
Et tous ceux de son parentage !...
Mais la maniere d'y pourvoir ?

LE PREBSTRE.

Allez à la taverne veoir
S'il y seroit allé, ainsi
Qu'il m'a dit ?

LE PELLETIER.

Voire ; mais aussi,
S'il y est, et vous me mentez,
Il faudra que me contentez ;
Car, par ma foy, je m'en revien
Incontinent à vous.   Il sort.

LE PREBSTRE seul.

Bien, bien !
Qui me trouvera, si me preigne !
Mais comment ce paillard m'engaigne [1],
Quant je l'ay cuidé confesser ;
Et brief, je n'y sçay que penser
Ou s'il est sot, ou si c'est homme
L'a trompé ? Toutesfois, en somme,
Quoy qu'il en soit, en bonne foy,
Je n'iray pas disner chez moy,
Car il viendra au presbytere,

Se moque de moi, me trompe.

Au sortir d'icy, à grand erre [1],
S'il ne trouve son homme là;
Et, pour la doubte de cela [2],
M'en voys disner chez ma commere.
J'en seray quicte pour le boire,
Se trop longuement y sejourne,
Et adieu, se je ne retourne.

[1] En toute hâte, tout courant,
[2] Par la crainte que j'ai de cela.

CY FINE LE NOUVEAU PATHELIN

LE
TESTAMENT DE PATHELIN

PRÉFACE DE L'ÉDITEUR

Le *Testament de Pathelin*, qui n'est point assurément du même auteur que la farce de *Maître Pierre Pathelin*, a pourtant été souvent réimprimé avec elle dans les anciennes éditions. L'histoire littéraire n'a pas confondu ensemble ces deux farces, qui sont loin d'avoir la même importance; mais elle a presque oublié la dernière, qui ne figure que pour mémoire dans les annales du Théâtre. Il y a même des bibliographes, tels que de Beauchamps, de Leris, etc., qui n'ont pas même l'air de la connaître, quoique le premier l'ait citée en rapportant le titre amphibologique de l'édition publiée par Coustelier en 1723 : *La Farce de maistre Pierre Pathelin, avec son Testament, à quatre personnages*. On pourrait croire qu'il s'agit d'un opuscule en vers, dans le genre du *Testament* de Villon.

Ce *Testament* de Villon, le Petit ou le Grand, fut sans doute le modèle ou plutôt l'origine du *Testament* de Pathelin. Villon, condamné pour ses méfaits, avait fait mine de se repentir à l'approche de la vilaine mort qui le menaçait, et, quoique toutes les parties de son Testament, moitié sérieux et moitié bouffon, ne fussent pas trop édifiantes, on y trouvait pourtant une apparence d'amende honorable, qui, tout en faisant rire, inspirait de la pitié pour le criminel pénitent. On pensa donc que Pathelin, qui n'avait pas fait dans sa vie moins de dupes que Villon, et qui peut-être eut mérité pis, s'il fût tombé sous la main de la justice, devait se repentir aussi à l'heure de la mort et faire un testament pour l'édification des bonnes âmes.

De là cette farce ou cette histoire dialoguée des derniers moments de maître Pierre. C'est une espèce d'épilogue moral, ajouté aux deux véritables farces de l'*Ancien* et du *Nouveau Pathelin*. Dans ce *Testament de Pathelin*, il n'y a pas la plus légère intrigue, il n'y a pas même une donnée dramatique : en deux mots, Pathelin, dont la santé est gravement altérée, n'en veut pas moins se rendre à l'audience pour plaider ; mais il se sent pris d'une faiblesse qui l'oblige à retourner chez lui ; là, il demande l'apothicaire, et Guillemette songe d'abord à avertir le curé ; curé et apothicaire viennent assister le moribond ; l'apothicaire reconnaît en pareil cas l'inutilité de ses drogues, et le curé s'efforce de convertir ce pécheur endurci. Pathelin se confesse tant bien que mal, dicte un testament joyeux que messire Jehan veut bien mettre sur le compte du délire, et ensuite il expire après avoir eu le temps de prendre ses dernières dispositions.

Ce n'est pas là une pièce de théâtre, mais c'est un cadre imaginé pour faire ressortir le caractère de Pathelin et pour réunir une foule de mots plaisants, de proverbes populaires et de *sottises*, qui avaient le privilège d'exciter le gros rire des spectateurs ; on remarque çà et là des emprunts plus ou moins reconnaissables faits aux deux *Testaments* de Villon, ce qui a pu autoriser quelques critiques à lui attribuer cette farce, dans laquelle on trouverait des vers entiers appartenant à ce poëte contemporain. Le testament que Pathelin dicte au curé, et qui était probablement plus étendu à la représentation qu'il ne l'est dans les imprimés, offre surtout de nombreuses réminiscences des legs comiques et satiriques qui remplissent le *Grand* et le *Petit Testament* de François Villon. On a tout lieu de croire que maître François et maître Pierre, dans la pensée du peuple de Paris, étaient deux *bons compagnons* de la même famille, l'un plaidant, l'autre rimant, tous deux trompant à qui mieux mieux.

Il faut avouer que le *Testament de Pathelin* est très-inférieur, comme fonds et comme forme, au *Nouveau Pathelin;* mais, bien que ce ne soit pas une farce proprement dite, puisque la maladie et la mort de Pathelin en composent tout le sujet, on y trouve les qualités ordinaires des ouvrages littéraires de ce temps-là, c'est-à-dire la naïveté, la malice et la bouffonnerie. Il y a aussi dans le rôle de Pathelin d'excellents détails de caractère et parfois une fine observation du cœur humain.

Génin, bien entendu, n'a rien vu de tout cela : il se fût crevé les yeux pour ne pas admirer autre chose que l'ancienne farce de Pathelin, qu'il a étudiée exclusivement toute sa vie (car, dans son examen de baccalauréat, à l'âge de dix-sept ans, il avait eu déjà le bonheur de débiter son *Pathelin*); Génin, toujours injuste et paradoxal par système, a foulé aux pieds le *Testament de Pathelin* et le *Nouveau Pathelin* : « Je ne parlerai guère, dit-il, que pour mémoire de deux imitations de la farce de Pathelin en français; toutes deux, à mon avis, postérieures de beaucoup à l'original et plus inférieures encore en mérite..... Dans la première (le *Testament*), nous voyons Pathelin, toujours occupé de sacs et de procès, tomber malade entre les bras de sa femme. L'apothicaire lui apporte des drogues ; messire Jean veut lui donner les sacrements, et il meurt après avoir fait un testament satirique dans le genre de celui de Villon. Cette forme de plaisanterie fut longtemps à la mode et paraît avoir été très-goûtée de nos bons aïeux du moyen âge. Il est aisé de voir que c'est ici le bel endroit de la pièce, composée tout exprès pour amener ces excellentes plaisanteries. » Puis, Génin cite cinq strophes du *Testament*, qui ne sont pas indignes, quoi qu'il en dise, du fameux *Testament* de Villon.

Villon n'est pourtant pas l'auteur du *Testament de Pathelin*. On ne saurait à qui attribuer cette farce, qui fut composée vraisemblablement vers 1480 ou 1490, par un des poëtes ordinaires de quelque troupe de la Bazoche ou des Enfants-sans-souci. Nous n'avons découvert, dans la pièce même, aucun indice qui puisse nous servir à fixer une date à peu près certaine. La date de 1520, que proposent les frères Parfaict dans leur *Histoire du théâtre françois*, est trop éloignée de celle de la grande vogue du premier *Pathelin*, qui fut joué vers 1470 : « Cette farce, dit de Beauchamps dans ses *Recherches sur les théâtres*, fut presque la seule qui eut du succès à l'Hôtel de Bourgogne

PENDANT PLUS DE VINGT ANS. » Ce succès était dû, il est permis de le supposer, au talent de l'acteur qui jouait les rôles de Pathelin; mais l'Histoire du Théâtre n'a pas même enregistré le nom de cet acteur, qui, *pendant plus de vingt ans*, attira la foule aux représentations de cette farce immortelle. Est-ce Jean du Pont-Alais, qui s'intitulait chef et maître des joueurs de moralités et de farces à Paris, et qui du haut de ses treteaux des Halles osait tenir tête à son voisin le curé de Saint-Eustache? Est-ce Jean Serre, *excellent joueur de farces*, dont Clément Marot a rimé l'épitaphe vers 1530?

>Cy-dessous gist et loge en terre
>Ce très-gentil fallot Jean Serre,
>Qui tout plaisir alloit suivant,
>Et grand joueur enfin vivant;
>Non pas joueur de dez ne quilles,
>Mais de belles farces gentilles,
>Auquel jeu jamais ne perdit,
>Mais y gagna bruit et crédit,
>Amour et populaire estime,
>Plus que d'escuz, comme j'estime.

LE
TESTAMENT DE PATHELIN

A QUATRE PERSONNAGES

c'est à sçavoir

PATHELIN,
GUILLEMETTE,
L'APOTICAIRE,
Messire JEHAN le curé.

MAISTRE PIERRE commence.

Qui riens n'a plus que sa cornette,
Gueres ne vault le remenant.
Sang bieu ! vecy bonne sornette !
Où estes-vous, hau, Guillemette ?
Dieux ! s'il vous plaist, venez avant ?
Qui riens n'a plus que sa cornette,
Gueres ne vault le remenant.

GUILLEMETTE.

Que vous fault-il ?

PATHELIN.

Tout maintenant,
Le sac à mes causes perdues.
Vistement, sans plus de tenues [1],

---

[1] Délais, lenteurs ; en termes de trictrac, la *tenue* est la situation du joueur qui tient, c'est-à-dire qui, ayant gagné ou non, ne se retire pas du jeu.

Despechez : car je n'attens
Qu'à faire tauxer[1] les despens,
Ainsy comme raison est deue.
Dea, pourtant, se j'ay la barlue,
Desormais je suis un vieillard
Nommé Pathelin Patrouillart[2],
Qui très-haultement vous salue.
Las! qu'est la saison devenue?
Puis dix ans, en ma conscience,
Je perds maintenant patience ;
Car je souloye gaigner francz,
Là où ne gaigne petis blancz[3].
Praticque si ne vault pas maille.
Hau, Guillemette?

GUILLEMETTE.

Comment il bâille!
Que demandez-vous, maistre Pierre?

PATHELIN.

Ne m'estes-vous pas allé querre
Le sac où sont mes escriptures?

GUILLEMETTE.

Et ouy.

PATHELIN.

A toutes adventures,
Apportez avec mes lunettes ;
Et gardez qu'elles soient nettes.
Sus, hastez-vous de revenir :
Car aujourd'huy me fault tenir
Le siege en nostre auditoire.

---

[1] Pour : taxer.
[2] Ce surnom indique un avocat qui patauge, qui touche à tout et n'avance à rien.
[3] Menue monnaie ; le petit blanc était un denier de billon.

GUILLEMETTE.

Et dictes-vous?

PATHELIN.

Il est notoire
Et certain, par mon sacrement!
Je vous pry, faictes prestement.
Tout est dedans mon escriptoire,
Sur le comptouer?

GUILLEMETTE.

Dieu! quel memoire!
Arsoir [1] le mistes sur le banc,
Vostre sac? Bref, à parler franc,
Vous vous troublez d'advocasser;
Et ne povez riens amasser,
Pour procès que à mener avez [2].

PATHELIN.

M'amye, et puis que vous sçavez
Où tout est, apportez-les-moy,
Et je vous donray, par ma foy,
Je ne sçay quoy que je vous garde?

GUILLEMETTE.

Les m'avez-vous baillez en garde?
Par Dieu! voicy bonne farcerie!

PATHELIN.

Ma femme, ma très-doulce amye,
Irez-vous point querir mon sac
A mes causes?

---

[1] Pour : *hier soir*; c'est encore l'expression populaire.

[2] Allusion à ces vers de la farce de *Maitre Pierre Pathelin* (ci-dessus, p. 19).

> Pour quelque paine que je mette
> A cabasser, ne ramasser,
> Nous ne pouvons rien amasser.

GUILLEMETTE.

Il est passé au bac [1],
Maistre Pierre, par Nostre Dame !

PATHELIN.

Hélas ! despechez-vous, ma femme :
Il est jà tard, l'heure s'approche.
Fauldray-je enhuy [2] ? Las ! quel reproche
J'auray des autres assistans !
Ça, mon sac ; je vous attens :
Ou dictes se ne l'auray point ?

GUILLEMETTE.

Je ne sçay quell' mousche vous poinct.
Par celuy Dieu qui me fist naistre,
Je cuyde que, se estiez prebstre,
Vous ne chanteriez que de sacz
Et de lettres !

PATHELIN.

Que de fatras !
En vous y a peu de sçavoir.
Somme toute, je veuil avoir
Mon sac : il faut que je m'en voise !
C'est la façon de ma bourgeoise,
De riens faire, se ne luy plaist.

GUILLEMETTE.

Or, tenez ! de par Dieu, ce soit :
Vela toute vostre besongne.

PATHELIN.

Par Nostre Dame de Boulongne [3] !
Vous valez moins que ne cuydoye.

---

[1] Locution proverbiale, signifiant : il est bien loin, il est à vau-l'eau !

[2] Manquerai-je à l'audience aujourd'hui ?

[3] C'était sans doute le serment favori de l'avocat Pathelin ; voy., ci-dessus, p. 93. L'image miraculeuse de Notre-Dame, à Boulogne-sur-Mer, attirait une immense quantité de pèlerins depuis le onzième siècle.

Mais sçavez-vous que je pensoye,
Devant qu'aller en l'auditoire [1] ?
Je ne sçay que faire de boire
Un horion [2]; c'est le plus seur.

GUILLEMETTE.

Pourquoy n'estes-vous pas asseur [3] ?
Vous doubtez-vous d'aucune chose,
Maistre Pierre?

PATHELIN.

Je presuppose
Que le temps ne soit dangereux [4] :
Et, d'autre part, je suis jà vieulx;
Cela faict à considerer.

GUILLEMETTE.

Sus, sus, il faut deliberer [5].
Ne pensez qu'à faire grant chere?

PATHELIN.

Ainsi ne fais-je, m'amye chere :
Gardez tout jusques au retour.

GUILLEMETTE.

Ne faictes gueres de sejour;
Revenez disner à l'hostel?

PATHELIN.

Si feray-je : tenez-le tel.
Seurement, je n'y fauldray pas [6].
Aux plaids je m'en voys tout le pas,
Mon baston noilleux [7] en ma main.
Jour est assigné à demain
Contre un homme de la Voirie...

---

[1] Audience.
[2] C'est-à-dire : je m'abstiendrai même de boire une lampée.
[3] Pour : *assuré*, rassis, tranquille.
[4] Malsain.
[5] L'édition de Gueulette porte : *desjuner*.
[6] Ici Pathelin sort de sa maison et se parle à lui-même en marchant.
[7] Noueux.

L'entendement si me varie :
Ce n'est pas ce que je demande.
Colin Thevot est en l'amende,
Et aussi Thibault Boutegourt,
S'ils ne comparent[1] vers la Court,
En la somme de cent tournois.
Appelez la femme au Dannois
Contre sa voysine Machault ;
Ou mises seront en deffault,
S'ilz ne viennent appertement?
Messeigneurs, oyez l'appointement
Enhuy donné en nostre Court :
« Fut present Mathelin le Sourt,
Attourné[2] de Gaultier fait-nyent[3]... »
Qu'est cecy? Dea, nully[4] ne vient !
Seray-je cy longtemps sans feu ?
Sainct Jehan ! je n'entens point ce jeu !
Quoy ! je me sens un petit fade,
Et crains que ne soye malade :
Je me tiens fort foyble et cassé.
A mon hostel, par sainct Macé[5] !
Je m'en revoys tout bellement[6]...
Hau, Guillemette ! appertement,
Venez à moy ; ou je me meurs !

GUILLEMETTE.

Et dont vous viennent ces douleurs
Que vous souffrez, mon doulx amy ?

---

[1] Pour : *comparaissent*.
[2] Accompagné, assisté.
[3] Sobriquet, pour *fainéant*, faignant.
[4] Pour : *nul;* du latin, *nullus*.
[5] Nous ne connaissons pas de *Macé* dans le martyrologe. C'est sans doute un nom corrompu par la légende populaire, comme saint Macaire, ou saint Malachie, ou saint Machabée, ou saint Matthieu, etc.
[6] Ici Pathelin retourne chez lui et frappe à la porte de sa maison.

PATHELIN.

Je suis demouré et failly[1] ;
Et cuide que la mort m'assault...
Venez à moy ! Le cueur me fault...
Je voulsisse un peu reposer
Sur mon lict.

GUILLEMETTE.

Je ne puis gloser[2],
Dont vous procede tel meschef[3] !

PATHELIN.

Aussi, ne scay-je... Un couvrechef,
Ma mye, pour mettre en la teste ?
Voirement, il est enhuy feste
Pour moy !... Dois-je point desjuner ?
Un peu de brouet[4] à humer ?
Je suis basi[5], se Dieu ne m'ayde !

GUILLEMETTE.

Pour vous donner quelque remede,
Feray-je venir l'Apoticaire ?

PATHELIN.

Baillez donc premier à boire,
Et mettez cuire une poire,
Pour sçavoir s'il m'amendera[6] ?

GUILLEMETTE.

Ayez en Dieu bonne memoire :

---

[1] C'est-à-dire : je suis resté en route et tombé en défaillance.
[2] Deviner, soupçonner, dire.
[3] Mal subit, mésaventure.
[4] Bouillon gras, potage.
[5] Mis à bas. Peut-être faut-il lire: *rasi*, pour : *rasé*. Il y a, dans une édition gothique : *transy*.
[6] Si cela me fera du bien, me guérira.

Et ainsy, comme je puis croire,
Vostre douleur allegera.

PATHELIN.

Las ! Guillemette, qui sçaura
Trouver, que ce soit çà ou là,
Que j'aye une fois de bon vin?
Ou mourir il me conviendra!
De faulte point il n'y aura ;
Car je me sens près de la fin.

GUILLEMETTE.

Ha ! maistre Pierre Pathelin,
Le droict [1] joueur de jobelin [2],
Ayez en Dieu confidence :
Point ne vous fault de medecin,
Se près estes de vostre fin :
Pensez de vostre conscience?

PATHELIN.

Las ! Guillemette ! Ma science,
Qui procede de sapience [3],
Est, se je meurs, pour moy perdue.

GUILLEMETTE.

Il est vray, par ma conscience.
Il faut prendre en gré, quant j'y pense :
Ceste reigle est à tous due [4].

PATHELIN.

Un peu la main?... Le front me sue,
De fine frayeur; je tressue,

---

[1] Vrai, véritable.

[2] Sot, niais, nigaud, dont on se *jobe* ou moque. On dit encore dans le même sens : un moqueur de sots.

[3] Du latin *sapientia*. C'est ici la connaissance du droit et de la chicane. On appelait la Normandie : *pays de sapience*.

[4] Comme dit la *Danse macabre* :

    C'est qu'il faut que chascun meure.

Tant je doubte¹ à passer le pas.
Je n'yray plus à la cohue
Où chascun jour on brait et hue²!
Se j'alloye de vie à trespas...
Tout beau, ma chere amye! helas!
Choyez-moy! Certes, je decline!

GUILLEMETTE.

Jesus! mon amy!

PATHELIN.

   Guillemine,
Se je mouroye tout maintenant,
Je mourroye de la mort Rolant³.
A peine je puis papyer⁴...
Je vous pry que j'aye à pyer⁵
Un coup de quelque bon vin vieulx?
Et vous despechez ; car j'en veulx.
Le nouveau si m'est fort contraire.

GUILLEMETTE.

Ha! maistre Pierre, il vous fault taire.
Vous vous rompez tout le cerveau.

PATHELIN.

N'apportez point de vin nouveau ;
Car il faict avoir la *va tost*⁶.
Et si vous pry.....

---

¹ Je crains, j'appréhende.
² C'est-à-dire : le palais, l'audience.
³ C'est-à-dire : de soif; car, dans les anciennes épopées, paladin Roland, assailli à Ronceyaux par les Sarrasins, qui poursuivaient l'armée de Charlemagne, souffre tellement de la soif, qu'il cherche à l'étancher en buvant le sang de ses blessures.
⁴ Ou *pepier*, pialler, crier. C'est un vers du *Grand Testament* de Villon, qui dit à la soixante-neuvième strophe :

> Je sens mon cueur qui s'affoiblist,
> Et plus je ne puys papyer.

⁵ Boire ; du grec πιειν.
⁶ Ce qu'on appelle encore familièrement la *courante*.

GUILLEMETTE.

De quoy?

PATHELIN.

Que tost
Vous allez querre le prebstre.
Et puis après, allez chez maistre
Aliborum [1] l'apoticaire?
Qu'il vienne à moy : car j'ay affaire
De luy très-necessairement.
Et vous hastez ; car autrement
Je mourray, se l'on n'y prent garde.

GUILLEMETTE.

Las! maistre Pierre, fort me tarde
Que jà ne sont icy tous deux [2]!
Souvienne-vous du Roy des cieulx,
Qui pour nous en croix mort souffrit.

PATHELIN.

On vous entent bien : il souffit!
J'en auray bien tousjours memoire.
Mais pourtant laissez-moy à boire,
Avant qu'aller à ce Curé.
Je ne vueil cidre ne peré [3] :
Bien au vin je me passeray.

GUILLEMETTE.

Tousjours du mieulx que je sçauray,
Feray pour vous, jusqu'au mourir.
Je voys nostre Curé querir :
C'est messire Jehan Langelé.

---

[1] Sobriquet qu'on donnait alors aux sots infatués d'eux-mêmes. Il y a une pièce de vers, attribuée à Pierre Gringore, sous ce titre : *Maistre Aliborum qui de tout se mesle et seet faire tous mestiers et de tout rien.* Édit. Goth.

[2] Le Prêtre et l'Apothicaire.

[3] Pour : *cidre ni poiré.*

PATHELIN.

Sang bieu ! On m'a le vin meslé ;
Ou il faut dire qu'il s'esvente.....
Je ne sçay quel vingt ne que trente....
Je n'en puis plus, à brief parler.

GUILLEMETTE.

Je ne sçay où pourray aller,
Pour plustost un voyage faire.
Je m'en voys chez l'Apoticaire ;
Puis j'iray chez messire Jehan.
Bon soir, sire[1] !

L'APOTICAIRE.

    Et vous, bon an,
Vrayement, ma mye, et bonne estreine !
Qui a-il ?

GUILLEMETTE.

   Quoy ? Soucy et peine,
Se vous n'y mettez brief remede.

L'APOTICAIRE.

Touchant quoy ?

GUILLEMETTE.

    Ha ! tant je suis vaine[2] !

L'APOTICAIRE.

Qui a-il ?

GUILLEMETTE.

   Quoy ? Soucy et peine !

L'APOTICAIRE.

Vous plaignez-vous, de teste saine ?
Dictes vostre cas, qu'on vous ayde ?
Qui a-il ?

---

[1] La scène est maintenant chez l'Apothicaire.
[2] Faible, défaillante.

GUILLEMETTE.

Quoy? Soucy et peine,
Se vous n'y mettez brief remede.
Sans plus que sermonne, ne plaide,
Mon mary si tend à la fin.

L'APOTICAIRE.

Quel mary?

GUILLEMETTE.

Le bon Pathelin,
Mon amy. On n'y attend vie.
Je vous pry qu'on y remedie,
Sans espargner or, ne argent.

L'APOTICAIRE.

Pas n'ay paour de vostre payement :
Je feray pour vous le possible.

GUILLEMETTE.

Il est en continue [1] terrible :
Venez bien tost le visiter?

L'APOTICAIRE.

Je m'y en voys, sans arrester ;
Tenez-vous-en toute asseurée.

GUILLEMETTE [2].

J'ay bien faict longue demourée [3] ;
Penser me fault de retourner.
Je ne sçay où pourray finer
De nostre curé, à ceste heure?
Aller me fault où il demeure.
Je le voy : qu'il fait layde chere [4] !

---

[1] Le mot *fièvre* est sous-entendu.
[2] Ici Guillemette sort de la boutique de l'Apothicaire pour aller chez le Curé.
[3] C'est-à-dire : je suis restée longtemps chez l'Apothicaire.
[4] Vilaine grimace.

A sa main tient son breviaire.
Bonjour, monsieur ! Deux motz à vous ?

MESSIRE JEHAN.

Guillemette, tout doulx, tout doulx.
Comme vous estes effroyée !

GUILLEMETTE.

Ha ! je suis la plus desvoyée [1] !...
On n'attend vie à mon mary !

MESSIRE JEHAN.

Est-il si fort malade ?

GUILLEMETTE.

Ouy.
Certes, ce devez-vous sçavoir.

MESSIRE JEHAN.

Je le veuil doncques aller veoir.

GUILLEMETTE.

Maintenant.

MESSIRE JEHAN.

J'y courray grant erre [2].

L'APOTICAIRE arrive chez Pathelin et luy dit :
Que faictes-vous, hau, maistre Pierre ?
Comment se porte la santé ?

PATHELIN,

Je ne sçay, par ma loyauté :
Je me vouloye laisser mourir.

L'APOTICAIRE.

Et je viens pour vous secourir.
Où vous tient vostre maladie ?

---

[1] Éperdue, égarée, désolée.
[2] Grand train.

PATHELIN.

Ha ! devant que je vous le die,
Donnez-moy à boire un horion,
(Oyez-vous, maistre Aliborum ?)
Avant que ma femme reviengne ?

L'APOTICAIRE.

Jesus, en bon propos, vous tienne,
Mon amy ! Vous estes fort bas.

PATHELIN.

Où est Guillemette ?

L'APOTICAIRE.

               Elle n'y est pas :
Elle est allée un peu en ville.

PATHELIN.

Or, selon vostre usaige et stille,
Comme sommes-nous de la lune ?

L'APOTICAIRE.

Au tiers quartier.

PATHELIN.

            J'en ay pour une [1].
Ne viendra meshuy Guillemette ?
En malle estraine Dieu la mette !
Se je le vueil, qu'elle demeure !

GUILLEMETTE.

Je reviens.

L'APOTICAIRE.

A la très-bonne heure !

GUILLEMETTE arrive avec le Curé.

Maistre Pierre, vecy venir

---

[1] C'est-à-dire : je n'irai pas jusqu'à la nouvelle lune.

Messire Jehan, qui, sans plus tenir,
Est tout prest de vous ordonner [1] ?

PATHELIN.

Il nous fault doncques chopiner,
Par accord, de tout le meilleur.

MESSIRE JEHAN.

Comment le fait le bon seigneur [2] ?
Va-il ne avant, ne arriere ?

PATHELIN.

Guillemette, à l'huys derriere,
Quelqu'un m'apporte de l'argent ?

MESSIRE JEHAN.

Dieu benye, Dieu gard, bonne gent !
Comment se porte ce malade ?

PATHELIN.

Allez-moy querre ma salade [3],
Ma mye, pour armer ma teste ?

GUILLEMETTE.

Et, par Dieu, vous estes bien beste !
C'est messire Jehan qui vous vient veoir.

PATHELIN.

De par Dieu, faictes-le seoir,
Et puis on parlera à luy.

MESSIRE JEHAN.

Maistre Pierre, je suis celuy
Qui service vous vouldroit faire.

L'APOTICAIRE.

Maistre Pierre, s'en vostre affaire

---

[1] Mettre en ordre votre conscience.
[2] Comment se porte le pauvre homme?
[3] Casque sans visière que portaient les francs-archers.

Ne pensez, vous vous en allez !
Dictes-moy se point vous voulez
User de quelque medecine?

PATHELIN.

Je ne veulx faisant, paon, ne cigne :
J'ay l'appetit à ung poussin.

L'APOTICAIRE.

User vous fault de succre fin,
Pour faire en aller tout ce flume [1]?

PATHELIN.

Guillemette, que l'en me plume
Les deux oyseaulx que vous sçavez?

GUILLEMETTE.

Je cuyde, moy, que vous resvez !
Penser fault de vous mettre à poinct [2]?

L'APOTICAIRE.

Brief, il ne luy amende point ;
Mais va tousjours de mal en pis.

PATHELIN.

Une escuellée de bons coulis,
Seroit-ce point bonne viande
Pour moy?

L'APOTICAIRE.

Ung pou [3] de laict d'amande
Vous seroit meilleur à humer.

PATHELIN.

Si est-il bon à presumer
Qu'à peine je pourroye le prendre.

---

[1] Pour : *flcume*, flegme, flegmon.
[2] C'est-à-dire : de vous préparer à mourir.
[3] C'est ainsi qu'on prononçait le mot *peu*.

GUILLEMETTE.

Au surplus, il vous fault entendre
A vous confesser vistement,
Et faire un mot de testament :
Ainsi doibt faire tout chrestien.

PATHELIN.

Or çà, vrayement, je le vueil bien.
Faictes nostre curé venir?

MESSIRE JEHAN.

Çà, maistre Pierre, souvenir
Vous convient de vos maulx [1] passez?

PATHELIN.

Je les ay pieça laissez
A ceulx qui n'en avoyent point.

MESSIRE JEHAN.

Las, mon amy, Jesus vous doint
Avoir de luy bonne memoire,
Affin qu'avoir puissiez la gloire
En laquelle tous ont fiance!
Ayez, en après, souvenance
De tous les maulx que fistes oncques.
Dictes après moy?

PATHELIN.

Or sus doncques.
Je vous suivray, en verité.

MESSIRE JEHAN.

Or dictes *Benedicite*?

PATHELIN.

Benedicite, monseigneur!

MESSIRE JEHAN.

Et voicy une grande hydeur!
Sçav'ous [2] respondre *Dominus*?

---

[1] Méfaits, péchés.
[2] Pour : *savez-vous*, par ellipse.

PATHELIN.

Par ma foy, je n'en congnois nulz,
Affin que le vray vous en dyes.

MESSIRE JEHAN.

Confesser vous fault des ouyes,
Des yeux, du nez, et de la bouche.

PATHELIN.

Jamais à telles gens n'attouche;
Car, puisqu'ilz ont bouche, ilz ont dents :
Se je boutois mon doigt dedans,
Ilz me pourroient jusqu'au sang mordre.

MESSIRE JEHAN.

En cest homme-cy n'a point d'ordre;
Il a tout le cerveau troublé.

PATHELIN.

Dea, dictes? Je n'ay rien emblé.
Tout mon argent est en la Seine [1].

MESSIRE JEHAN.

Dieu par sa grace le ramaine
Et le radresse en son bon sens!

PATHELIN.

Messire Jehan, qu'est-ce que je sens?
Pain fleury, ou tourte en pesle [2]?
Qu'on me baille trois coups de pelle
A ce chat que voy cy grimper!
Il fault ung peu le moust [3] happer,
Curé? Car je ne beuz pieça.

---

[1] Cette plaisanterie prouve que la farce fut faite et jouée, sinon à Paris, du moins dans une localité voisine de la Seine, sans doute à Rouen. Voy. ci-après, p. 205 et 208. L'édition de Gueulette met ici *avoyne*, pour *aveine*, du latin *avena*.

[2] On prononçait ainsi le mot *poisle*.

[3] Vin nouveau, du bas latin *mustum*.

MESSIRE JEHAN.

Je ne vy, puis dix ans en çà,
Homme si plain de fantasie !
Or çà, vous confessez-vous mye
De ceulx que vous avez trompez ?

PATHELIN.

Si ne s'y fussent pas boutez,
Je ne les alloye mye querre.

MESSIRE JEHAN.

Il vous convient pardon requerre,
De très-bon cueur, à Dieu le Pere ?

PATHELIN.

Vrayement, si faisois-je à son Pere
Et à ses sainctes et ses saincts....
Ces femmes qui ont si grans sains,
Trop ne m'en puis esmerveiller :
On n'a que faire d'oreiller,
Quant on est couché avec elles.

MESSIRE JEHAN.

Il parle de sains, de mamelles,
L'un parmy l'autre. C'est pitié !
Il a le cerveau tout vuidé :
Je le doubte fort et le crains !...
Confesser vous fault de voz mains,
Et de voz cinq sens de nature ?

PATHELIN.

Mises les ay à la ceincture,
Souvent en faisant le grobis [1],
En disant aux gens : *Et vobis !*
Quant on me disoit : *Bona dies !*

---

[1] L'important, le gros monsieur ; en se donnant un air grave et rogue ; en se faisant, pour ainsi dire, *deux fois gros*.

MESSIRE JEHAN.

Laissons trestout cela en paix :
Et venons à parler des piedz
Qui ès faulx dieux vous ont portez [1] ;
Car nul n'en fault laisser derriere.

PATHELIN.

Et comment? Est-ce la maniere?
Se faut-il de tout confesser?

MESSIRE JEHAN.

Ouy, certainement, et penser
Aux douze articles de la foy.

PATHELIN.

Quant à ceulx-là, je les congnoy :
Je les nommeroye bien par ordre.
Brief, ilz n'ont garde de me mordre....
Ay! que je suis en chaleur grande!

MESSIRE JEHAN.

En après, je vous fais demande :
Avez-vous eu rien de l'autruy,
Qu'il vous souviengne?

PATHELIN.

    Helas! ouy.
Mais de le dire n'est mestier.

MESSIRE JEHAN.

Si est, vrayement.

PATHELIN.

    C'est du Drappier,
Duquel j'eus cinq, dis-je, six aulnes
De drap, que en beaulx escus jaulnes

---

[1] Nous croyons que cette allocution étrange avait pour objet de préparer le malade à la cérémonie de l'Extrême-Onction, dans laquelle le prêtre oint avec le saint-chrême les pieds et les mains du moribond.

Luy promis et devoye payer
Incontinent, sans delayer.
Ainsy fut-il de moy content.
Mais je le trompay faulcement ;
Car oncques il n'en reçeut croix [1],
Ne ne fera jamais.

MESSIRE JEHAN.

Toutesfois,
Ce n'est pas bonne conscience.

PATHELIN.

Il fault qu'il preingne en pacience ;
Car il n'en aura autre chose.

MESSIRE JEHAN.

Et du Bergier....?

PATHELIN.

Parler n'en ose.

MESSIRE JEHAN.

Pourquoy cela ?

PATHELIN.

Pour mon honneur.

MESSIRE JEHAN.

Et hardyment ?

PATHELIN.

Mon deshonneur
Si y perdroit à tousjours-mais.

MESSIRE JEHAN.

Et comme quoy ?

PATHELIN.

Pour ce qu'en Bée [2]
Il me paya subtilement.

---

[1] Pièce de monnaie, portant le signe de la croix au revers.
[2] Pour : baye, parce que le Berger répondait b:e à toutes les demandes de son avocat. Voy. la *Farce de Maitre Pathelin*.

MESSIRE JEHAN.

Par qui fut-ce ?

PATHELIN.

Par qui, vrayement ?
Par moy qui l'avoye introduit.

MESSIRE JEHAN.

Je vous entens bien ; il souffit.
Trompeurs sont voulentiers trompez,
Soit tost ou tard, au loing ou près.
Oultre, ne laissez riens derriere [1] ?

PATHELIN.

Et comment ? Esse la maniere ?
Se faut-il du tout confesser ?

MESSIRE JEHAN.

Ouy, certes, sans rien laisser,
Dont conscience vous remorde.
Des œuvres de misericorde [2],
Avez-vous les nuds revestus ?

PATHELIN.

Faulte de monnoye et d'escus,
M'en a gardé ; et m'en confesse.

MESSIRE JEHAN.

Ainsi vostre confession cesse,
Et vous fault absolution.
Av'ous [3] de tout faict mention ?
Requerrez-vous à Dieu mercy ?

PATHELIN.

Helas ! monseigneur, et aussi
A toute sa benoiste court [4] !

---

[1] C'est-à-dire : outre cela, vous n'oubliez aucun péché.

[2] C'est-à-dire : avez-vous fait l'aumône et des œuvres de charité ?

[3] Pour : *avez-vous*.

[4] C'est-à-dire : à tous les bienheureux, à tous les saints du paradis.

MESSIRE JEHAN.

C'est bien dit. Pour le faire court,
Guillemette, et vous, mon amy,
Vous voyez ce povre homme-cy
En grant langueur et maladie,
Près quasi de finir sa vie.
Il veult faire son testament,
Cy, devant nous, presentement,
Sans fraulder ses hoirs et sa femme :
Et, premier, commande son ame,
Comme bon catholique, à Dieu,
Pour avoir en paradis lieu.
Ainsi soit-il. Dictes *Amen* ?

PATHELIN.

C'est très-bien dit, messire Jehan.
Mais, devant que rien en commence,
J'arrouseray ma conscience.
Guillemette, donnez-moy à boire :
Et puis après, ayez memoire
D'en presenter à mon voysin ?
Et, s'il n'y a assez de vin,
Je vous pry, qu'on en voyse traire [1].
Messire Jehan, vostre escriptoire,
Et du papier ? Si escripvez !

GUILLEMETTE.

Regardez à qui vous lairrez [2] ?
Je demourray povre et seulette !

*Icy commence Pathelin à faire son testament, en la maniere
qui s'ensuyt* [3].

PATHELIN.

Tout premier, à vous, Guillemette,

---

[1] Pour : *tirer* à la pièce.
[2] C'est-à-dire : voyez à qui vous léguerez quelque chose.
[3] Ce testament est dans la forme et dans le goût des deux Testaments de Villon.

Qui sçavez où sont mes escus
Dedans la petite layette :
Vous les aurez, s'ilz y sont plus.

Après, tous vrays gaudisseurs,
Bas percez [1], gallans sans soucy,
Je leur laisse les rostisseurs,
Les bonnes tavernes aussi.

Aux quatre convens aussi,
Cordeliers, Carmes, Augustins,
Jacopins [2], soient hors, ou soient ens [3],
Je leur laisse tous bons lopins [4].

Item : je donne aux Filles-Dieu [5],
A Sainct Amant [6], et aux Beguines [7],

---

[1] Sans argent.
[2] Pour : *Jacobins.*
[3] Pour : *dedans.*
[4] Villon, strophe 138, de son *Grant Testament*, parle aussi de maints *lopins*
> Qui se perdent aux Jacobins.

[5] Le couvent des Filles-Dieu avait été fondé par saint Louis pour recueillir les femmes de mauvaise vie; il était situé à l'entrée de la grande rue Saint-Denis, près du mur d'enceinte de la ville, à l'endroit même que désigne encore la rue des Filles-Dieu. Mais il s'agit ici d'un autre couvent, dans une ville de province, sans doute à Rouen.

[6] La célèbre abbaye de Saint-Amand était à trois lieues de Tournay ; mais il s'agit plutôt ici de la riche abbaye de Saint-Amand de Rouen, occupée par des religieuses bénédictines, à qui la chronique scandaleuse attribuait des rapports peu édifiants avec leurs voisins les moines de Saint-Ouen. Cependant il faut remarquer que Villon, qui avait eu à se plaindre d'un certain Pierre Saint-Amant et surtout de la femme de ce dernier personnage, les a cités tous deux, strophe 12 du *Petit Testament* et strophe 87 du *Grant Testament.*

[7] La communauté des béguines, instituée en Flandre dans le douzième siècle, avait deux principaux couvents à Paris, celui de l'Ave-Maria et celui de Sainte-Avoye, ainsi que des maisons moins importantes dans les principales villes de France. La réputation de ces nonnains était loin d'être irréprochable

Et à toutes nonnains, le jeu
Qui se faict à force d'eschines [1].

Item : je laisse à tous sergens,
Qui ne cessent, jour et sepmaine,
De prendre et de tromper les gens,
Chascun une fievre quartaine.

A tous chopineurs et yvrongnes,
Noter vueil que je leur laisse
Toutes goutes, crampes et rongnes,
Au poing, au costé, à la fesse.

Et, à l'Hostel-Dieu de Rouen [2],
Laisse et donne, de franc vouloir,
Ma robbe grise que j'eus ouen [3],
Et mon meschant chapperon noir.

Après, à vous, mon conseiller,
Messire Jehan, sans truffe [4] ou sornette,
Je vous laisse, pour faire oreiller,
Les deux fesses de Guillemette
Ma femme.... (Cela est honneste?)

Et à vous, maistre Aliborum,
D'oingnement plain une boiste,

---

[1] Villon, dans son *Petit Testament*, strophe 32 :

> Item, aux Quatre Mendiants,
> Aux Filles-Dieu et aux Beguines,
> Savoureux morceaux et frians,
> Chapons, pigeons, grasses gelines,
> Et abattre pain à deux mains,
> Et puis prescher les quinze Signes :
> Carmes chevaulchent nos voysines;
> Mais cela ne m'est que du meins.

[2] Ce vers indiquerait que la scène se passe à Rouen, ou du moins que la farce fut faite pour être représentée dans cette ville, où les pièces de ce genre facétieux avaient un public plus nombreux et plus enthousiaste que partout ailleurs.

[3] L'an passé, naguère.

[4] Tromperie, mensonge.

Voire du pur *diaculum*,
Pour exposer *suprà culum*
De ces fillettes.... Sans plus dire,
Chascun entend ceste raison :
Il n'est jà besoin de l'escripre.
C'est tout, messire Jehan.

MESSIRE JEHAN.

Or, bien, sire.

PATHELIN.

Guillemette ?

GUILLEMETTE.

Quoy, maistre Pierre ?

PATHELIN.

Mon couvrechef ne tient point serre ;
Il est trop lasche par derriere.

GUILLEMETTE.

Il est bien.

PATHELIN.

Hée ! m'amye chere,
Je n'en puis plus, à brief parler !...
Par ma foy, je m'en vueil aller !...
Accomplissez mon testament...

GUILLEMETTE.

Las ! si feray-je vrayement !
Où voulez-vous estre enterré ?

PATHELIN.

N'a-il plus rien au pot carré,
A boire, avant que trespasser ?

GUILLEMETTE.

Deussiez-vous en ce point farcer,
Qui estes si près de la mort ?

PATHELIN.

De la mort !

GUILLEMETTE.

Voire.

PATHELIN.

J'ay doncques tort.

MESSIRE JEHAN.

Au nom de sainct Pierre l'apostre,
Dictes où vous voulez que vostre
Corps soit bouté en sepulture?

PATHELIN.

En une cave, à l'adventure,
Dessoubz ung muid de vin de Beaulne[1].
Puis, faictes faire en lettre jaulne,
Dessus moy, en beau pathelin[2] :
Cy repose et gist PATHELIN,
En son temps advocat sous l'orme,
Conseiller de monsieur de Corne[3],
Et de damoiselle sa femme.
Priez Dieu que il ait son ame!
Vous sçaurez bien tout cela faire?

MESSIRE JEHAN.

Disposer fault du luminaire :
En voulez-vous bien largement?

---

[1] Cette épitaphe rappelle la vieille chanson populaire, si connue :

    Si je meurs, que l'on m'enterre
    Dans la cave où est le vin,
    Les deux pieds à la muraille
    Et le nez sous le robin.

[2] C'est-à-dire : en style pathelinois, en langage de Pathelin.
[3] Ce vers, qui fait allusion à l'*abbé des Cornards* de Rouen, semble indiquer que cette farce avait été composée pour la joyeuse confrérie des Cornards, qui donnait des représentations dramatiques, dans cette ville, à l'époque du carnaval.

PATHELIN.

Pour quatre liars seulement,
Prins sur le meilleur de mes biens.
Aussi, n'oubliez, pour riens,
A faire mes armes pourtraire.
Oyez que vous y ferez faire,
Pour ce qu'ayme la fleur du vin,
Trois belles grappes de raisin,
En un champ d'or, semé d'azur.
Je vous pry que j'en soye seur?
Autre chose ne requiers plus.

GUILLEMETTE.

Ne pensez point à telz abus,
Mon amy : pensez à vostre ame !

PATHELIN.

Helas ! Guillemette, ma femme !
Il est, à ce coup, faict de moy !
Jamais mot ne diray; parquoy,
La mort va faire son effort.

Maistre Pierre Pathelin meurt, à ceste heure.

GUILLEMETTE.

Ha ! Nostre Dame de Montfort[1] !
Le bon maistre Pierre est basi[2].

MESSIRE JEHAN.

Le remede est prier pour luy,

---

[1] Cette invocation à la Notre-Dame de Montfort-sur-Ile, très-vénérée des marins normands, prouverait que la scène se passe à Rouen ou du moins en Normandie.

[2] C'est un mot d'argot, qui signifie *défunt*. Le peuple dit encore dans le même sens : *voilà un homme rasé !*

Et *requiescat in pace.*
Oublier fault le temps passé.
Riens n'y vault le desconfort [1].
Despechez-vous de le porter,
De ce lieu, vistement en terre ?
Aliborum, qu'on le me serre
Derriere et devant ferme au corps ?

L'APOTICAIRE.

Que Dieu luy soit misericors [2],
Et à tous ceulx qui sont en vie !

GUILLEMETTE.

Amen, et la Vierge Marie !

MESSIRE JEHAN.

Or, pensons de le mettre en bie [3].
Jesus luy soit misericors !

GUILLEMETTE.

Helas ! quant de luy me recors [4],
Je suis amerement marrie !

MESSIRE JEHAN.

Que Dieu luy soit misericors !

GUILLEMETTE.

Amen, et la Vierge Marie !

---

[1] Découragement, désespoir.
[2] Pour : *miséricordieux*.
[3] Il y a *biere* dans l'édition gothique, mais la rime nous diquait un changement à faire. *Bie* se disait pour *rie*, dans le sens de *voie*, du latin *via*. Nous nous rappelons aussi avoir vu ce mot employé avec la signification de *brouette*, *charette*, du latin *biga*.
[4] Pour : *recorde*, rappelle, ressouviens.

MESSIRE JEHAN.

Jesus luy soit misericors,
Et à tous ceulx qui sont en vie !
Adieu toute la Compaignie [1].

CY FINE LE TESTAMENT DE PATHELIN.

---

[1] Il s'adresse aux spectateurs. C'est le *Plaudite et valete* des comédies latines.

MORALITÉ
DE L'AVEUGLE
ET DU BOITEUX

PAR ANDRÉ DE LA VIGNE

PRÉFACE DE L'ÉDITEUR

Cette Moralité, qui a tous les caractères d'une farce, et qui diffère de la plupart des moralités, proprement dites, en ce qu'elle ne met pas en scène des personnages allégoriques, se trouve à la suite du *Mystère de saint Martin*, dans un manuscrit de la Bibliothèque impériale, provenant du duc de la Vallière et décrit dans le Catalogue de la bibliothèque de ce célèbre amateur, t. II, p. 418, n° 3362. Ce manuscrit est certainement l'original de l'auteur, qui l'avait fait pour la représentation du Mystère, joué publiquement à Seurre, en Bourgogne, le lundi 10 octobre 1496. Il contient, outre le *Mystère de saint Martin* et la Moralité que nous réimprimons ici, la *Farce du Munyer*, et « les noms de ceux qui ont joué la Vie de monseigneur saint Martin. » Le Mystère est encore inédit, mais la Moralité et la Farce, qui le suivent, ont été publiées, en 1831, par les soins de M. Francisque Michel, dans la collection des *Poésies gothiques françoises* (Paris, Silvestre, in-8). M. Francisque Michel a publié aussi séparément le curieux procès-verbal de la représentation, qui termine le volume et qui offre la signature de l'auteur lui-même, André de la Vigne.

André de la Vigne était un des poètes les plus renommés de son temps. Il s'est fait connaître surtout par un grand ouvrage d'histoire, en vers et en prose, qu'il a composé en collaboration avec Octavien de Saint-Gelais, évêque d'Angoulême : *Le Vergier d'honneur de l'entreprise et voyage de Naples*, imprimé pour la première fois à Paris, sans date, vers 1499, et souvent réimprimé depuis. Ce fut sans doute à cet ouvrage et à l'amitié de son collaborateur épiscopal, que le pauvre André ou Andry de la Vigne dut l'honneur d'être nommé *orateur* du roi de France Charles VIII et secrétaire de la reine Anne de Bretagne. Il avait été auparavant secrétaire du duc de Savoie.

Mais ces charges de cour ne l'avaient pas mis au-dessus du besoin : il était toujours dénué d'argent, quoique couché sur l'état de la maison du roi et de la reine. Dans les poésies qui accompagnent son *Vergier d'honneur*, il ne craint pas d'avouer sa profonde misère. Ainsi, lorsqu'il prenait seulement le titre de secrétaire du duc de Savoie, il disait à ce prince :

> Comme celluy que ardant desir poinct,
> Humble de cueur, desirant en court vivre,
> Affin, chier sire, de venir à bon poinct,
> Raison m'a fait composer quelque livre,
> Lequel couste d'argent plus d'une livre,
> Et pour ce donc qu'à mon fait je pourvoye,
> Secourez-moy, ou l'hospital m'abaye !

> Cent jours n'y a que j'estoye bien en poinct,
> Hardy et coint, pour ma plaisance ensuivre :
> A ce coup-cy, n'ay robbe ne pourpoinct,
> Resne, ne bride, cataverne, ne livre :
> Là, Dieu mercy, si ne suis-je pas yvre,
> En faisant livre duquel argent je paye :
> Secourez-moy, ou l'hospital m'abaye !

Le duc de Savoie le secourut sans doute, et André de la Vigne n'alla point à l'hôpital, mais il n'en devint pas plus riche, lorsqu'il s'intitulait Orateur du roi et Secrétaire de la reine. Voici un rondeau qu'il adresse à Charles VIII.

> Mon très-chier sire, pour m'advancer en court,
> De plusieurs vers je vous ay fait present ;
> Si vous supplie de bon cueur en present
> Qu'ayez regard à mon argent très-court.
> Les grans logis, où Rongerie trescourt,
> M'ont fait d'habits et de chevaux exempt,
>   Mon très-chier sire !

Mon esperance, pour ce, vers vous accourt,
Que vous soyez de mes maux appaisant,
Car escu n'ay, qui ne soit peu pesant,
Et, qui pis vault, je plaidoye en la Court,
　　Mon très-chier sire.

Ce poëte royal recevait pourtant des *gages* modiques, qui lui étaient fort inexactement payés, comme tous ceux des officiers et domestiques de l'hôtel du roi ; il était donc forcé d'avoir recours, pour vivre, à tous les expédients poétiques qui pouvaient suppléer à l'insuffisance de sa pension. Il célébrait par des pièces de vers tous les événements mémorables, et il adressait au roi ou à la reine, aux princes ou aux grands seigneurs, ces poésies de circonstance, pour obtenir quelques présents ; il rimait des ballades en l'honneur de la sainte Vierge, et il les envoyait au Palinod de Caen, au Puy de Rouen, et aux différents *puys d'amours* établis dans les principales villes de France, pour remporter des prix de *gaie science* ; il composait des mystères, des moralités et des farces, qu'il faisait représenter et dont il était lui-même un des acteurs.

Nous croyons donc qu'il avait figuré dans la confrérie des Enfants-sans-souci, du moins à l'époque où il dirigea la représentation solennelle du *Mystère de saint Martin* dans la ville de Seurre. Aucun de ses ouvrages dramatiques ne fut imprimé de son vivant, du moins avec son nom. Celui-ci, qui nous fournit une Moralité et une Farce, appartient incontestablement au répertoire des Enfants-sans-souci ou de la Mère-Sotte, car les représentations scéniques de ces deux troupes de comédiens se distinguaient du théâtre pieux de la confrérie de la Passion, en ce qu'elles se composaient, à la fois, d'un Mystère, d'une Moralité et d'une Farce.

La *Moralité de l'Aveugle et du Boiteux*, comme nous l'avons dit plus haut, s'écarte entièrement du genre ordinaire des moralités, qui étaient consacrées à des allégories morales, souvent très-obscures, toujours très-froides et quelquefois très-ennuyeuses. On y voit, de même que dans un ancien fabliau dont il existe de nombreuses imitations, un aveugle et un boiteux s'aider mutuellement et secourir de la sorte leurs infirmités ; le boiteux met ses yeux au service de l'aveugle, lequel prête ses jambes au boiteux. Mais tout à coup ces deux mendiants sont guéris malgré eux miraculeusement par la grâce de saint Martin, et ils se désolent ensemble, l'un d'avoir recouvré la vue, l'autre de retrouver l'usage de ses jambes; car ils perdent, avec leurs infirmités, le droit de demander l'aumône et de vivre aux dépens des âmes charitables.

Il y a, dans cette petite pièce, des idées comiques, des mots plaisants, des vers naturels, en un mot, une franche allure de gaieté gauloise; mais le style d'André de la Vigne n'est ni correct ni élégant; on y rencontre aussi trop d'insouciance de la prosodie, qui, pour n'être pas encore fixée, était déjà devinée et comprise par les oreilles délicates. On peut supposer qu'André de la Vigne avait écrit d'autres pièces de théâtre qui ne sont pas venues jusqu'à nous.

Au reste, la représentation solennelle donnée à Seurre, en 1496, par la confrérie des Enfants-sans-souci ou par celle de la Mère-Sotte, prouve que ces deux confréries théâtrales avaient des maîtres de jeux, lesquels parcouraient la France en s'arrêtant de ville en ville pour faire jouer leurs pièces avec le concours des habitants, qui non-seulement leur fournissaient des acteurs et des spectateurs, mais encore qui se chargeaient de tous les frais de mise en scène, de décors et de costumes. Ainsi André de la Vigne avait lui-même *monté* cette représentation, en qualité d'auteur et de *maître du jeu*.

MORALITÉ

DE L'AVEUGLE

ET DU BOITEUX

L'AVEUGLE.

L'aumosne au povre diseteux [1],
Qui jamais nul jour ne vit goucte!

LE BOITEUX.

Faictes quelque bien au boiteux,
Qui bouger ne peut pour la goucte!

L'AVEUGLE.

Helas! je mourray cy sans doubte,
Pour la faulte d'un serviteur.

LE BOITEUX.

Cheminer ne puis; somme toute,
Mon Dieu, soyez-moy protecteur!

L'AVEUGLE.

Helas! le mauvais detracteur [2],
Qu'en ce lieu m'a laissé ainsi!

[1] C'est-à-dire : faites l'aumône au pauvre manquant de tout.
[2] C'est-à-dire : celui qui m'a dévoyé, qui m'a *distrait* de ma route.

En luy n'avoye bon conducteur :
Robé [1] m'a; puis, m'a planté cy.

LE BOITEUX.

Helas! je suis en grant soucy
Meshuy [2] de gaigner ma vie!
Partir ne me pourroye d'icy,
En eusse-je bien grant envie!

L'AVEUGLE.

Ma povreté est assouvie [3],
S'en brief temps ne treuve ung servant.

LE BOITEUX.

Maleurté [4] m'a si fort suyvie,
Qu'à elle je suis asservant [5].

L'AVEUGLE.

Pour bon service desservant,
Trouveray-je point ung vallet?
Ung bon en eus, en mon vivant,
Qui jadis s'appelloit Giblet.
Seur estoit, combien qu'il fust let.
J'ay beaucoup perdu en sa mort.
Plaisant estoit et nouvellet [6].
Mauldite celle qui l'a mort [7]!

LE BOITEUX.

N'auray-je de nully confort?
Ayez pitié de moy, pour Dieu!

---

[1] Dérobé, volé.
[2] Maintenant, désormais.
[3] Perdue, réduite à l'extrémité.
[4] Mauvaise chance, malheur.
[5] Asservi, esclave.
[6] Naïf, innocent, neuf, *nouveau*.
[7] C'est-à-dire : maudite soit la mort qui l'a mordu! Jeu de mots.

DE L'AVEUGLE ET DU BOITEUX.

L'AVEUGLE.

Qui es-tu, qui te plains si fort?
Mon amy, tire-t'en ce lieu?

LE BOITEUX.

Helas! je suis cy au milieu
Du chemin, où je n'ay puissance
D'aller avant. Ha! sainct Mathieu!
Que j'ay de mal!

L'AVEUGLE.

Viens et t'advance
Par devers moy, pour ta plaisance?
Ung petit nous esjoyrons.

LE BOITEUX.

De parler tu as bien l'aysance!
Jamais de bien ne joyrons!

L'AVEUGLE.

Viens à moy; grant chiere ferons,
S'il plaist à Dieu de paradis!
A nully nous ne mefferons [1],
Combien que soyons estourdis.

LE BOITEUX.

Mon amy, tu pers bien tes ditz.
D'icy bouger je ne sçauroye.
Que de Dieu soyent ceulx mauldits,
Par qui je suis en telle voye!

L'AVEUGLE.

S'à toy aller droit je pouvoye,
Content seroye de te porter
(Au moins, se la puissance avoye),

---

[1] C'est-à-dire : nous ne ferons tort à personne

Pour ung peu ton mal supporter;
Et, toy, pour me reconforter,
Me conduyroye de lieux en lieux?

LE BOITEUX.

De ce ne nous fault deporter[1] :
Possible n'est de dire mieulx.

L'AVEUGLE.

A toy droit m'en voys, se je peux.
Voys-je bon chemin?

LE BOITEUX.

Ouy, sans faille[2].

L'AVEUGLE.

Pour ce que tomber je ne veulx,
A quatre piedz vault mieulx que j'aille.
Voys-je bien?

LE BOITEUX.

Droit comme une caille.
Tu seras tantost devers moy.

L'AVEUGLE.

Quant seray près, la main me baille?

LE BOITEUX.

Aussi feray-je, par ma foy.
Tu ne vas pas bien, tourne-toy?

L'AVEUGLE.

Par deçà?

LE BOITEUX.

Mais à la main destre.

---

[1] C'est-à-dire : Il ne faut pas nous écarter de ce plan de conduite.
[2] Sans faute.

L'AVEUGLE.

Ainsi?

LE BOITEUX.

Ouy.

L'AVEUGLE.

Je suis hors de moy.
Puisque je te tiens, mon beau maistre,
Or çà, veuille-toy sur moy meettre :
Je croy que bien te porteray.

LE BOITEUX.

A cela me fault entremectre,
Puis après je te conduyray.

L'AVEUGLE.

Es-tu bien?

LE BOITEUX.

Ouy, tout pour vray.
Garde bien de me laisser choir?

L'AVEUGLE.

Quant en ce point je le feray,
Je pry Dieu qu'il me puist meschoir [1].
Mais conduys-moy bien?

LE BOITEUX.

Tout pour voir [2].
A cela j'ay le serement [3] :
Tiens cecy; je feray debvoir
De te conduyre seurement.

L'AVEUGLE.

Ha dea, tu poises grandement!
D'ond vient cecy?

---

[1] Je prie Dieu qu'il me puisse arriver malheur.
[2] Oui vraiment.
[3] Pour : *serment*. On pourrait croire qu'il faut lire ici : *ferrement*; ce qui signifierait : pour m'aider à te conduire, j'ai mon bâton ferré.

MORALITÉ

LE BOITEUX.

Chemine bien,
Et fais nostre cas sagement.
Entens-tu ? Hay !

L'AVEUGLE.

Ouy, combien
Que trop tu poises.

LE BOITEUX.

Et rien, rien ;
Je suis plus legier qu'une plume,
Ventrebieu !

L'AVEUGLE.

Tien-te bien, tien,
Se tu veulx que je te remplume ?
Par le sainct Sang bieu ! onc enclume
De mareschal si très-pesante
Ne fut !... De grant chaleur je fume !...
D'ond vient cecy ?

LE BOITEUX.

Ha ! je me vante
Que charge jamais plus plaisante
Ne fut au monde, que tu as
Maintenant.

L'AVEUGLE.

Mais plus desplaisante ?
Trois moys y a, que ne chyas ?

LE BOITEUX.

M'aist Dieu, quant de ce raillas !
Six jours a, par sainct Nycolas !
Que bien ne fus à mon retrect [1].

[1] Privé, garde-robe.

L'AVEUGLE.

Et m'av'ous [1] joué de retrect [2] ?
Par mon serment! vous descendrez,
Et yrez faire aucun pourtraict
D'ung estron, où que vous vouldrez.

LE BOITEUX.

Content suis [3], pourveu qu'atendrez
Que venu soye.

L'AVEUGLE.

Ouy, ouy, vrayement.

Sur ce poinct, le Boiteux descent, et l'Official va veoir se les moynes dorment : et quant les chanoynes emportent le corps, ilz recommencent à parler [4].

Que dit-on de nouveau?

LE BOITEUX.

Comment!
L'on dit des choses sumptueuses.
Ung sainct est mort nouvellement,
Qui faict des euvres merveilleuses.
Malladies les plus perilleuses
Que l'on sçauroit penser ne dire,
Il guerist, s'elles sont joyeuses [5] :
Icy suis pour le contredire.

---

[1] Pour : m'avez-vous?

[2] Il y a ici un jeu de mots assez obscur ; *retrait* est une expression du droit coutumier de Normandie, exprimant l'action et la faculté de retirer un héritage aliéné. L'Aveugle veut dire au Boiteux, qu'il a gardé indûment les acquets de son ventre.

[3] J'y consens de bon cœur.

[4] Ce jeu de scène, qui paraît étranger à la moralité, sert à la rattacher au Mystère de saint Martin, qu'elle suit immédiatement : on voit que le corps du saint était resté sur le théâtre, lorsque l'Aveugle et le Boiteux y arrivaient.

[5] C'est-à-dire : si les malades supportent leurs maux avec résignation.

L'AVEUGLE.

Comment cela?

LE BOITEUX.

Je n'en puis rire.
L'on dit que, s'il passoit par cy,
Que guery seroye tout de tire [1],
Semblablement et vous aussi.
Venez çà : s'il estoit ainsi
Que n'eussions ne mal ne douleur,
De vivre aurions plus grant soucy,
Que nous n'avons !

L'AVEUGLE.

Pour le meilleur,
Et pour nous oster de malheur,
Je diroye que nous allissions [2]
Là où il est [3] ?

LE BOITEUX.

Se j'estoye seur
Que de tout ne garississons,
Bien le vouldroye. Mais que feussions
De tout gueris, rien n'en feray :
Trop mieulx vauldroit que fuyssions
Bientost d'icy !

L'AVEUGLE.

Çà, dys-tu vray?

LE BOITEUX.

Quant seray gary, je mourray
De faim, car ung chascun dira :

---

[1] Tout d'une traite, d'un seul coup.
[2] Pour : *allassions*.
[3] C'est-à-dire : là où se trouve le corps du saint qui fait des miracles.

« Allez, ouvrez [1] ! » Jamais n'yray
En lieu où celuy Sainct sera.
S'en poinct suis [2], l'on m'appellera
Truant [3], en disant : « Quel paillart,
Pour mectre en gallée cela [4],
Assez propre, miste [5] et gaillart ! »

L'AVEUGLE.

Oncques ne vys tel babillart !
Je confesse que tu as droit :
Tu scais bien de ton babil l'art.

LE BOITEUX.

Je ne vouldroye point aller droict,
Ny aussi estre plus adroit
Que je suis, je le vous promectz.

L'AVEUGLE.

Qu'aller là vouldroit se tordroit [6],
Et pourtant n'y allons jamais.

LE BOITEUX.

Se guery tu estoyes, je mectz
Qu'en brief courroucé en seroyes :
L'on ne te donroit [7], pour tous mectz,
Que du pain ; jamais tu n'auroyes
Rien de friant.

L'AVEUGLE.

Mieulx j'aimeroye

---

[1] Travaillez. Le verbe ourrer dérive du latin operare.

[2] C'est-à-dire : si je suis en bon état, ingambe.

[3] Gueux, rôdeur de grand chemin ; en bas latin, truandus.

[4] C'est-à-dire : pour être envoyé, comme vagabond, ramer sur les galères du roi.

[5] Bien appris, initié, habile ; du latin mysta.

[6] C'est-à-dire : qui voudrait aller là (visiter le corps saint), se ferait tort.

[7] Pour : donnerait.

Que grant maleurté [1] me fust eschue,
Qu'au corps l'on m'ostast deux courroyes [2],
Que se l'on m'eust rendu la veue!

LE BOITEUX.

Ta bourse seroit despourveue
Tantost d'argent?

L'AVEUGLE.

Bien, je t'en crois.

LE BOITEUX.

Jamais jour ne seroit pourveue,
Ne n'y auroit pille ne croix [3] ?

L'AVEUGLE.

Mais dis-tu vray?

LE BOITEUX.

Ouy, par la Croix!
Ainsi seroit, que je devise [4].

L'AVEUGLE.

Jamais de rien ne te mescrois,
Quant pour mon grant bien tu m'advise.

LE BOITEUX.

L'on m'a dit qu'il [5] est en l'eglise?
Aller ne nous fault celle part.

L'AVEUGLE.

Se là nous trouvons sans feintise,
Le deable en nous auroit bien part!

Pause.

---

[1] Malheur, mauvaise chance.
[2] C'est-à-dire : que l'on prît sur ma peau de quoi faire deux courroies.
[3] Ni denier ni maille.
[4] C'est-à-dire : Il en serait ainsi que je le dis.
[5] Le corps de saint Martin.

LE BOITEUX.

Tirons par delà à l'escart?

L'AVEUGLE.

Par où?

LE BOITEUX.

Par cy.

L'AVEUGLE.

Legierement [1] !

LE BOITEUX.

Ma foy, je seroye bien coquart [2],
S'à luy j'aloye presentement.

L'AVEUGLE.

Allons !

LE BOITEUX.

A quell' part?

L'AVEUGLE.

Droictement,
Où ce gallant joyeux s'hiverne [3].

LE BOITEUX.

Que vela [4] parlé saigement !
Où yrons-nous ?

L'AVEUGLE.

En la taverne.
J'y voys bien souvent sans lanterne.

---

[1] Lestement, promptement.
[2] Sot, niais.
[3] Il y a *si verne* dans le manuscrit ; nous n'avons pas hésité à faire un changement arbitraire qui donne au moins un sens à la phrase.
[4] Pour : *voilà*.

LE BOITEUX.

Je te dis qu'aussy fays-je moy,
Plus voluntiers qu'en la citerne,
Qui est plaine d'eau, par ma foy!
Allons à coup [1] ?

L'AVEUGLE.

Escoute?

LE BOITEUX.

Quoy?

L'AVEUGLE.

Cela qui mayne si grant bruyt...

LE BOITEUX.

Se c'estoit ce Sainct?

L'AVEUGLE.

Quel esmoy!
Jamais nous ne serions en bruyt [2] !
Que puist-ce estre?

LE BOITEUX.

Chascun le suyt.

L'AVEUGLE.

Regarde veoir que ce puist estre?

LE BOITEUX.

Maleurté de près nous poursuyt :
C'est ce Sainct, par ma foy, mon maistre!

L'AVEUGLE.

Fuyons-nous-en tost en quelque estre [3].
Hellas! j'ay grant paour d'estre pris.

---

[1] Sur-le-champ.
[2] Bonne renommée, estime, louange.
[3] Lieu, endroit.

LE BOITEUX.

Cachons-nous soubz quelque fenestre
Ou au coing de quelque pourpris [1].
Garde de choir?

L'AVEUGLE.

J'ay bien mespris
D'estre tumbé si mal appoint!

LE BOITEUX.

Pour Dieu! qu'il ne nous voye point!
Car ce seroit trop mal venu.

L'AVEUGLE.

De grant paour tout le cueur me poinct...
Il nous est bien mal advenu!

LE BOITEUX.

Garde bien d'estre retenu,
Et nous traynons soubz quelque vis [2]?

L'AVEUGLE, qui le regarde.

A ce Sainct suis bien entenu [3]!
Las! je voy ce qu'oncques ne vys!
Bien sot estoye, je vous plevis [4],
De m'estre de luy escarté :
Car rien n'y a, à mon advis,
Au monde, qui vaille clarté!

LE BOITEUX.

Le deable le puisse emporter!
Et qui luy scet ne gré ne grace?

---

[1] Clôture, enceinte, jardin.
[2] Escalier tournant. Il y avait alors beaucoup de degrés extérieurs devant les maisons, dont l'entrée était ainsi à trois ou quatre pieds au-dessus du sol de la rue. C'était là, sous ces perrons à vis, que les gueux se retiraient pour dormir.
[3] Pour : *tenu*, obligé.
[4] Je vous assure, je vous certifie; du bas latin : *plevire, plegiare*.

Je me fusse bien deporté [1]
D'estre venu en ceste place !
Las ! je ne sçay plus que je face :
Mourir me conviendra de faim.
De dueil, j'en machure [2] ma face...
Mauldit soit le filz de putain !

L'AVEUGLE.

J'estoye bien fol, je suis certain,
D'ainsi fuyr la bonne voye,
Tenant le chemin incertain,
Lequel par foleur [3] pris j'avoye.
Hellas ! le grant bien ne sçavoye,
Que c'estoit de veoir clerement !
Bourgoigne voy, France, Savoye,
Dont Dieu remercye humblement !

LE BOITEUX.

Or me va-il bien meschamment,
Meschant qui n'a d'ouvrer appris !
Pris est ce jour maulvaisement :
Maulvais suis d'estre ainsi surpris ;
Seur, pris seray, aussi repris,
Reprenant ma malle fortune :
Fortune [4], suis des folz compris,
Comprenant ma grant infortune [5].

L'AVEUGLE.

La renommée est si commune
De tes faitz, noble sainct Martin,

---

[1] Dispensé.
[2] Meurtris, égratigne.
[3] Pour : *folie*.
[4] D'aventure, par hasard.
[5] Ce couplet est en *équivoques*, dans le goût de Guillaume Cretin. La rime ou du moins l'assonance se reproduit à peu près au commencement de chaque vers. Ces tours de force rhythmiques étaient très-appréciés à cette époque.

Que plusieurs gens viennent, comme une
Merveille, vers toy, ce matin.
En françoys, non pas en latin,
Te rens grace de ce bienfait :
Se j'ay esté vers toy mutin,
Pardon requiers de ce meffait !

LE BOITEUX.

Puisque de tout je suis refait [1],
Maulgré mes dens et mon visaige,
Tant feray, que seray deffaict,
Encore ung coup, de mon corsaige [2],
Car je vous dis bien que encor sçay-je
La grant pratique et aussi l'art,
Par ongnement et par herbaige,
Combien que soye miste [3] et gaillart,
Que huy on dira que ma jambe art
Du cruel mal de sainct Anthoyne [4].
Reluysant seray plus que lart :
A ce faire je suis ydoyne [5].
Homme n'aura, qui ne me donne
Par pitié et compassion.
Je feray bien de la personne
Plaine de desolacion :
« En l'honneur de la Passion,
Diray-je, voyez ce pauvre homme,

---

[1] C'est-à-dire : puisque je suis devenu ingambe.

[2] C'est-à-dire : je me débarrasserai encore une fois de mon embonpoint, de mon air de santé.

[3] Propre à tout, dispos.

[4] Ce mal, si célèbre au moyen âge, était une espèce d'ulcère malin qui s'attachait à toutes les parties du corps et surtout au fondement.

[5] Les mendiants savaient le secret de se faire des plaies postiches : pour donner à croire qu'ils avaient la lèpre, ils se frottaient avec du lard les parties du corps qu'ils laissaient à découvert.

Lequel, par grant extorcion [1],
Est tourmenté, vous voyez comme! »
Puis, diray que je viens de Romme [2],
Que j'ay tenu prison en Acre [3],
Ou que d'icy m'en voys, en somme,
En voyage [4] à sainct Fiacre [5].

CY FINE LA MORALITÉ DE L'AVEUGLE ET DU BOITEUX.

[1] Torture, excès de souffrance.
[2] Les pèlerins qui revenaient de Rome avec des indulgences, des reliques et des médailles bénies, ramassaient de grosses aumônes.
[3] Pèlerinage.
[4] Beaucoup de mendiants, simulant des infirmités de tous genres, se faisaient passer pour des chrétiens qui avaient été esclaves chez les Infidèles en Palestine.
[5] Ce saint avait dans ses attributions les maladies de l'anus, notamment le fic et la fistule.

LA
FARCE DU MUNYER
DE QUI LE DIABLE EMPORTE L'AME EN ENFER

PAR

ANDRÉ DE LA VIGNE.

PRÉFACE DE L'ÉDITEUR

La *Farce du Munyer*, comme nous l'avons dit dans la préface de la moralité précédente, fut représentée publiquement à Seurre, petite ville de Bourgogne, en 1496, à la suite du *Mystère de saint Martin*, composé par André de la Vigne, qui est aussi l'auteur de la moralité et de la farce. Cette farce n'a été imprimée qu'une seule fois, en 1831, par les soins de M. Francisque Michel, qui a négligé de joindre aucune note au texte qu'il publiait un peu trop servilement, d'après le manuscrit de la Bibliothèque impériale.

Le sujet de cette Farce très-divertissante se retrouverait probablement dans les fabliaux des trouvères. C'est un petit diable, nommé Berith, que Lucifer envoie sur la terre pour faire son apprentissage et qui a promis de rapporter à son maître une âme damnée. Or ce diable novice ne sait où prendre l'âme au sortir du corps d'un pécheur. Lucifer, qui partage l'opinion de certains philosophes goguenards ou naïfs du moyen âge, apprend à Berith que tout homme qui meurt rend son âme par le fondement. Muni de cette savante instruction, le chasseur d'âmes va se mettre en embuscade dans le lit d'un meunier, qui est à l'agonie et qui se confesse à son curé : il attend le dernier soupir du mourant, et reçoit précieusement dans son sac ce qui s'échappe du derrière de ce larron. Lucifer, en ouvrant le sac, n'y trouve pas ce qu'il y cherchait : il en conclut que les meuniers ont l'âme infecte, et il ordonne à ses diables de ne lui apporter jamais âmes de meuniers.

André de la Vigne a encadré ce sujet bouffon et fantastique, où l'âme immortelle est traitée avec assez d'irrévérence, dans une scène de mœurs populaires où sont représentées les amours du curé avec la meunière et les querelles du mari avec sa femme. Cette Farce est un petit chef-d'œuvre de malice et de joyeuseté. On y remarque des traits d'un excellent comique.

La *Farce du Munyer*, qui est encore pour nous si plaisante, devait produire sur les spectateurs un merveilleux effet de rire inextinguible, à une époque où les meuniers, à cause de leurs fourberies et de leurs vols dans la manutention des farines, avaient fourni au conte et à la comédie un type traditionnel d'épigrammes et de plaisanteries[1]. Le public accueillait avec des éclats de grosse gaieté ce personnage matois et narquois, dont il disait proverbialement : « On est toujours sûr de trouver un voleur dans la peau d'un meunier. » Cette disposition railleuse et aggressive des gens du peuple à l'égard des meuniers devint pour ceux-ci une sorte de persécution permanente, que le Parlement de Paris dut faire cesser, en défendant, sous peine de prison et d'amende, d'injurier les meuniers dans les rues ou de les poursuivre par des quolibets.

Nous ne doutons pas que le meunier de la Farce du quinzième siècle ne se soit transformé, au dix-septième siècle, en Pierrot enfariné, sur les tréteaux du pont Neuf et de la place Dauphine.

---

[1] Voy. *le Tracas de Paris*, par François Colletet; dans le recueil intitulé : *Paris burlesque et ridicule*, édition de la Bibliothèque gauloise.

LA
FARCE DU MUNYER

DE QUI LE DIABLE EMPORTE L'AME EN ENFER

LE MUNYER, *couché en ung lict comme malade.*
Or, suis-je en piteux desconfort
Par maladie griefve et dure ;
Car espoir je n'ay de confort
Au grant mal que mon cueur endure.

LA FEMME.
Fault-il, pour ung peu de froidure,
Tant de fatras mectre dessus !

LE MUNYER.
J'ay moult grant paour, si le froit dure,
Qu'aulcuns en seront trop deçeus.
Ha ! les rains !

LA FEMME.
   Sus, de par Dieu, sus !
Que plus grant mal ne vous coppie [1] !

LE MUNYER.
Femme, pour me mectre au-dessus [2],
Baillez-moy...

---

[1] Ne vous comble ; *coppier*, du bas latin *coppare*. On pourrait aussi le faire venir de *coppire*, couvrir.

[2] C'est-à-dire : pour me faire surmonter la douleur.

LA FARCE

LA FEMME.
Quoy?

LE MUNYER.
　　　　　　La gourde pie [1],
Car mort de si très-près m'espie,
Que je vaulx moins que trespassé.

LA FEMME.
Mais qu'ayez tousjours la roupie
Au nez?

LE MUNYER.
　　　C'est bien compassé [2]!
Avant que j'aye au moins passé
Le pas, pour Dieu! donnez m'à boire?
Ha! Dieu! le ventre!

LA FEMME.
　　　　　Et voire, voire.
J'ay ung très-gracieux douaire
De vostre corps, quant bien je y pense!

LE MUNYER.
Le cueur me fault [3]!

LA FEMME.
　　　　Bien le doy croire.

LE MUNYER.
Mort suis pour toute recompense,
Se je ne refforme ma pance [4]
De vendange delicieuse!
Ne me plaignez point la despence,
Femme, soyez-moy gracieuse?

---

[1] La sainte bouteille.
[2] C'est-à-dire : Voilà trop d'ordre, trop de sagesse!
[3] Le cœur me manque.
[4] C'est-à-dire : Si je ne me refais pas l'estomac, si je ne me remets pas le ventre.

LA FEMME.

Estre vous doybs malicieuse,
A tout le moins ceste journée,
Car vie trop maulgracieuse
M'avez en tous temps demenée.

LE MUNYER.

Femme ne sçay, de mere née,
Qui soit plus aise que vous estes?

LA FEMME.

Je suis bien la mal assenée [1],
Car nuyt ne jour rien ne me faictes.

LE MUNYER.

Aux jours ouvriers et jours de festes,
Je fays tout ce que vous voulez
Et tant de petits tours.

LA FEMME.

    Pas faictes [2]!

LE MUNYER.

Haaa!

LA FEMME.

Dites tout?

LE MUNYER.

    Vous vollez,
Vous venez, et...

LA FEMME.

   Quoy?

LE MUNYER.

    Vous allez:

---

[1] Mal lotie, mal pourvue, mal *assignée*.
[2] C'est-à-dire : Non, vous ne le faites pas.

L'un gauldissez, l'autre gallez [1],
Puis chez Gaultier, puis chez Martin,
Autant de soir que de matin.
Pensez que, dans mon advertin [2],
Les quinzes joyes n'en ay mye [3] ?

LA FEMME.

L'avez vous dit, villain mastin :
Vous en aurez !

Elle fait semblant de le batre.

LE MUNYER.

Dictes, ma mye,
Au nom de la Vierge Marie,
Maintenant ne me batez point :
Malade suis, de fascherie...

LA FEMME.

Tenez, tenez !

Elle le bat.

LE MUNYER.

Qui se marye,
Pour avoir ung tel contrepoinct [4]
Je ne sçay robe ne pourpoinct
Qui tantost n'en fust descousu.

Il pleure.

LA FEMME.

Cela vous vient trop bien à poinct.

---

[1] C'est-à-dire : Vous vous divertissez avec l'un, vous faites bonne chère avec l'autre. Nous avons conservé le composé de *galler* : *régaler*.

[2] Inquiétude d'esprit, soupçon, jalousie.

[3] C'est-à-dire : Je n'ai pas de quoi me réjouir. On disait proverbialement les *quinze joies* (de Notre-Dame), pour exprimer le comble du bonheur; et les *quinze joies de mariage*, pour caractériser tous les soucis que les femmes causent à leurs maris.

[4] Bastonnade.

LE MUNYER.

Ha! c'est le bon temps qu'avez eu,
Et le bien!

LA FEMME.

Comment?

LE MUNYER.

Ho! Jhesu!
Que gaignez-vous à me ferir [1]?

LA FEMME.

Il en est taillé et cousu.

LE MUNYER.

Vous me voulez faire mourir?
Mais, se je puis ung coup guerir,
Mort bieu! je vous fe...

LA FEMME.

Vous grongnez?
Encore faictes?

LE MUNYER.

Requerir [2],
Mains joinctes, vous veulx!

LA FEMME.

Empoignez
Ceste prune?

Elle frappe.

LE MUNYER.

Or, besongnez,
Puisque vous l'avez entrepris!

LA FEMME.

Par la Croix bieu! se vous fongnez [3]...

---

[1] Frapper; du latin *ferire.*
[2] Supplier, prier.
[3] C'est-à-dire : si vous grognez, si vous faites du mauvais.

LE MUNYER.

Ha! povre Munyer, tu es pris
Et trop à tes despens repris!
Que bon gré Sainct Pierre de Romme!...

LA FEMME.

Vous m'avez le mestier appris
A mes despens, ouy, mais...

LE MUNYER.

     En somme,
De grant despit, vecy ung homme
Mort, pour toute solution!

LA FEMME.

Je n'en donne pas une pomme.

LE MUNYER.

En l'honneur de la Passion,
Je demande confession,
Pour mourir catholiquement?

LA FEMME.

Mais plustost la potacion [1],
Tandis qu'avez bon sentement [2].

LE MUNYER.

Vous nous morguez [3], par mon serment!
Quant mes douleurs seront estainctes,
Se par vous voys à dampnement,
A Dieu je feray mes complainctes.

LE CURÉ, devant la maison.

Il y a des sepmaynes mainctes
Que je ne vys nostre Munyere.
Pour ce, je m'en voys aux actaintes [4]
La trouver.

---

[1] C'est-à-dire : vous demandez à boire.
[2] C'est-à-dire : pendant que vous avez encore l'âme au ventre.
[3] Vous me bravez, vous vous moquez de moi.
[4] A l'improviste, de ce pas, brusquement.

LE MUNYER.

Coustumiere
A ceste extremité derniere
Estes trop?

LA FEMME.

Qu'esse que tu dis?

LE MUNYER.

Je conteray vostre maniere,
Mais que je soye en Paradis.
Avoir tous les membres roidis,
Estre gisant sur une couche,
Et batre ung homme! Je mauldis
L'heure que jamais....

Il pleure.

LA FEMME.

Bonne bouche,
Fault-il qu'encore je vous touche¹?
Quesse cy? Faictes-vous la beste?

LE MUNYER.

Laissez m'en paix! Trop fine mouche
Estes pour moy.

LA FEMME.

Ho! qui barbecte²?
Qui gronde? Qui? Qu'esse cy? Qu'esse?
Comment! seray-je point maistresse?
Que meshuy plus ung mot je n'oye!

LE CURÉ, entrant.

Madame, Dieu vous doint lyesse,
Et planté³ dessus vous envoye!

¹ Batte, frappe.
² On disait plutôt *barboiter*, parler dans sa barbe, grommeler, marmoter.
³ Abondance de bien.

LA FEMME.

Bienvenu soyez-vous ! J'avoye
Vouloir de vous aller querir,
Et maintenant partir debvoye.

LE CURÉ.

Pourquoy?

LA FEMME.

Par ce que mourir
Veult mon mary, dont j'en ay joye.

LE CURÉ.

Il fauldra bien qu'on se resjoye [1],
S'ainsi est.

LA FEMME.

Chose toute seure :
A son cas fault que l'en pourvoye [2]
Sagement, sans longue demeure.

LE MUNYER.

Hellas ! et fault-il que je meure,
Heu, heu, heu, ainsi meschamment?...

LA FEMME.

Jamais il ne vivra une heure.
Regardez ?

LE CURÉ.

Ha ! par mon serment !
Est-il vray ?... A Dieu vous command [3],
Munyer ! Haa, il est despeché [4].

LA FEMME.

Curé, nous vivrons plus gayement,
S'il peut estre en terre perché ?

---

[1] Pour : *réjouisse*.

[2] C'est-à-dire : il faut, par prudence, pourvoir au salut de son ame.

[3] Je vous recommande à Dieu.

[4] Il est mort ; c'en est fait de lui.

LE CURÉ.

Trop lontemps vous a empesché?

LA FEMME.

Je n'y eusse peu contredire.

LE MUNYER.

Que mauldit de Dieu (Sans peché,
Toutesfois, le puisse-je dire),
Soit la pu....!

LA FEMME, allant à lui.

Qu'esse cy à dire?
Convient-il qu'à vous je revoise?

LE CURÉ.

Gauldir faudra?

LA FEMME.

Chanter?

LE CURÉ.

Et rire?

LA FEMME.

Vous me verrez bonne galloise[1].

LE CURÉ.

Et moy, gallois.

LA FEMME.

Sans bruyt.

LE CURÉ.

Sans noyse[2].

LA FEMME.

Des tours ferons ung million?

[1] Amie de la joie et de la bonne chère.
[2] Sans querelle, sans scandale.

LE CURÉ.

De nuyt et de jour.

LE MUNYER.

Quell' bourgeoise!
Tu en es bien [1], povre munyer!

LA FEMME.

Heu!

LE MUNYER.

Robin a trouvé Marion :
Marion tousjours Robin treuve [2].
Hellas! pourquoy se marye-on?

LA FEMME.

Je feray faire robe neufve,
Si la mort ung petit s'espreuve
A le me mectre d'une part [3].

LE CURÉ.

Garde n'a que de là se meuve,
Ne que plus en face depart.
M'amye!

Il l'embrasse.

LE MUNYER.

Le deable y ait part,
A l'amytié, tant elle est grande!
Ha! en faict-on ainsi!

LA FEMME.

Paix, coquart!

LE CURÉ.

Ung doulx baiser, je vous demande?

Il l'embrasse.

---

[1] C'est-à-dire : Tu es bien de la grande confrérie.
[2] Refrain proverbial emprunté au *Jeu de Robin et Marion*, par Adam de La Hale, poëte dramatique du treizième siècle.
[3] C'est-à-dire : Si la mort essaye un peu à mettre de côté mon mari, à me séparer de lui.

LE MUNYER.

Orde vielle, putain, truande,
En faictes-vous ainsi? Non, mye!
Vecy pour moy trop grant esclandre!
Par le sainct Sang!

Il fait semblant de se lever, et la femme vient à luy et fait semblant de le batre.

LA FEMME.

Quoy?

LE MUNYER.

Rien, m'amye.

LA FEMME.

Hoon!

LE MUNYER.

C'est le cueur qui me fremye
Dedans le corps et me fait braire,
Il a plus d'une heure et demye....

LE CURÉ.

Mais comment vous le faictes taire?

LA FEMME.

S'il dit rien qui me soit contraire,
Couser le fais, à mon devis [1].

LE CURÉ.

Vous avez pouvoir voluntaire
Dessus luy, selon mon advis.

LE MUNYER.

Congé me fault prendre des vifs,
Et m'en aller aux trespassez,

---

[1] C'est-à-dire : Je le fais taire à ma volonté. *Couser*, qui semble dérivé du bas latin *cusire*, signifie au propre : *coudre*. On dit encore, dans le même sens : *coudre la bouche à quelqu'un*, pour : le faire taire.

De bon cueur, et non pas envis [1],
Puisque mes beaux jours sont passés!

LE CURÉ.

Avez-vous rien?

LA FEMME.

Assez, assez!
De cela ne fault faire doubte.

LE MUNYER.

Qu'esse que tant vous rabassez [2]?

LA FEMME.

Je cuyde, moy, que tu radoubte [3]?

LE MUNYER.

Vous semble-il que je n'oy goucte [4]?
Si fais, dea! Qui est ce gallant?
Il vous guerira de la goucte,
Bien le sçay.

LA FEMME.

C'est nostre parent,
A qui vostre mal apparent
A esté par moy figuré.

LE MUNYER.

De lignaige est trop different.

LA FEMME.

Pardieu! non est.

LE MUNYER.

C'est bien juré!
Comment, deable! nostre curé
Est-il de nostre parentaige?

---

[1] Malgré moi; du latin *invite*.
[2] Pour : *rabâchez*.
[3] Pour : *radote*.
[4] C'est-à-dire : que je n'entends rien.

LA FEMME.

Quel curé?

LE MUNYER.

C'est bien procuré [1] !

LA FEMME.

Par mon âme!

LE MUNYER.

Vous dictes raige [2].

LA FEMME.

Hée! hée!

LE MUNYER.

Ho! ho!

LA FEMME.

Tant de langaige,
C'est-il à paine d'ung escu?

LE MUNYER.

Sainct Jehan! s'il est de mon lignaige,
C'est du quartier devers le cu!
Je sçay bien que je suis coquu.
Mais quoy! Dieu me doint patience!

LA FEMME.

Ha! paillart, est-ce bien vescu
De dire ainsi ma conscience [3]?
Vous verrez vostre grant science,
Car je le voys faire venir.

Elle vient au Curé.

LE CURÉ.

Qui a-il? Quoy?

LA FEMME.

Faictes silence!
Pour mieulx à nos fins parvenir,

---

[1] *Procurer* veut dire : procéder, suivre une affaire.
[2] C'est-à-dire : vous êtes folle, vous dites des folies.
[3] C'est-à-dire : de confesser mes péchés.

Bonne myne vous fault tenir,
Quant serez devant mon villain,
Et veuillez tousjours maintenir
Qu'estes son grand cousin germain.
Entendez-vous?

LE CURÉ.

Ouy.

LA FEMME.

La main
Luy mestray dessus la poitrine,
En luy affirmant que demain
Le doibt venir veoir sa cousine,
Et advenra [1] quelque voisine,
Pour luy donner allegement.
Mais il vous fault legierement [2]
De cette robe revestir
Et ce chapeau?

LE CURÉ.

Par mon serment!
Pour faire nostre effect sortir,
Se vous ne voyez bien mentir,
Je suis content que l'on me pende,
Sans plus de ce cas m'advertir.

LE MUNYER.

Ha! très-orde vielle, truande,
Vous me baillez des calembouys [3] !
Mais, quoy! vous en payerez l'amende,
Se jamais de santé jouys.
Quesse cy? Dea! je m'esbays
Qui deable la tient? Somme toute,

---

[1] Il viendra, il arrivera.
[2] Vite, lestement.
[3] Pour: *cambouis*; expression proverbiale signifiant : vous me déshonorez, vous m'outragez, vous me jetez de la boue.

J'en despescheray[1] le pays,
Par le Sang bieu! quoy qu'il me couste.

LE CURÉ.

Que faictes-vous là ?

LA FEMME.

J'escoute
La complainte de mon badin?

LE CURÉ.

Il faut qu'en bon train on le boute.
Au Munyer.
Dieu vous doint bonjour, mon cousin!

LE MUNYER.

Il suffit bien d'estre voisin,
Sans estre de si grant lignaige.

LA FEMME.

Regardez ce gros limozin[2],
Qui a tousjours son hault couraige[3] !
Parlez à vostre parentaige,
S'il vous plaist, en luy faisant feste?

LE CURÉ.

Mon cousin, quelle est vostre raige?

LE MUNYER.

Hay! vous me rompez la teste.

LA FEMME.

Par mon serment! c'est une beste.
Ne pleurez point à ce qu'il dit,
Je vous en prie?

LE MUNYER.

Ceste requeste
Aura devers luy bon credit.

---

[1] J'en débarrasserai.
[2] On disait alors *Limousin*, comme on dit aujourd'hui Savoyard, dans le sens de : mal appris, grossier, brutal.
[3] Orgueil, insolence.

LE CURÉ.

Vous ay-je meffait ne mesdit,
Mon cousin? Dond vous vient cecy?

LA FEMME.

Sus, sus! que de Dieu soit mauldit
Ce vilain! Et parlez icy?

LE MUNYER.

Laissez m'en paix!

LA FEMME.

Est-il ainsi?
Voire ne parlerez-vous point?

LE MUNYER.

J'ay de dueil le corps tout transsi.

LE CURÉ.

Par ma foy, je n'en doubte point.
Où esse que le mal vous poinct?
Parlez à moy, je vous en prie.

LE MUNYER.

Las! mectez-vous la teste appoinct [1],
Car la mort de trop près m'espie.

LA FEMME.

Parlez à Regnault Croquepie,
Vostre cousin, qui vous vient veoir?

LE MUNYER.

Croquepie?

LA FEMME.

Ouy, pour voir [2].
Pour faire vers vous son debvoir,
Il est venu legierement.

---

[1] C'est-à-dire : mettez votre tête près de moi.
[2] Vrai, vraiment.

LE MUNYER.
Ce n'est-il pas.

LA FEMME.
Si est, vrayement.

LE MUNYER.
Ha! mon cousin, par mon serment!
Humblement mercy vous demande
De bon cueur.

LE CURÉ.
Et puis comment,
Mon cousin, dictes-moy, s'amende [1]
Vostre douleur ?

LE MUNYER.
Elle est si grande,
Que je ne sçay comment je dure.

LE CURÉ.
Pour sçavoir qui se recommande
A vous, mon cousin, je vous jure
Ma foy (dea! point ne me parjure)
Que c'est Bietris[2], vostre cousine,
Ma femme, Jehenne Turelure,
Et Melot, sa bonne voisine,
Qui ont pris du chemin saisine [3],
Pour vous venir reconforter.

LE MUNYER.
Loué soit la Grace divine!
Cousin, je ne me puis porter.

LE CURÉ.
Il vous fault ung peu deporter [4],
Et penser de faire grant chiere ?

[1] Va mieux, s'améliore.
[2] Pour : *Beatrix*.
[3] Expression figurée, signifiant : qui se sont mises en route. Cette expression, empruntée au vocabulaire du Palais, prouve que l'auteur appartenait à la Bazoche.
[4] Distraire, remettre.

LE MUNYER.

Je ne me puis plus comporter,
Tant est ma malladie chiere [1].
Femme, sans faire la renchiere [2],
Mectez à coup la table icy,
Et luy apportez une chiere [3]?
Cy se seera.

LE CURÉ.

Ha! grant mercy!
Mon cousin, je suis bien ainsi;
Et si ne veulx menger ne boire.

LE MUNYER.

J'ay si très-grant douleur par cy!

LE CURÉ.

Ha! cousin, il est bien à croire;
Mais, s'il plaist au doulx Roy de gloire,
Tantost recouvrerez santé.

LA FEMME.

Je vais querir du vin.

LE MUNYER.

Voire, voire.
Et apportez quelque pasté?

LA FEMME.

Oncques de tel ne fut tosté [4].
Seez-vous?

LE MUNYER.

Cousin, prenez place.

LA FEMME.

Vecy pain et vin à planté [5].
Vous seerez-vous?

---

[1] Grave.
[2] Pour : renchérie.
[3] Pour : chaire, siége.
[4] Toster, cuire au four, dorer au feu.
[5] A foison, en abondance.

LE CURÉ.
Sauf vostre grace.

LE MUNYER.
Fault-il que tant de myne on face?
Par le Sang bieu! c'est bien juré.
Vous vous scerez?

LE CURÉ.
Sans plus d'espace,
Que vous ne soyez parjuré.

LE MUNYER.
Ha! si c'estoit nostre curé,
Pas tant je ne l'en prieroye!

LE CURÉ.
Et pourquoy?

LE MUNYER.
Il m'a procuré
Aulcun cas, que je vous diroye
Voluntiers, mais je n'oseroye,
De paour...

LE CURÉ.
Dictes hardyment?

LE MUNYER.
Non feray, car batu seroye.

LE CURÉ.
Rien n'en diray, par mon serment!

LE MUNYER.
Or bien donc, vous sçavez comment
Ces prestres sont adventureux?
Et nostre curé mesmement
Est fort de ma femme amoureux :
De quoy j'ay le cueur douloureux

Et remply de proplexité [1],
Car coquu je suis maleureux,
Bien le sçay.

LE CURÉ.

Benedicite!

LE MUNYER.

Le poinct de mon adversité,
C'est illec, sans nul contredit.
Gardez qu'il ne soit recité?

LE CURÉ.

Jamais.

LA FEMME.

Qu'esse qu'il dit?
Je suis certayne qu'il mesdit
De moy ou d'aulcun mien amy :
Ne faict pas?

LE MUNYER.

Non, par sainct Remy!

LE CURÉ.

Il me disoit qu'il n'a dormy
Depuis quatre ou cinq jours en ça,
Et qu'il n'a si gros qu'un fremy [2],
Le cueur ne les boyaulx.

LA FEMME.

Or ça,
Beuvez de là, mengez de çà,
Mon cousin, sans plus de langaige.

Ici la scène est en Enfer.

LUCIFFER.

Haro, deables d'enfer! j'enraige!
Je meurs de dueil, je pers le sens;

---

[1] Pour : *perplexité*.
[2] Pour : *fourmi*.

J'ay laissé puissance et couraige,
Pour la grant douleur que je sens

SATHAN.

Nous sommes bien mil et cinq cens
Devant toy? Que nous veulx-tu dire?
Fiers, forts, felons, deables puissants,
Par tout le monde, à mal produyre!

LUCIFFER.

Coquins, paillars, il vous fault duyre [1]
D'aller tout fouldroyer sur terre,
Et de mal faire vous deduyre [2].
Que la sanglante mort vous serre!
S'il convient que je me desserre
De ceste gouffronieuse lice [3],
Je vous mectray, sans plus enquerre,
En ung tenebreux malefice.

ASTAROTH.

Chascun de nous a son office
En enfer. Que veulx-tu qu'on face?

PROSERPINE.

De faire nouvel ediffice,
Tu n'as pas maintenant espace?

ASTAROTH.

Je me contente.

SATHAN.

Et je me passe
De demander une autre charge.

ASTAROTH.

Je joue icy de passe passe,
Pour mieulx faire mon tripotaige.

---

[1] Il faut vous préparer, vous plaire à....
[2] Vous divertir à faire le mal.
[3] C'est-à-dire: de cette prison où je suis engouffré. Il faut peut-être lire : *souffrenieuse*, pleine de soufre, ensoufrée.

BERITH.

Luciffer a peu de langaige :
En enfer je ne sçay que faire,
Car je n'ay office ne gaige,
Pour ma volunté bien parfaire.

LUCIFFER.

Qu'on te puisse au gibet deffaire[1],
Fils de putain, ord et immonde !
Doncques, pour ton estat refaire,
Il te faut aller par le monde,
A celle fin que tu confonde
Bauldement[2] ou à l'aventure,
Dedans nostre abisme parfonde,
L'ame d'aucune creature ?

BERITH.

Puis qu'il fault que ce mal procure,
Dy-moy doncques legierement
Par où l'ame faict ouverture,
Quand elle sort premierement ?

LUCIFFER.

Elle sort par le fondement :
Ne fais le guet qu'au trou du cu.

BERITH.

Ha ! j'en auray subtilement
Ung millier, pour moins d'un escu.
Je m'y en voys.

Ici la scène est chez le Meunier.

LE MUNYER.

D'avoir vescu
Si longtemps en vexation,
De la mort est mon corps vaincu !

---

[1] Faire mourir.
[2] Hardiment, de vive force.

Pour toute resolution;
Doncques, sans grant dilacion [1],
Allez moy le prestre querir,
Qui me donra [2] confession,
S'il luy plaist, avant que mourir ?

LE CURÉ.

Or me dictes : fault-il courir,
Ou se je yray tout bellement?

Il se va devestir et revestir en Curé.

LE MUNYER.

S'il ne me vient tost secourir,
Je suis en ung piteux tourment.

BERITH.

Velà mon faict entierement.
Munyer, je vous voys soulager?
L'ame en auray soubdaynement,
Avant que d'icy me bouger.
Or, me fault-il, pour abreger,
Soubz son lit ma place comprendre :
Quand l'ame vouldra desloger,
En mon sac je la pourray prendre.

Il se musse [3] soubz le lit du Munyer, atout [4] son sac.

LE CURÉ.

Comment, dea ! je ne puis entendre
Vostre cas? Munyer, qu'esse cy?

LE MUNYER.

A la mort me convient estendre;
Avant que je parte d'icy,
Pourtant je crie à Dieu mercy,
Devant que le dur pas passer.

---

[1] Délai, retard.
[2] Pour : *donnera*.
[3] Il se cache.
[4] Avec.

Sur ce poinct, mectez-vous icy,
Et me veuillez tost confesser?

LE CURÉ.

Dictes?

LE MUNYER.

Vous devez commencer,
Me disant mon cas en substance.

LE CURÉ.

Et comment? Je ne puis penser
L'effect de vostre conscience?

LE MUNYER.

Ha! curé, je pers patience!

LE CURÉ.

Commencez toujours, ne vous chaille,
Et ayez en Dieu confiance.

LE MUNYER.

Or ça, doncques, vaille que vaille,
Quoy que la mort fort je travaille,
Mon cas vous sera relaté.
Jamais je ne fus en bataille,
Mais, pour boire en une boutaille [1],
J'ay tousjours le mestier hanté.
Aussi, fust d'iver, fust d'esté,
J'ay bons champions frequenté,
Et gourmets de fine vinée [2] :
Tant que rabattu et conté [3],
Quelque chose qu'il m'ait cousté,
J'ay bien ma face enluminée.
Après tout, le long de l'année,
J'ay ma volunté ordonnée,

---

[1] Pour : *bouteille*.
[2] Bons connaisseurs en vins, amateurs de vins délicats.
[3] Expression proverbiale signifiant . tout bien compté et calculé.

Comme sçavez, à mon moulin,
Où, plus que nul de mere née,
J'ay souvent la trousse donnée [1]
A Gaultier, Guillaume et Colin.
Et ne sçay, de chanvre ou de lin,
De bled valant plus d'ung carlin,
Pour la doubte des adventures [2],
Ostant ung petit picotin,
Je pris, de soir et de matin,
Tousjours d'un sac doubles moustures.
De cela fis mes nourritures,
Et rabatis mes grands coustures [3],
Quoy qu'il soit, faisant bonne myne,
Somme, de toutes creatures [4],
Pour suporter mes forfaictures,
Tout m'estoit bon : bran et faryne [5].

LE CURÉ.

Celuy qui ès haults lieux domine,
Et qui les mondains enlumyne [6],
Vous en doint pardon par sa grace !

LE MUNYER.

Mon ventre trop se determine [7]....
Helas ! je ne sçay que je face....
Ostez-vous !

---

[1] *Donner la trousse*, locution proverbiale signifiant : abuser, tromper.

[2] C'est-à-dire : dans la crainte de ce qui pourrait arriver.

[3] Locution proverbiale signifiant : Je me suis donné du plaisir, j'ai fait grande chère. On dit encore dans le sens trivial : *se donner une bosse*.

[4] C'est-à-dire : en somme, exploitant tout le monde à mon profit.

[5] De tous temps, les meuniers ont eu fort mauvaise réputation à l'endroit de la probité ; de là le proverbe : « Il n'y a rien de si hardi que la chemise d'un meunier. » Le commentateur ajoute : « parce qu'elle prend tous les matins un voleur à la gorge. »

[6] Pour : *illumine*.

[7] Se lâche, se vide.

LE CURÉ.

Ha! sauf vostre grace!

LE MUNYER.

Ostez-vous, car je me conchye [1]....

LE CURÉ.

Par sainct Jehan! sire, preu [2] vous face!
Fy!

LE MUNYER.

C'est merde reffreschie.
Apportez tost une brechie [3]
Ou une tasse, sans plus braire,
Pour faire ce qu'est necessaire.
Las! à la mort je suis eslis [4].

LA FEMME.

Pensez, si vous voulez, de traire [5],
Pour mieux prendre vostre delit [6],
Vostre cul au dehors du lit :
Par là s'en peut vostre ame aller.

LE MUNYER.

Helas! regardez, si voller
La verrez point par l'air du temps?

Il mect le cul dehors du lict, et le Deable tend son sac, cependant qu'il chie dedans : puis, s'en va cryant et hurlant.

Ici la scène est en enfer.

BERITH.

J'ay beau gauldir, j'ay beau galler!
Roy Luciffer, à moy entens!

---

[1] C'est-à-dire : j'évacue sous moi.
[2] Profit, grand bien.
[3] Sorte de cruche. On disait plutôt brechet.
[4] Pour : élu.
[5] Tirer, extraire; de trahere.
[6] C'est-à-dire : pour faire vos affaires plus à l'aise ; délit signifiait un acte quelconque et souvent une action agréable.

J'en ay fait de si maulcontens [1],
Que proye nouvelle j'apporte.

LUCIFFER.

Actens, ung bien petit actens !
Je te voys faire ouvrir la porte.
Une chauldiere, en ce lieu-cy?
Et saichez comment se comporte
Le butin qu'il admeyne icy !

Ilz luy apportent une chauldiere; puis, il vuyde son sac qui est plain de bran moullé.

SATHAN.

Qu'esse là ?

PROSERPINE.

Que deable esse cy ?
Ce semble merde toute pure.

LUCIFFER.

C'est mon [2] ! Je le sens bien d'icy.
Fy, fy ! ostez-moy telle ordure?

BERITH.

D'un munyer remply de froidure,
Voy-en cy l'ame toute entiere.

LUCIFFER.

D'un munyer?

SATHAN.

Fy ! quelle matiere !

LUCIFFER.

Par où la pris-tu?

BERITH.

Par derriere,
Voyant le cul au descouvert.

---

[1] Pour : *mécontents.*
[2] C'en est.

LUCIFFER.

Or, qu'il n'y ait coing ne carriere
D'enfer, que tout ne soit ouvert !
Un tour nous a baillé trop vert !
Brou ! je suis tout enpuanty.
Tu as mal ton cas recouvert [1] ?

SATHAN.

Oncques tel chose ne senty !

LUCIFFER.

Sus, à coup, qu'il soit asserty [2]
Et batu très-villaynement.

SATHAN.

Je luy feray maulvais party.

Ilz le battent.

BERITH.

A la mort !

LUCIFFER.

Frappez hardiment !

BERITH.

A deux genoulx très-humblement,
Luciffer, je te cry' mercy,
Te promectant certaynement,
Puisque cognois mon cas ainsi
Que jamais n'apporteray cy
Ame de munyer ni munyere.

LUCIFFER.

Or te souviengne de cecy,
Puisque tu as grace planyere,
Et garde d'y tourner arriere [3],
D'autant que tu aymes ta vie.

---

[1] Équivoque, c'est-à-dire : tu as mal recouvré ton bien.
[2] Garrotté, lié de cordes.
[3] Derechef, dorénavant.

Aussi, devant ne de costiere [1],
Sur payne de haynne assouvye [2],
Deffens que nully, par envie,
Desormais l'ame ne procure
De munyer estre icy ravie,
Car ce n'est que bran et ordure.

CY FINE LA FARCE DU MUNYER

[1] De côté.
[2] C'est-à-dire : de représailles.

LA
COMDAMNACION DE BANCQUET

MORALITÉ
PAR
NICOLE DE LA CHESNAYE

PRÉFACE DE L'ÉDITEUR

Cette singulière moralité, qu'on peut regarder comme un des chefs-d'œuvre du genre, se trouve dans un recueil fort rare, dont la première édition est intitulée : *La Nef de santé, avec le Gouvernail du corps humain et la Condamnacion des bancquetz à la louenge de diepte et sobrieté, et le Traictié des Passions de l'ame.* On lit à la fin du volume, in-4° gothique de 98 ff. à 2 colonnes : *Cy fine la Nef de santé et la Condampnacion des bancquetz avec le Traicté des Passions de l'ame. Imprimé à Paris pour Anthoine Verard, marchant libraire, demeurant à Paris.* Au-dessous de la marque de Verard : *Ce present livre a esté achevé d'imprimer par ledit Verard le XVIIIe jour de janvier mil cinq cent et sept.* Ce recueil contient quatre ourages différents : la *Nef de santé* et le *Gouvernail du corps humain*, en prose ; la *Condamnacion de Bancquet*, et le *Traicté des passions de l'ame*, en vers.

On compte au moins quatre éditions, non moins rares que la précédente ; l'une, imprimée à Paris, *le XVIIe jour d'avril 1511, par Michel Lenoir, libraire*, pet. in-4° de 96 ff. à 2 colonnes, avec fig. en bois ; l'autre, imprimée également à Paris, vers 1520, *par la veufve feu Jean Trepperel et Jehan Jehannot*, pet. in-4° goth. à 2 colonnes, avec fig. en bois ; l'édition de Philippe Lenoir, sans date, que cite Du Verdier, n'a pas été décrite par M. Brunet, qui s'étonne avec raison de ne l'avoir jamais rencontrée ; en revanche, M. Brunet cite une autre édition, avec cette adresse :

À Paris, en la rue neufve Nostre Dame, à l'enseigne sainct Jehan Baptiste près saincte Genevieve des Ardens.

Ce recueil, malgré ses cinq éditions bien constatées, est si peu connu, que La Croix du Maine ne l'a pas compris dans sa *Bibliothèque françoise*, et qu'Antoine Du Verdier, dans la sienne, ne fait que le mentionner incomplétement parmi les ouvrages anonymes. De Beauchamps, dans ses *Recherches sur les théatres de la France*, et le duc de la Vallière, dans sa *Bibliothèque du Théâtre françois*, ne l'ont pas oublié cependant : ils le citent avec exactitude, en nommant l'auteur Nicole de la Chesnaye. C'est le nom, en effet, qui figure en acrostiche dans les dix-huit derniers vers du prologue de la *Nef de santé*.

Cet auteur, poëte, savant et moraliste, qui était médecin de Louis XII, serait absolument ignoré, si l'abbé Mercier de Saint-Léger n'avait pas écrit cette note sur l'exemplaire qui appartenait à Guyon de Sardière et que nous avons vu dans la bibliothèque dramatique de M. de Soleinne : « Ce Nicolas de la Chesnaye doit être le même que *Nicolaus de Querquete*, dont Du Verdier (t. IV, p. 181 de l'édit. in-4°) cite le *Liber auctoritatum*, imprimé à Paris aux dépens d'Antoine Verard, en 1512, in-8°. A la fin de cette compilation latine de Querqueto, on trouve un acrostiche latin qui donne *Nicolaus de la Chesnaye*, et à la fin du prologue de la *Nef de santé*, imprimée dès 1507, aussi aux dépens de Verard, il y a un acrostiche qui donne les mêmes noms : *Nicole de la Chesnaye*. » On ne sait rien de plus sur Nicole ou Nicolas de la Chesnaye.

Le prologue en prose, que nous croyons devoir réimprimer ici, nous apprend seulement que l'*acteur* avait été *requis et sollicité par plus grand que soy* de mettre la main à la plume et de rédiger en forme de moralité son ouvrage diététique autant que poétique. On peut supposer que Nicole de la Chesnaye, qui a dédié son recueil à Louis XII, désigne ce roi et la reine Anne de Bretagne, en disant qu'il a été contraint de se faire poëte, non-seulement pour complaire à *aucuns esprouvez amys*, mais pour obéir *à autres desquelz les requestes luy tiennent lieu de commandement*. Voici ce prologue, où l'on voit que, si cette moralité avait été faite pour la représentation, elle n'était pas encore représentée *sur l'eschaffaut*, c'est-à-dire en public, lorsqu'elle fut publiée en 1507 et peut-être auparavant.

Comment l'Acteur ensuyt en la Nef de Santé la Condamnacion des Bancquetz, à la louenge de diette et sobrieté, pour le prouffit du corps humain, faisant prologue sur ceste matière.

« Combien que Orace en sa Poeterie ait escript : *Sumite materiam vestris qui scribitis aptam viribus*. C'est-à-dire : « O vous qui escrivez ou qui vous meslez de copier les « anciennes œuvres, elisez matiere qui ne soit trop haulte « ne trop difficile, mais soit seullement convenable à la « puissance et capacité de vostre entendement. » Ce neantmoins, l'acteur ou compositeur de telles œuvres peut souventesfois estre si fort requis et sollicité par plus grand que soy, ou par aucuns esprouvez amys, ou par autres desquels les requestes luy tiennent lieu de commandement, qu'il est contraint (en obeyssant) mettre la main et la plume à matiere si elegante ou peregrine que elle transcede la summité de son intelligence. Et à telle occasion, moy, le plus ignorant, indoct et inutille de tous autres qui se meslent de composer, ay prins la cure, charge et hardiesse, à l'ayde de Celuy qui *linguas infantium facit disertas*, de mettre par ryme en langue vulgaire et rediger par personnages en forme de moralité ce petit ouvrage qu'on peut appeller la *Condampnacion de Banquet* : à l'intencion de villipender, detester et aucunement extirper le vice de gloutonnerie, crapule, ebrieté, et, voracité, et, par opposite, louer, exalter et magnifier la vertu de sobrieté, frugalité, abstinence, temperence et bonne diette, en ensuyvant ce livre nommé *la Nef de santé et gouvernail du corps humain*. Sur lequel ouvrage est à noter qu'il y a plusieurs noms et personnages des diverses maladies, comme Appoplexie, Epilencie, Ydropisie, Jaunisse, Goutte et les autres, desquels je n'ay pas tousjours gardé le genre et sexe selon l'intencion ou reigles de grammaire. C'est à dire que en plusieurs endrois on parle à iceux ou d'iceux par sexe aucunesfois. masculin et aucunesfois feminin, sans avoir la consideracion de leur denominacion ou habit, car aussi j'entens, eu regard à la propriété de leurs noms, que leur figure soit autant monstrueuse que humaine. Semblablement tous les personnages qui servent à dame Experience, comme Sobrieté, Diette, Seignée, Pillule et les autres seront en habit d'homme et parleront par sexe masculin, pour ce qu'ilz ont l'office de commissaires, sergens et executeurs de justice, et s'entremettent de plusieurs choses qui affierent plus convenablement à hommes que à femmes. Et pour ce que telles œuvres que nous appellons jeux ou moralitez ne sont tousjours faciles à jouer ou publiquement representer au simple peuple, et aussi que plusieurs ayment autant en avoir ou ouyr la lecture comme veoir la representacion, j'ay voulu ordonner cest opuscule en telle façon qu'il soit propre à demonstrer à tous visiblement par personnages, gestes et parolles sur eschauffaut ou aultrement, et pareillement qu'il se puisse lyre particulierement ou solitairement par maniere d'estude, de passe-temps ou bonne doctrine. À ceste cause, je l'ay fulcy de petites gloses, commentacions ou canons, tant pour elucider ladicte matiere comme aussi advertir le lecteur, des acteurs, livres et passaiges, desquels j'ay extraict les alegations, histoires et auctoritez inserées en ceste presente compilacion. Suffise tant seulement aux joueurs prendre la ryme tant vulgaire que latine et noter les reigles pour en faire à plain demonstracion quant bon semblera. Et ne soit paine ou moleste au lisant ou estudiant, pour informacion plus patente veoir et perscruter la totallité tant de prose que de ryme, en supportant tousjours et pardonnant à l'imbecilité, simplicité, ou inscience du petit Acteur. »

Cette moralité, dont nous attribuons l'idée première à Louis XII lui-même, fut certainement représentée par la troupe des Enfants Sans-Souci et de la Mère Sotte, car le sujet allégorique qu'elle met en scène devint assez populaire pour être reproduit en tapisseries de haute lice, tissées dans les manufactures de Flandre et destinées à orner les châteaux et hôtels des seigneurs. Voyez, dans le grand ouvrage de M. Achille Jubinal et Sansonnetti : *Les anciennes tapisseries historiées*, le dessin et la description d'une tapisserie qui représente en six pièces la moralité de la Condamnation de

Banquet; mais cette tapisserie, que M. Sansonnetti a découverte à Nancy, ne provient pas des dépouilles de Charles le Téméraire, mort en 1475, comme M. Jubinal a essayé de le démontrer dans une notice savante et ingénieuse.

Si la moralité de Nicole de la Chesnaye est plus courte et moins embrouillée que la plupart des moralités de la même époque, le sujet n'en est pas moins compliqué. On en jugera par ce simple aperçu : Trois méchants garnements, *Diner*, *Souper* et *Banquet* forment le complot de mettre à mal quelques honnêtes gens qui ont l'imprudence d'accepter leur invitation d'aller boire et manger chez eux. Ce sont *Bonne compagnie, Accoutumance, Friandise, Gourmandise, Je-bois-à-vous*, et *Je-pleige-d'autant*. Au milieu du festin, une bande de scélérats, nommés *Esquinancie, Apoplexie, Epilencie, Goutte, Gravelle*, etc., se précipitent sur les convives et les accablent de coups, si bien que les uns sont tués, les autres blessés. *Bonne compagnie, Accoutumance* et *Passe-Temps*, échappés du carnage, vont se plaindre à dame *Expérience* et demandent justice contre *Diner, Souper* et *Banquet*. Dame *Expérience* ordonne à ses domestiques, *Remède, Secours, Sobresss, Diète*, et *Pilule*, d'appréhender au corps les trois auteurs du guet à pens.

C'est alors que commence le procès des trois accusés pardevant les conseillers de dame *Expérience*, savoir : *Galien, Hypocras, Avicenne* et *Averroys*. Laissons Mercier de Saint-Léger continuer l'analyse de la moralité, dans la *Bibliothèque du Théâtre français*, publiée sous les auspices du duc de la Vallière : « *Expérience* condamne *Banquet* à être pendu; c'est *Diette* qui est chargé de l'office du bourreau. *Banquet* demande à se confesser : on lui amène un beau père confesseur; il fait sa confession publiquement, il marque le plus grand repentir de sa vie passée et dit son Confiteor. Le beau père confesseur l'absout, et *Diette*, après lui avoir mis la corde au cou, le jette de l'échelle et l'étrangle. *Souper* n'est condamné qu'à porter des poignets de plomb, pour l'empêcher de pouvoir mettre trop de plats sur la table; il lui est défendu aussi d'approcher de *Dîner* plus près de six lieues, sous peine d'être pendu s'il contrevient à cet arrêt. »

Il résulte de ce jeu par personnages, qui justifie parfaitement son titre de moralité, que le *banquet* ou festin d'apparat, où l'on mange et boit avec excès, est coupable de tous les maux qui affligent le corps humain : il doit donc être condamné et mis hors la loi. Quant au *souper*, on lui permet de subsister, à condition qu'il viendra toujours six heures après le *dîner*. C'est là le régime diététique qui fut suivi par Louis XII jusqu'à son mariage en troisièmes noces avec Marie d'Angleterre : « Le bon roy, à cause de sa femme, dit la Chronique de Bayard, avoit changé du tout sa manière de vivre, car où il souloit disner à huit heures, il convenoit qu'il disnast à midy ; où il souloit se coucher à huit heures du soir, souvent se couchoit à minuit. » Trois mois après avoir changé ainsi son genre de vie, Louis XII mourut, en regrettant sans doute de n'avoir pas mieux profité des leçons de la moralité, rimée naguère par son médecin.

Cette moralité est très-curieuse pour l'histoire des mœurs du temps aussi bien que pour l'histoire du théâtre ; on y voit indiqués une foule de détails sur les jeux de scène, les costumes et les caractères des personnages. Elle est écrite souvent avec vivacité, et l'on y remarque des vers qui étaient devenus proverbes. Les défauts du style, souvent verbeux, obscur et lourd, sont ceux que l'on reproche également aux contemporains de Nicole de la Chesnaye. Quant à la pièce elle-même, elle ne manque pas d'originalité et elle offre une action plus dramatique, plus pittoresque, plus variée, que la plupart des moralités contemporaines ; c'est bien une moralité, mais on y trouve au moins le mot pour rire, et l'on peut en augurer que le médecin de Louis XII était meilleur compagnon et plus joyeux compère que Simon Bourgoing, valet de chambre du même roi et auteur de la moralité intitulée : *l'Homme juste et l'homme mondain, avec le jugement de l'Ame dévote et l'exécution de la sentence.*

LA
COMDAMNACION DE BANCQUET

MORALITÉ

LE DOCTEUR PROLOCUTEUR commance.

Nor oculus saturatur visu,
Sed nec auris impletur auditu.
ECCLESIASTES, *primo capitulo :*
Non saturatur oculus visu, etc.

Salomon dit que l'œil de l'homme humain,
Soit de Romain ou d'autre nacion,
N'est assufy[1], en voyant soir et main[2],
Pays loingtain, ediffice certain,
Palays haultain, pour recreation ;
L'affection, pour occuppacion,
Ou action de joye et de plaisance :
Dessoubz le ciel n'a jamais suffisance[3].

Tousjours voulons veoir
Blanches ou vermeilles,
Ouyr et sçavoir

---

[1] Pour : *assouvi.*
[2] Pour : *matin,* par ellipse.
[3] Il y a, dans cette moralité, beaucoup de passages en vers de dix syllabes, dans lesquels la rime est redoublée à la césure du premier hémistiche; c'était là un de ces jeux de prosodie, que Molinet, Cretin, Lemaire de Belges, et leurs imitateurs avaient mis à la mode. On nommait *rimes batelées* ce redoublement de rimes ou d'assonnances, qui produisent l'effet de petits vers de quatre et de six syllabes.

Choses nompareilles ;
Les yeulx, les oreilles,
Selon que j'entens,
Ne sont pas contens.

Ce nonobstant, pour leur donner
Quelque briefve refection,
Avons bien voulu ordonner
Aucune compilacion,
Dont la clere narracion,
Les signes, les motz, la sentence,
Bailleront bonne instruction
A ceux qui nous font assistence.

Pour vous plus à plain informer,
De ce qui sera recité :
Nous desirons de reformer
Excès et superfluité,
En detestant gulosité [1],
Qui consume vin, chair et pain,
Recommandant sobrieté,
Qui rend l'homme legier et sain.

Medecine consent assez,
Qu'on doit disner competemment [2] ;
Car l'estomac point ne cassez,
Pour disner raisonnablement.
Or faut-il soupper sobrement,
Tant les druz [3], que les indigens,
Sans bancqueter aucunement,
Car bancquet fait tuer les gens.

Saichez que manger à oultrance
Destruit les gens et moult peut nuyre ;

---

[1] Gourmandise, goinfrerie ; en latin, *gulositas*.
[2] Suffisamment, convepablement.
[3] Riches, bien pourvus, bons compagnons.

Mais la vertu de temperance,
Fait l'homme priser et reluyre.
Tous ces propos orrez deduyre,
En escoutant et parlant bas :
Et pourtant veuillez vous conduyre
Paisiblement sans nulz debas.

Après ces motz, se retirera le Docteur et se yra seoir jusques à ce qu'il viendra faire son sermon. Et Disner vient en place, qui dit :

DISNER.

Quant Polemo venoit de son solas,
De divers mestz tout replet et tout las,
Il faisoit lors bon veoir sa contenance [1].

SOUPPER.

Xenocratès, qui ne l'espargna pas,
Discrettement refrena ses repas,
Par ung sermon de doulce consonnance.

BANCQUET.

Bien peut gaudir, qui a foison chevance [2].

DISNER.

Le gent gaudisseur [3],
Devoit, de lieu seur,
Prendre sa doulceur,
Sa joye et son bien.

SOUPPER.

Mais le bon Docteur,
Parfait orateur,
Sans estre flateur,
Luy remonstra bien.

---

[1] L'hystoire de Polemo, gaudisseur de Athenes, est escripte au vi⁰ livre de Valere, au chapitre : *De mutacione morum aut fortunæ*. (Note de l'auteur.)

[2] C'est-à-dire : qui a de l'argent à foison.

[3] Le gentil ami de la joie, un Roger Bontemps.

BANCQUET.

Doctrine vault, mais on ne sçait combien.

DISNER.

Quant Luculus, pour festoyer Pompée,
Rendit si fort sa famille entrapée,
Le cuysinier devoit bien estre habille [1].

SOUPPER.

Par Plutarcus, la chose est designée ;
Car il escript que, pour une disnée,
Il exposa jusqu'à cinquante mille.

BANCQUET.

Pecune doit tousjours estre mobile.

DISNER.

Plusieurs ont esté,
Yver et esté,
Qui ont fort gousté
Des fruitz de la terre.

SOUPPER.

S'il en est planté [2],
C'est grant lascheté,
Blasme ou chicheté,
Les tenir en serre [3].

BANCQUET.

Où les biens sont, illec il les fault querre.

DISNER.

Laissons les acquerans acquerre,

---

[1] Luculus, comme dit Plutarque en son livre *De Viris illustribus*, estoit excessif en convis, et quant il vouloit soupper en ung lieu nommé Appolin, le repas coustoit cinquante mil.
(*Note de l'auteur.*)

[2] Beaucoup, abondance de biens.
[3] En réserve.

Laissons monter les haultz montans :
Puisqu'il n'est plus discord ne guerre,
Rien ne devons estre doubtans.
SOUPPER.
Mais que nous fault-il ?
DISNER.
Passetemps.
SOUPPER.
Comme quoy ?
DISNER.
Entretenement [1],
Frequenter les gens esbatans,
Pour vivre plus joyeusement.
BANCQUET.
Qui passe temps joyeusement,
Ne commet point de villennie ;
Mais l'assetemps presentement,
Est avec Bonne Compagnie.
SOUPPER.
Ilz mainent très-joyeuse vie,
Soir et matin, sans repos prendre.
DISNER.
De les trouver j'ay grant envie,
Pour leurs condicions apprendre.
BANCQUET.
Le cueur humain doit tousjours tendre
A veoir quelque nouvelleté.
SOUPPER.
A subtilles choses entendre,
Le cueur humain doit tousjours tendre.
LE FOL.
Ces trois folz ont grant volonté
De chercher leur malle meschance [2].

---

[1] Ordinairement, de temps à autre.
[2] Pour : *meschéance*, mauvaise chance.

Quant on a bien ris ou chanté,
A la fin fault tourner la chance.
Ha ! vous voulez avoir plaisance [1] ?
Bien vous l'aurez pour ung tandis [2] ;
Mais gens qui prennent leur aisance,
Se retreuvent les plus mauldis.

BONNE COMPAIGNIE, gorriere [3] damoyselle, se tire avant, avec tous ses gens en bon ordre, et dit :

Arriere, chagrins et marris [4] !
Car je ne quiers que plaisans ris,
Et de tous esbatz abondance.

GOURMANDISE, femme.

Et, moy, le gras beuf et le riz,
Chappons et poulletz bien nourris,
Car de la pance vient la dance.

FRIANDISE, femme.

Bon fait, attendant le disner,
D'ung petit pasté desjeuner,
Pourveu qu'il soit chault et friant.

PASSETEMPS, homme.

Riens, riens [5] ! tousjours solas [6] mener ;
Jouer, chanter, dancer, tourner,
En babillant et en riant.

JE-BOY-A-VOUS, homme.

Cela ne vault pas ung neret [7],
Mais vin vermeil et vin cleret,
Pour arrouser la conscience.

---

[1] Satisfaction, plaisir.
[2] Pour un moment.
[3] De bonne mine, bien parée.
[4] Gens moroses.
[5] Cette exclamation équivaut à celle-ci : *Bien, bien!*
[6] Joyeuse vie ; *solas* ou *soulas* vient de *solatium*.
[7] Liard, petite monnaie de billon noir ou *neret*.

JE-PLEIGE-D'AUTANT[1], homme.

Je prise mieulx le muscadet[2] :
Quant on en verse plain godet,
Je le prens bien en pascience.

ACOUSTUMANCE, femme.

Quiconque ung train encommence,
Soit de mestier ou de science,
D'exercice ou de nourriture,
Laisser n'en peut l'experience,
Car nous avons clere apparence
Que coustume est autre nature,
Non pas nature proprement
Touchant nature naturée,
Mais ung train tenu longuement,
C'est quasi nature alterée.

BONNE COMPAIGNIE.

Il fault commencer la journée.
Sus, je vous ordonne qu'on fine
D'une tostée enluminée[3] ?

JE-BOY-A-VOUS.

Et de bon vin.

BONNE COMPAIGNIE.

Quarte ou chopine.

JE-PLEIGE-D'AUTANT.

Tantost vous en feray l'amas.

BONNE COMPAIGNIE.

Et, au surplus, qu'on nous propine[4]
Deux platz de prunes de Damas.

---

[1] Ce surnom signifie : *j'accepte tous les tousts.*
[2] Vin muscat cuit et épicé.
[3] Grillade dorée par le feu.
[4] C'est-à-dire : qu'on nous apporte, qu'on nous serve; du latin *propinare.*

Ce premier repas se fera sur une table ronde ou carrée, et se la saison est qu'on ne puisse tiner [1] de prunes, il faut prendre prunes seiches ou en faire de cire qui auront forme et couleur de Damas.

GOURMANDISE.

Il fault remplir noz estomacz
Soit de trippes ou de jambon.

FRIANDISE.

Fy! fy! C'est pour Jehan ou Thomas:
Il me suffist de pou [2] et bon.

JE-BOY-A-VOUS.

Voicy belle provision:
Pastez, prunes, pain, vin et tasse.

BONNE COMPAIGNIE.

Chascun preigne sa porcion,
Puisqu'il y a viande en place.

JE-PLEIGE-D'AUTANT.

Et comment Gourmandise amasse
Ces prunes, pour les enfourner!

JE-BOY-A-VOUS.

Elle a mangé une lymace [3].

BONNE COMPAIGNIE.

Paix! paix! il n'en fault mot sonner.

PASSETEMPS.

Gente dame, pour vous donner
Ung peu de resjouyssement,
Quelque dance veulx ordonner
S'il vous plaist?

[1] Avoir, trouver.
[2] Pour : *peu*, avec la prononciation italienne.
[3] Gourmandise mange si gloutonnement, qu'elle avale une limace qui se trouvait sur les prunes.

BONNE COMPAIGNIE.
Tost, legierement.
PASSETEMPS.
Pour commencer l'esbatement,
Ça, Friandise, ma mignonne,
Je vous vueil mener gentement,
S'il ne tient à vostre personne?

FRIANDISE.
A vostre gré je m'abandonne,
En tout honneur, sans mal penser.

PASSETEMPS.
Qui à villennie s'adonne,
Jamais pas ne puist-il passer.

Il la prent par la main.

Quant ainsi vous tiens par la main
Et voy vostre visage humain
Plus doulx que d'une Magdaleine,
Il me souvient du joyeux train
De Paris, qui ronge son frain,
Tant est surpris de dame Helaine[1].

FRIANDISE.
Et quand je voy le doulx ymaige
De vostre gracieux visaige
Où il y a beaulté foison,
Il m'est advis, en mon couraige[2],
Que je face le personnage
De Medée, et, vous, de Jason[3]?

---

[1] Paris, filz du roy Priam, ravit Helaine, femme de Menelaus, roy de Lacedemonnie. (*Note de l'auteur.*)

[2] For intérieur, esprit, cœur.

[3] Jason se acointa de Medée, et, par le conseil d'elle, conquesta la Toison. Ces matieres sont traictées en l'*Hystoire de Troye*, que a escript Guido de Coulmna, et au paravant, Omere, Virgille, etc. (*Note de l'auteur.*)

BONNE COMPAIGNIE.

Sus, sus, sonnez une chanson :
Si verrez quelque sault gaillart !

PASSETEMPS.

Tantost monstreray la façon
De dancer sur le nouvel art.

Est à noter que, sur l'eschaffault ou en quelque lieu plus hault, seront les instrumens de diverses façons, pour en jouer et diversiffier, quant temps sera. Et sur ce present passaige pourront jouer une basse dance assez briefve, puis dira Disner :

DISNER.

Il nous fault tyrer ceste part,
Où sont toutes joyeusetez :
Bonne Compaignie y depart
Ses jeux et gracieusetez.

SOUPPER.

Tous troys avons les voulentez
De la suyvir [1] à toute instance.

BANCQUET.

Ung beau salut luy presentez,
Pour impetrer son acointance.

DISNER.

Je prie à la divine Essence,
Qu'elle tienne en convalescence [2]
La dame et son estat notable.

BONNE COMPAIGNIE.

Dieu gard les seigneurs d'excellence !
Venez gouster de l'opulence
Des biens qui sont à ceste table ?

---

[1] Pour : *suivre*.
[2] Prospérité, bonne santé.

DE BANCQUET.

SOUPPER.

Pardonnez-nous, dame louable,
Se à vostre logis honnorable
Sommes venus sans inviter?

BONNE COMPAIGNIE.

Cela, ce m'est chose aggreable.
Toutesfois, il est raisonnable
Que je oye voz noms reciter.

DISNER.

J'ay nom Disner.

SOUPPER.

Et, moy, Soupper.

BANCQUET.

Et, moy, Bancquet, gent et legier,

DISNER.

Pour gens à table occuper,
J'ay nom Disner.

SOUPPER.

Et, moy, Soupper.

BANCQUET.

Je fays plusieurs biens dissiper
Et hors heure boire et manger.

DISNER.

J'ay nom Disner.

SOUPPER.

Et, moy, Soupper.

BANCQUET.

Et, moy, Bancquet, gent et legier.

BONNE COMPAIGNIE.

Telz hostes doit-on bien loger:

Ilz sont de prix et de valleur.
Or, sus, mes gens, sans plus songier[1].
Faictes-leur boire du meilleur?

DISNER prent la tasse.

Vostre vin a belle couleur.

Passetemps, Je-boy-à-vous et Je-pleige-d'autant leur baillent les tasses.

SOUPPER.

La saveur vault encores mieulx.

BANCQUET.

C'est vin pour guérir de douleur
Et pour enluminer les yeulx.

DISNER.

Dame de maintien gracieux,
Dictes, sans penser à nul vice,
Qui sont ces cueurs solacieux
Qui vous font honneur et service?

BONNE COMPAIGNIE.

Tantost en aurez la notice :
Veez cy Passetemps, au plus près;
Je-boy-à-vous, homme propice,
Et Je-pleige-d'autant après.

Elle les monstre.

Veez cy la frisque Friandise,
Qui au plat gentement s'avance;
Veez cy la gloute Gourmandise,
Et puis veez cy Acoustumance.

DISNER.

Pour Dieu ! n'ayez à desplaisance
Se de leur estat enquerons?

---

[1] C'est-à-dire : sans hésiter.

SOUPPER.

Ce sont gens de resjouyssance.

BANCQUET.

Ilz sont telz que nous les querons.

DISNER.

Ma dame, nous vous requerons,
Que vers nous faciez le retour;
Car tous troys certes desirons,
De vous festoyer tour à tour.

BONNE COMPAIGNIE.

D'y prendre repas et sejour,
La chose point ne me desplaist :
Employer y voulons ce jour,
Mes gens et moy, puisqu'il vous plaist.

DISNER.

Chez moy viendrez sans plus d'arrest,
Car je vueil commencer la feste.

BONNE COMPAIGNIE.

Je le vueil bien.

DISNER.

   Tout y est prest,
En salle plaisante et honneste.

SOUPPER.

Ma dame, sachez que j'appete
Vous avoir au second repas?

BANCQUET.

Et le dernier tour me compete [1] :
Vous y viendrez, ne ferez pas?

---

[1] Convient; du latin *compe ere*.

BONNE COMPAIFNIE.

Ouy, nous yrons pas à pas,
Prendre refection humaine.

DISNER.

Dame bien faicte par compas [1],
Vous plaist-il bien que je vous maine?

Il l'emmaine par-dessoubz le bras, et Soupper et Bancquet se retirent.

BONNE COMPAIGNIE.

Pour moy prenez beaucoup de paine,
Mais il sera remuneré.

DISNER.

Veez cy mon logis et demaine [2];
Veez cy l'estat tout preparé.
Or sus, Escuyer moderé,
Et vous, Escuyer proffitable,
Avez-vous si bien labouré [3],
Que tout soit prest pour seoir à table?

Notez que l'Escuyer, le Cuysinier et les deux Serviteurs sont du commun, et serviront aux troys, etc.

L'ESCUYER.

Viande avez moult delectable,
Bonne saulce et bonne vinée.

LE CUYSINIER.

Pour brigade doulce et traictable,
Viande avez moult delectable.

LE PREMIER SERVITEUR.

Et si avez servant notable,
En moy qui ay myne affinée.

---

[1] C'est-à-dire : par excellence.
[2] Pour : *domaine*, demeure.
[3] Travaillé.

LE SECOND SERVITEUR

Viande avez moult delectable,
Bonne saulse et bonne vinée.

DISNER.

Or, sus, l'eaue est-elle donnée [1]?

Font semblant de laver.

L'ESCUYER.

J'en sers, comme escuyer de bien.

DISNER.

Veez cy vostre place assignée,
Ma dame?

BONNE COMPAIGNIE.

Je le vueil très-bien.

DISNER.

Passetemps, valeureux crestien,
Prenez vostre lieu cy de coste,
Et puis chascun prengne le sien,
L'ung après l'autre, coste à coste.

BONNE COMPAIGNIE.

Cy sera la place de l'hoste.

DISNER.

Ha, je feray bien, n'en doubtez.

LE FOL.

Mais où sera moy et marotte?
Devons-nous estre deboutez?

DISNER.

Apportez l'assiete [2], apportez?

---

[1] Avant le repas, on donnait l'eau; c'est-à-dire que l'on présentait l'aiguière à chaque convive, pour se laver les mains.

[2] On appelait *assielle* ou *mets* ce que nous appellons *service* ou *entrée* dans un dîner. Taillevent, dans son Livre de cuisine, nous offre plusieurs menus qui nous apprennent la composi-

L'ESCUYER.

Mais quoy?

DISNER.

Frictures à foison,
Brouet, potaiges, gros pastez,
Beau mouton et beuf de saison.

LE FOL.

Se les gens de vostre maison,
Ne vous servent selon raison,
Ilz auront de ceste massue.

DISNER.

N'oubliez pas le gras oyson,
Le cochon et la venoison,
Quelque entremetz, et puis l'yssue [1].

LE CUYSINIER.

Ça, gallans, de la retenue!
Ne voulez-vous rien despescher?
Servez troys metz d'une venue?
Si trouveront mieulx à mascher.

tion d'un banquet au quinzième siècle. Voici le *Bancquet de monseigneur d'Estampes* : « Pour premiere assiette : Chapons au brouet de canelle; Poulles aux herbes; Choulx nouveaulx, et puis la Venaison.

« Second metz : Rost le meilleur; Paons au selereau; Pastez de chappons; Levrotz au vinaigre rosat, et Chappons au moust Jehan.

« Tiers metz : Perdrix à la trimolette; Pygeons à l'estuvée; Pastez de venaison; Gelées et leschées.

« Quart metz : Pour cresme, Pastez de poires; Amandes toutes succrées; Noix et Poires crués. »

Ce menu, que Taillevent cite comme un modèle, ne peut soutenir la comparaison, il faut l'avouer, avec les menus de l'illustre Carême : cependant, à en croire le Livre de Taillevent, les jus de viande et de poisson étaient alors infiniment plus succulents et plus soignés qu'ils ne le sont dans la cuisine du dix-neuvième siècle.

[1] En terme de boucherie, ce mot a une foule de significations; il se dit des extrémités de la bête, de sa tête ou de sa queue, ou surtout de ses entrailles : mais ici, c'est *l'issue de table*, le dessert.

Le Cuysinier aura ses metz tous prestz sur quelque autre table
et les baillera aux servans.

L'ESCUYER.

Je voys doncques ce plat coucher
Dessus la table promptement,
Et le poser honnestement,
Affin qu'ilz y puissent toucher.

LE PREMIER SERVITEUR.

Puis qu'il fault les metz approcher,
En servant gracieusement,
Je voys doncques ce plat coucher
Dessus la table promptement.

LE FOL.

Je ne cesse de me mouscher,
Affin d'estre plus nettement,
Mais compte on ne fait nullement
De moy non plus que d'ung vacher.

LE SECOND SERVITEUR.

Je voys doncques le plat coucher
Dessus la table promptement,
Et le poser honnestement,
Affin qu'ilz y puissent toucher.

DISNER.

Ma dame, je vous veuil trencher?

BONNE COMPAIGNIE.

A vostre plaisir.

DISNER.

Or, tenez,
Dea, il ne fault pas tant prescher.
J'entens que tous y advenez.

PASSETEMPS.

Amplement nous entretenez.
Voicy beaulx metz frians et doulx.

DISNER.

Versez du vin et leur donnez
Du fin meilleur?

LE PREMIER SERVITEUR.

Ce ferons-nous.

JE-BOY-A-VOUS.

Seigneur hoste, je boy à vous!

DISNER.

Et je vous pleige[1] tout contant!

BONNE COMPAIGNIE.

Mes amys, je boy à vous tous!

JE-PLEIGE-D'AUTANT.

Quant à moy, je pleige d'autant!

FRIANDISE.

Passetemps joyeux et bruyant,
Pour moy ung petit ragouter,
S'il y a rien de bien friant,
Vous me le deussiez presenter?

PASSETEMPS.

De cela ne vous fault doubter :
Je feray vostre remonstrance.

GOURMANDISE.

Quant à moy, je veuil bien bouter[2],
Boire et manger jusqu'à oultrance.

LE FOL.

Ilz ont le meilleur temps de France,
Sans soucy, sans melencolye.

---

[1] Je vous fais raison ; je réponds à votre toast.
[2] C'est-à-dire : mettre les morceaux doubles, tordre et avaler.

ACOUSTUMANCE.

Il n'y fault que perseverance,
Et c'est le poinct où je les lye.

Notez que Soupper et Bancquet les espient par quelques fenestre haulte.

SOUPPER.

Vela une feste jolye !
Ilz ne se sçavent contenir.

BANCQUET.

Qui trop en prent, il fait folye :
Cela ne se peut maintenir.

SOUPPER.

Si fort son estomac fournir,
N'est pas pour avoir alegance.

BANCQUET.

Laissez-les devers nous venir ;
Nous en aurons brief la vengeance.

Notat que les Maladies se viennent icy presenter en figures hydeuses et monstrueuses, embastonnées [1], et habillées si estrangement, que a peine peut-on discerner si se sont femmes ou hommes.

APPOPLEXIE.

Regardez bien ma contenance,
Puis enquerez de mon renom,
Affin qu'en ayez souvenance :
Appoplexie, c'est mon nom.
De tous sens et de motion,
Je prive le corps qui est beau ;
Mais c'est pour l'oppilacion
Des ventriculles du cerveau.

PARALISIE.

Aussy, fais-je du bruyt nouveau ;

---

[1] Armées.

Moy, Paralisie, aygrement :
Les nerfz, qui sont dessoubz la peau,
Je mollifie lourdement.
Le sentir et le mouvement,
Je desreigle, quand je les touche :
Là se treuvent finablement
Ceulx qui font les excès de bouche.

EPILENCIE[1].

Et moy, qui suis Epilencie,
Dois-je pas avoir renommée ?
Je suis la seur d'Appoplexie,
Qui s'est premierement nommée :
Par moy est la teste estonnée,
Par moy tous jeux sont en debatz ;
Par moy ont la malle journée,
Gormans qui prennent leurs esbatz.

PLEURESIE.

Pleuresie revient en place,
Qui est ung mal fort redoubté.
Je fais mourir en brief espace [2]
Bien souvent le plus hault monté.
Es pennicules [3] du costé,
Une apostume metz et couche :
Par ainsi sentent ma durté,
Ceux qui font les excès de bouche.

COLICQUE.

Et que direz-vous de Colicque,
Passion de travail comblée ?
C'est la très plus melancolicque,
Qui soit en toute l'assemblée.
Dedans collon je suis collée,

---

[1] Pour : *Epilepsie*. Le texte porte ici par erreur : *Epilicencie*.
[2] En peu de temps.
[3] Poumons.

Qui est l'ung des boyaulx plus bas :
Par moy ont la pance troublée,
Gormans qui prennent leurs esbas.

ESQUINANCIE.

Sachez que plusieurs maulx je forge,
Moy, Esquinancie l'inhumaine,
Car je prens les gens par la gorge,
Et souvent à mort je les maine.
Au boire, manger et alayne,
Le chemin je forclos et bousche,
Et fais mourir de mort villaine
Ceux qui font les excès de bouche.

YDROPISIE.

Ydropisie fait terreur,
A veoir sa façon destructive ;
Et dit-on que je suis erreur,
Dedens la vertu unitive :
Par matiere dessiccative,
Les povres paciens combas,
Et fais mourir de mort hastive
Gormans qui prennent leurs esbas.

JAUNISSE.

Et moy, on m'appelle Jaunisse,
Ictericia, en latin :
Combien qu'on me repute nice [1],
Si fais-je merveilleux hutin [2].
Peau blanche comme parchemin,
Rends descoulourée et farouche :
Ainsi passent par mon chemin,
Ceux qui font les excès de bouche.

GRAVELLE.

Est-il de moy quelque nouvelle,

---

[1] Innocente, sotte.
[2] Remue-ménage, désordre, ravage.

Qui suis ung morbe official [1]?
Medecins m'appellent Gravelle,
Torment assez especial.
Par faulte d'emplir l'urinal,
Mes suppos renversé et abas,
Et metz en detriment final
Gormans qui prennent leurs eslias.

GOUTTE.

Que direz-vous de moy la Goutte,
Qu'on dit Ciragie ou Artetique?
En mon cas homme ne voit goute,
Tant soit medecin auctentique.
Je suis podagre sciatique,
Pire que n'est la poingnant' mousche :
Dieu sçait comment je poins et picque
Ceux qui font les excès de bouche !

APPOPLEXIE.

Quant nous sommes tous ensemble
Autour d'ung povre corps humain,
Respondez-moy, que vous en semble,
N'est-il pas cheut en bonne main?

PARALISIE.

Corps qui est trop farcy de sain [2],
De vin, de pain, de chair friande,
Ne peut estre longuement sain,
S'il ne digere sa viande.

SOUPPER.

Et Bancquèt sera avec luy.
Voicy les gens que je demande :
Dieu gard ces nymphes desbifées [3] !
Si pour quelque chose vous mande,
Y viendrez-vous bien eschauffées?

---

[1] Mal qui représente tous les maux ; *morbus officinlis.*
[2] Graisse, lard.
[3] Qui ont si mauvaise mine.

EPILENCIE.

Mais que nous soyons estoffées,
De nos bretelles¹ et bastons,
Nous y troterons comme fées,
Ou comme garoux ou luytons².

SOUPPER.

Bancquet et moy, nous attendons
Bonne Compaignie et ses gens,
Lesquelz festoyer entendons
De tous metz gracieux et gens :
De leur santé sont negligens,
Et pourtant chastier les fault;
Si veuil que soyez dilligens
De leur faire ung petit assault.

PLEURESIE.

Mais voulez-vous que, de plain sault,
On les face morts tresbucher,
Ou qu'on les envoye en lieu chault³,
Tous malades, pour eulx coucher?

SOUPPER.

Premier, il vous fault embuscher
En mon logis secrettement:
Et puis je vous yray hucher⁴,
Pour commancer l'esbatement.
Lors viendrez-vous soubdainement
A l'estourdy frapper sur eulx,
Pour leur monstrer visiblement,
Que long Soupper est dangereux.

---

¹ Petites épées ; *brettes*, armes à main.
² Loups-garoux et lutins.
³ Étuves qu'on appelait *limbes*, et dont la médecine se servait pour faire suer les malades.
⁴ Appeler, avertir.

COLICQUE.

D'autant qu'ilz sont beaulx et joyeux,
De tant les ferons plus cornars[1] ;
Voire, pardieu, si roupieux,
Qu'ilz s'enfuiront comme renars.

ESQUINANCIE.

Vous les verrez, de toutes pars,
Partir dehors, comme esgarez.
Je croy qu'ilz seront bien espars,
Esparpillez et separez.

SOUPPER.

Quant temps sera, vous y viendrez,
Et besongnerez sans les craindre :

BANCQUET.

A moy aussi vous ne fauldrez,
Pour les parachever de paindre ?

YDROPISIE.

Sans rien dissimuler ne faindre,
Seront rencontrez face à face !
J'ay bien espoir de les contraindre
A tantost vuyder de la place.

SOUPPER.

Oh ! il souffist, le temps se passe :
Vous frapperez sur les manteaux ?
Je voys, tandis que j'ay espace,
Appointer mes billebateaux[2].

BONNE COMPAIGNIE.

Or ça, reboutons noz cousteaux.
La disnée est bien acomplye.

---

[1] Camus, sots, étonnés.

[2] Ce mot ne figure pas dans les dictionnaires ; comme on appelait *nefs* les vases à boire et les pièces d'orfèvrerie contenant des confitures, nous pensons que *bille-bateau* a le même sens que *nef*. Il y a encore des *bateaux* dans un service de dessert.

Faictes oster tables et treteaux,
Mon hoste, je vous en supplie?

DISNER.

Ma dame Bonne Compaignie,
Maistresse d'excellent degré,
Vous et vostre belle mesgnye,
S'il vous plaist, vous prendrez en gré?

LE FOL.

Sainct Jehan! vous m'avez bien monstré
Que je suis fol totallement :
Au moins, si j'eusse rencontré
Ung voirre de vin seullement!
Ne suis-je pas bien acoustré?
Je ne sçay comment on l'entend :
Puisque je n'ay rien impetré,
Je iray jouer au mal content[1].

BONNE COMPAIGNIE dit Graces.

Mon Dieu, qui, au commencement,
Le monde soubz le firmament,
Si richement edifias,
Des biens dont avons largement,
Te mercions presentement
De bon cueur.

JE-BOY-A-VOUS et JE-PLEIGE-D'AUTANT.

Deo gratias.

JE-BOY-A-VOUS.

Dieu, qui, par louables façons,
De cinq pains d'orge et deux poissons
Grant multitude sacias[2] :
De tes viandes et beaulx dons
Humblement graces te rendons
De bon cueur.

---

[1] C'est un jeu de cartes, qu'on appelait aussi *le here* et *le malheureux* : il est cité parmi les jeux de Gargantua.

[2] C'est-à-dire : tu *rassasias*, tu restauras.

PASSETEMPS et JE-PLEIGE-D'AUTANT.
Deo gratias.

BONNE COMPAIGNIE.

Or ça, danseurs, estes-vous las ?
Il fault reprendre l'ordinaire,
Et pour mener quelque solas,
Faictes jouer le lutenaire [1].

PASSETEMPS.

Madame, c'est à moy à faire :
Je voys le cas executer.
Au demourant de nostre affaire,
Pensez de l'hoste contenter.

DISNER.

De cela ne fault sermonner.

BONNE COMPAIGNIE.

Il vous a cousté largement.

DISNER.

Je vous ay bien voulu donner
Ce repas amyablement.

BONNE COMPAIGNIE.

Puis que ne voulez autrement
Recompense de tous voz biens,
Je suis vostre totallement,
Et si vous offre tous les miens.

PASSETEMPS.

Toy, joueur, qui vois noz maintiens,
Tous prestz de marcher et passer,
Puis que le lutz en ta main tiens,
Sonne ! Si nous feras danser.

---

[1] Lutenaire, *id est* joueur de lutz. (*Note de l'auteur.*)

L'instrument sonne, et les troys hommes mainent les troys femmes et danceront telle dance qui leur plaira, et cependant Bonne Compaignie sera assise.

L'ESCUYER.

On doit de soy-mesmes penser :
Gallans, allons croquer la pie[1].

LE PREMIER SERVITEUR.

Sus, il nous fault recommancer :
On doit de soy-mesmes penser.

LE SECOND SERVITEUR.

Je suis content de m'avancer,
Car autre chose je n'espie.

LE CUYSINIER.

On doit de soy-mesmes penser :
Gallans, allons croquer la pie.
Je n'en puis plus, se je ne pie[2]
Quelque pianche[3] bonne et fresche.

LE PREMIER SERVITEUR.

Je croy que j'auray la pepie,
Tant ay la povre langue seiche.

LE CUYSINIER.

Voicy ung plat, pesche cy pesche[4],
Combien qu'il n'y ait rien de chault.

---

[1] Cette expression proverbiale ne paraît pas avoir d'analogie avec celle-ci qui lui ressemble : *croquer le marmot*. Nous croyons que *croquer la pie* signifierait plutôt, en équivoque : se gorger de vin, de *piau*; boire sa soif.

[2] Bois, du verbe *pier*, emprunté au grec πίειν ; en argot, *piancher*.

[3] Boisson, terme d'argot.

[4] C'est-à-dire : y mette la main qui voudra.

LE FOL.

Au moins, donnez-nous une pesche,
Pour faire ung peu gobe quinault [1] ?

LE SECOND SERVITEUR.

Va, Fol, va! Qu'esse qu'il te fault?
Dois-tu si avant approcher?

LE FOL.

C'est à propos : ne bas ne hault,
Je ne trouve riens que inascher.

SOUPPER.

Gent Escuyer, mon amy cher,
S'il vous plaist, vous ne fauldrez pas
De venir servir et trencher [2]
Chez moy, à ce second repas?

L'ESCUYER.

Vous aurez des gens ung grant tas :
Pensez à la provision?

SOUPPER.

Pour entretenir tous estatz,
J'ay assez preparacion.

BANCQUET.

Et après la refection,
Ilz doivent chez moy banqueter ;
Je vous prie par affection,
Que vous y vueillez assister?

L'ESCUYER.

Puis que me venez inviter,

---

[1] C'est-à-dire : pour avoir de quoi mordre et avaler. Cette expression proverbiale : *gobe-quinault*, que les dictionnaires n'ont pas recueillie, représente un vieux singe (*quinaut*) qui gobe des noisettes.

[2] Découper les viandes ; faire l'office d'écuyer tranchant.

Il appartient bien que y aille;
Nous yrons le cas actinter¹,
Et n'en voulons denier ne maille².

LE CUYSINIER.

Vous serez servy, ne vous chaille³,
De rosty, boully et gelée :
Il n'y fault point de chair salée,
Mais connins⁴, perdrix et poullaille⁵.

LE PREMIER SERVITEUR.

S'on peut trouver quelque vollaille⁶,
Soit en montaigne ou en vallée,
Vous serez servy, ne vous chaille,
De rosty, boully ou gelée.

LE SECOND SERVITEUR.

Je n'y feray chose qui vaille,
Si je n'ay la teste enyvrée;
Mais si la boisson m'est livrée,
Je verseray plus dru que paille.

L'ESCUYER.

Vous serez servy, ne vous chaille,
De rosty, boully et gelée;
Il n'y fault point de chair salée,
Mais connins, perdrix et poullaille.

SOUPPER.

Or, sus, Escuyer, je vous baille
La charge et le gouvernement.

---

¹ Disposer tout; ce verbe est encore usité dans la marine.
² C'est-à-dire : nous n'entendons pas recevoir le moindre salaire.
³ Ne vous en inquiétez pas.
⁴ Lapins.
⁵ Volaille de basse cour.
⁶ Gibier ailé.

L'ESCUYER.

Nous yrons tous, vaille que vaille,
Et au banquet consequamment.

BONNE COMPAIGNIE.

Est-il estat que vivre plaisamment,
Joyeusement, sans aucun plaisir prendre;
Boire d'autant, manger pareillement,
Abondamment, et puis honnestement
L'esbatement et le jeu entreprendre.
A bien comprendre, et la matiere entendre,
Chascun doit tendre à tenir cest usage.
Il est bien Fol qui cerche son dommage !

  Dansons, ryons,
  Sans nul soucy;
  Chantons, bruyons [1],
  Dansons, ryons,
  Douleur fuyons,
  Et paine aussi :
  Dansons, ryons,
  Sans nul soucy :
Ne se doit-il pas faire ainsi,
Qui peut et qui a l'aisement [2] ?

PASSETEMPS.

Il seroit bien fol, Dieu mercy,
Quiconque feroit autrement.

BONNE COMPAIGNIE.

On doit vivre amoureusement,
Et hanter les dames honnestes.

PASSETEMPS.

Je m'en mesle communement,
Mais je ne quiers que les plus nectes :

---

[1] Faisons du bruit; du verbe *bruire*.
[2] L'aisance, la fortune.

Faces sadinettes ¹,
Plaisans godinettes ²,
Belles à choisir,
Fillons ou fillettes,
Blanches, vermeillettes,
C'est tout mon desir.

JE-BOY-A-VOUS.

Et je trouve ailleurs mon plaisir,
Car j'ay autre condicion.
Je prens voulentiers le loisir
  De vacquer à potacion ³ :
  Bouteille ou flascon
  De vin de Mascon,
  Je le trouve sain ⁴ ;
  Celluy de Dijon,
  Et de Mont Saulion,
  Ou de Sainct Poursain ⁵.

JE-PLEIGE-D'AUTANT.

Je suis vostre cousin germain,
Car je croy que homme ne m'en passe :
Se vous buvez à verre plain,
Je joue aussi de passe passe.
  Ce bon vin j'entasse,
  Tousjours tasse à tasse,

---

¹ Jolis visages. *Sadinet* est l'augmentatif de *sade*, qui dériverait plutôt de *suadus* que de *suaris*.

² Amies de la joie et du plaisir.

³ Action de boire; en latin *potatio*.

⁴ Il est à remarquer que les vins de Bourgogne sont rarement cités par les écrivains du seizième siècle, ce qui prouverait qu'on les exportait hors de France, ou qu'on les buvait dans la province. Rabelais et l'auteur de la moralité des *Blasphémateurs*, ne les nomment pas.

⁵ Nous pensons que le vin de *Mont-Saulion* est le vin de Saulieu; quant au vin de Saint-Pourçain, il a sa place dans le *Blason des bons vins de France*, par Pierre Danche, qui loue

De Sainct Pourçain le gentil bourbonnois.

Par icy dedens :
Pour une trincasse [1],
Cela ne me casse
Ne langue ne dens !

FRIANDISE.

Puisqu'il fault parler des despens,
Se la maison est raisonnable,
Ne laissez pourtant en suspens
Le manger qui est convenable :
　Je desire table
　Pourveue et sortable
　De bonne viande :
　La plus delectable
　M'est plus prouffitable ;
　Pourtant la demande.

GOURMANDISE.

Et moy, qui suis ung peu gourmande,
J'appete vivres à foison,
Comme ung seytier de laict d'amande,
Et cinq pastez de venoison.
　Pour ung desjunon [2],
　Je ne vueil, sinon
　De vin une quarte,
　Avec ung oyson [3],
　Nourry de saison,
　Le flan et la tarte [4].

---

[1] Toast, santé que l'on trinque.
[2] Pour : *déjeuner*.
[3] Quoique Platine de Crémone fasse le procès à l'oie, considerée comme aliment (voy. *De honesta voluptate*, lib. V), les Français, et surtout les Parisiens, ne partageaient pas cette mauvaise opinion à l'égard d'une *poulaille*, qu'ils préféraient à tous les volatiles de basse-cour. La rue aux Oues, maintenant rue aux Ours, était pleine de rôtisseurs qui faisaient cuire plus d'oies que de poulets.
[4] Nos ancêtres étaient très-friands de flans et de tartes,

ACOUSTUMANCE.

Avant que le jeu se departe,
On voirra comme tout ira.
Ce m'est tout ung, Marie ou Marte,
Mais quelque ung s'en repentira :
    Car tel gaudira,
    Et tant joyra
    Des biens savoureux,
    Que mal sortira,
    Car il sentira
    Loyer douloureux[1].

LE FOL.

Et c'est la fin des amoureux,
Et des gourmans pareillement :
Premier deviennent langoureux,
Et puis ilz meurent meschainment.

Soupper parle à Bonne Compaignie.

SOUPPER.

Dame vivant triumphamment,
Je vous faiz declaration,
Qu'il est heure presentement
De prendre sa refection.

BONNE COMPAIGNIE.

Je suis de ceste oppinion :
Là se fait-il bon occuper.

SOUPPER.

Venez veoir l'abitacion,
Où j'ay preparé le soupper?

Il l'emmaine par soubz le bras.

---

comme le sont encore les Anglais, qui conservent mieux que nous leurs anciens usages. Tailleyent donne plusieurs recettes de tartes : « Tartes couvertes communes; tartes descouvertes; tartes à deux visaiges; tarte jacopine couverte et orengée pardessus; tarte jacopine bien farcie; tarte de pommes, » etc.

[1] Récompense douloureuse.

PASSETEMPS.

Nous yrons tous per ou non per[1],
Il est ainsi determiné.

JE-BOY-A-VOUS.

Si avoit-il bien à couper,
Au lieu où nous avons disné.

JE-PLEIGE-D'AUTANT.

J'ay tout digeré et myné[2],
Et suis prest comme au par avant.

FRIANDISE.

Cheminons! c'est trop sermonné,
Bonne Compaignie est devant.

GOURMANDISE.

J'ay intencion maintenant
De bien gourmander et manger.

ACOUSTUMANCE.

Je iray tant ces gens pourmenant,
Qu'ilz tresbucheront en danger.

SOUPPER.

Escuyer gentil et legier,
Faictes laver et seoir voz gens?

L'ESCUYER.

Pensez que je suis mesnagier,
Pour servir contes et regens.

LE CUYSINIER.

Serviteurs, soyez diligens
De servir l'assiete premiere[3].

---

[1] Deux par deux, ou un par un.
[2] Enfoui dans le ventre comme au fond d'une mine.
[3] C'est-à-dire : le premier service.

LE PREMIER SERVITEUR.

De rien ne seront indigens :
Je y entendz de bonne maniere.

LE SECOND SERVITEUR.

Devant ma dame la gorriere,
Voys presenter ce gibelet [1]?

LE CUYSINIER.

Et, toy, demoures-tu derriere?

LE SECOND SERVITEUR.

Je voys servir ysabelet [2].

SOUPPER.

Madame, mangez, s'il vous plaist,
Et si tastez de tous noz vins?
J'en ay du plus friandelet,
Qui soit point d'icy à Provins.
Sus, ho! serviteurs barbarins [3],
Apportez-nous ces hustaudeaux [4],
Poulletz et chappons pelerins [5],
Cignes, paons, et perdriaux,
Epaulles, gigotz de chevreaux,
Becquasses, butors, gelinettes,
Lievres, connins et lappereaux,
Herons, pluviers et alouettes?

---

[1] « Pour gibelet, dit Taillevent, d'oyseau de riviere, il fault hasler des oyseaulx à la broche, ou sur le gril, fait pareil bouillon comme à la fumée verjus et espices pareillement. »

[2] Nous n'avons trouvé nulle part le nom de ce ragoût, et nous sommes forcé de supposer qu'il devait son nom à sa couleur isabelle.

[3] Nous serions fort en peine de dire si cette qualification donnée aux Serviteurs s'applique à leur barbe, ou à leur costume, barbaresque, ou à la couleur bistrée de leur peau.

[4] Chapons gras.

[5] C'est-à-dire : qui viennent des bons endroits.

BONNE COMPAIGNIE.

Voz saulces sont-elles bien faictes [1],
Escuyer?

L'ESCUYER.

Madame honnorée,
Veez-en cy de trop plus parfaictes,
Que cyve [2], ne galimaffrée [3] :
Tout premier, vous sera donnée,
Saulce robert [4], et cameline [5],
Le saupiquet, la cretonnée [6],

---

[1] L'ancienne cuisine possédait un grand nombre de sauces, que la cuisine moderne a bien modifiées, sinon abandonnées tout à fait. On trouvera dans le *Livre de Taillevent* beaucoup de détails sur ces sauces, avec quelques aphorismes culinaires, tels que celui-ci : « Toute venaison fresche qui n'est point bassinée se menge à la cameline. »

[2] « Pour faire du cyve, mettez des connins haslez en la broche ou sur le gril, et despecez par pieces, et mettez souffrire en ung pot ; et puis prenez du sain de lard et du bouillon de beuf ; pour en faire le bouillon, prenez du foye, si en povez finer, et puis mettez tremper en bouillon de beuf, et puis mettez couler le pain et le foye, et puis mettez dedans le pot, et puis prenez canelle, gingembre, menues espices, et puis les deffaictes de verjus, et puis les mettez bouillir tout ensemble et du sel ainsi qu'il appartient. » TAILLEVENT.—Il y avait aussi le *cyve* de lièvre, le *cyve* de veau, etc.

[3] « Pour galimafrée, soyent prins poulailles ou chapons rostis, et taillez par pieces, et après fritz à sain de lard ou d'oye, et soit mis vin, verjus, et pour espices mettez de la pouldre de gingembre, et pour la lier cameline et du sel par raison. » TAILLEVENT.

[4] La sauce Robert, qui joue encore un si grand rôle dans la cuisine bourgeoise, n'est pas citée dans le *Livre de Taillevent*, du moins sous son nom, qui, dit-on, serait celui de l'inventeur.

[5] « Pour faire une quarte de cameline, haslez du pain devant le feu bien roux, et qu'il ne soit point bruslé, et puis le mettez tremper en vin vermeil tout pur, en pot ou neuf plat ; puis, quant il sera trempé, le passez par estamine avec vin vermeil, et puis prenez une chopine de vinaigre, ung quarteron de synamone, une once de gingembre et un quarteron de menues espices ; passez, mettez tout en un pot. » TAILLEVENT.

[6] Taillevent décrit plusieurs espèces de *cretonnée* : la cretonnée d'Espagne, la cretonnée de pois nouveaux, la cretonnée de fèves

Le haricot [1], la salemine [2],
Le blanc manger [3], la galentine [4],
Le grave sentant comme basme [5],
Boussac [6], montée avec dodine [7],

nouvelles, la cretonnée de poulailles, la cretonnée d'amandes. Voici cette dernière recette : « Cuisez bien poulaille en eau, despecez par quartiers, frisez en sain de lard, et prenez amandes; deffaictes de bouillon ; et mettez sur le grain; affinez gingembre commun, deffaicte de vin ou de verjus, ou tousjours se lie delie mesme, sans mettre fors que ung peu de vin blanc. »

[1] Le *haricot brun* n'est autre chose qu'une sauce au roux.

[2] « Pour faire salamine, prenez brochetz, carpes ou autre poisson qu'il y apartient, et l'escailler, et faire broyer amandes, atout l'escorce deffaicte de purée de poix, et puis prenez semblablement espices comme au brouet d'Allemaigne, et les deffaictes en verjus, et faictes bouillir vostre bouillon, et mettez à part, tant qu'il soit temps de disner. » TAILLEVENT.

[3] Le *blanc manger* était une sauce blanche froide ou *brouet blanc* : « Pour faire blanc manger à poysson de brochet, de perche ou d'autre poysson auquel appartient blanc manger, faites escailler et frire à l'huille ou au beurre, et prenez amandes, et les deffaictes, comme dessus est dict, et de purée de poix. et mettez du vin blanc, et les deffaictes de gingembre blanc, de verjus et sucre, tant qu'il y en ait assez. » TAILLEVENT.

[4] La *galentine*, dans Taillevent, est une sauce froide, extraite d'un consommé de brochets et d'anguilles, avec vin, vinaigre et épices.

[5] Taillevent distingue plusieurs sortes de *graves*, entre autres le grave d'alouettes et le grave de poisson. Voici cette dernière recette : « Pour faire grave de poisson, de brochet et de carpe, ou aultre poisson, escaillez et frisez le poisson; faictes hasler du pain et tremper en purée de poix, et coullez et y mettez de l'ongnon fricassé, trenché assez gros, et mettez bouillir ensemble gingembre, canelle et menues espices, et les deffaictes de vinaigre, et y mettez ung peu de saffran pour le coulourer. »

[6] « Boussac de lievre qui sera parboullu et despecé par pieces, puis le mettez en ung pot et le souffrisez, et ayez du bouillon de beuf à le souffrire dedans le pot, et prenez du pain et le haslez, et quant il sera haslé, vous le mettrez tremper et des foyes de poulailles et roullerez de la canelle, du gingembre et des menues espices, c'est clou de graine, et mettez avec pain, et faictes les espices, verjus en vin vermeil, et faictes bouillir ensemble. » TAILLEVENT.

[7] Taillevent nous fait connaître la dodine de lait et la dodine

Chaulhumer [1], et saulce madame [2].

JE-BOY-A-VOUS.

Gourmandise, ma gentil femme,
Je boy à vous!

GOURMANDISE.

Souppons, souppons!
Laissez-moy en paix, par vostre ame!
Je vueil entendre à ces chappons.

FRIANDISE.

Avant que d'icy eschappons,
Nous sentirons bien les espices.

L'ESCUYER.

Veez cy cappes [3], lymons, popons [4],
Cytrons, carottes et radices.

---

de verjus. Voici la première : « Pour faire dodine de laict sur tous oyseaulx de rivieres, prenez du laict, et puis le mettez en ung poisle, puis demie once de gingembre pour deux platz, et passez par l'estamine avec deux ou trois moyeulx d'œufs, et les faictes bouillir tout ensemble avec laict et sucre qui veult, et quant les oyseaulx seront cuitz, mettez la dodine dessus. »

[1] « Pour faire chauldume, prenez brochetz, et les eschardez, et mettez, en pieces ou tous entiers, hasler sur le gril, et haslez du pain, et mettez tremper avec purée de poix, et quant seront trempez, prenez verjus ou vin blanc, et la purée, et passez tou ensemble : pour quatre platz, destrempez une once de gingembre dedans le bouillon et du saffran parmy, et y mettez le poisson avec du bouillon et du beurre parmy. » TAILLEVENT.

[2] « Pour faire saulce Madame, soit rostie une oye, et mettez une poisle dessoubz, et prenez le foye de l'oye ou d'aultre poullaille, et les mettez rostir sur le gril; puis, quant il sera cuit, haslez une tostée de pain, et mettez le foye et le pain tremper en ung peu de bouillon, et passez-les bien à l'estamine; mettez et laissez bouillir une douzaine d'œufs, et en prenez les moyeulx et les haschez menu, et quant l'oye sera cuite, le mettez par-dessus et la saulce avec, et se voulez que sente le goust de laict, gectez une goutte ou deux boulie. » TAILLEVENT. — Rabelais (liv. IV, ch. XL), dit que Mondam fut l'inventeur de la sauce Madame.

[3] Espèce de pomme.

[4] Ce sont sans doute des cédrats.

JE-PLEIGE-D'AUTANT.
Gentilz galans, ne soyez nices
De verser du vin largement.

LE PREMIER SERVITEUR.
Nous sommes serviteurs propices,
Pour y entendre saigement.

PASSETEMPS.
Vous nous traictez honnestement,
L'hoste?

SOUPPER.
Prenez en pacience.

ACOUSTUMANCE.
A parler veritablement,
Vous nous traictez honnestement.

FRIANDISE.
Tout est preparé nectement.

JE-BOY-A-VOUS.
Tout selon l'art et la science.

BONNE COMPAIGNIE.
Vous nous traictez honnestement,
L'hoste?

L'ESCUYER.
Prenez en pacience.

LE FOL.
Ces gens n'ont point de conscience,
De tousjours le vin entonner,
Et si n'ont pas l'intelligence
De quelque chose me donner.
Mais, après morceaulx enfourner,
Quant les ventres seront largis [1],
Ilz auront, sans plus sejourner,
Ung bel effroy sur leur logis.

[1] Pour : *élargis*, grossis, distendus.

Notez que les Maladies, par quelque fenestre, feront semblant d'espier les souppans, et ce est ce que le Fol monstre.

>Regardez ces gracieux viz,
>Qui font le guet par la fenestre?
>Tantost viendront, ce m'est advis,
>Bouter chascun hors de son estre.

####### L'ESCUYER.

>Visez à dextre et à senestre,
>Affin que tous soient contens?

####### LE PREMIER SERVITEUR.

>Quant à moy, je ne puis pas estre
>De tous costez.

####### LE SECOND SERVITEUR.

>Je y entends.
>Croy que j'ay l'usaige et le sens
>De servir aussi bien que toy.

####### LE PREMIER SERVITEUR.

>Homme n'y a d'icy à Sens,
>Qui s'y cognoisse mieulx que moy.

####### JE-BOY-A-VOUS.

>Je boy à vous!

####### JE-PLEIGE-D'AUTANT.

>Se j'ay de quoy,
>Tantost je vous iray plegier[1].

####### FRIANDISE.

>Je n'en puis plus, si je ne boy,
>Ça, la tasse, sans plus songier?

Passetemps parle à Gourmandise et luy presente la tasse.

####### PASSETEMPS.

>Voulez-vous point, après mangier,
>Boyre ce vin nouveau percé?

---

[1] Faire raison le verre à la main.

GOURMANDISE.

Contente suis de le logier.

PASSETEMPS.

Tenez, veez-le là tout versé.

GOURMANDISE.

Ça, ça, à beau cheval beau gué [1] ;
Cecy s'en va tout d'une alaine.
Vous qui m'avez interrogué,
Je boy à vous à tasse plaine?

PASSETEMPS.

Ho! ne plorez plus, Magdalaine [2] ;
Encor est le pot tout entier.

GOURMANDISE.

Je plore pour ma seur germaine,
Qui m'apprint si bien ce mestier.

SOUPPER.

Je voys visiter le quartier
De la cuysine cy auprès,
Pour veoir se dessoubz le mortier [3]
Y a rien pour servir après.

BONNE COMPAIGNIE.

Partout iray là où vouldrez :
J'entretiendray de bon courage.
Mais j'entens que vous reviendrez
Incontinent?

SOUPPER.

Si feray-je.

---

[1] Ce Proverbe veut dire qu'il n'y a pas de mauvais gué pour un bon cheval.

[2] Premier vers ou refrain d'une chanson devenue proverbiale.

[3] Four, fourneau, chappe de cuivre ou de fer-blanc.

BONNE COMPAIGNIE.

Sus, gallans, qui avez l'usaige
De harper [1], ou instrumenter,
Trop longuement faictes du saige :
Une chançon convient fleuter :
Sçavez-vous point, j'ay mis mon cueur [2]...
Ou non pas, ou quant ce viendra...
D'ung autre aymer le serviteur..
Adviengne qu'avenir pourra...
Je demande où tard aura...
Allez, regretz, mon seul plaisir...
Jamais mon cueur joye n'aura...
Cela sans plus, l'ardent desir...
Pour joyeuseté maintenir...
Dictes, gentil fleur de noblesse...
J'ay prins amour, le souvenir...
De tous biens plaine est ma maistresse...

Icy dessus sont nommez les commencements de plusieurs chansons, tant de musique que de vaul de ville [3], et est à supposer que les joueurs de bas instruments en sçauront quelque une qu'ils joueront prestement devant la table. Ce pendant Soupper vient vers le Cuysinier.

SOUPPER.

Or ça, n'est-il pas temps qu'on dresse
Les platz, pour fournir nostre yssue ?

---

[1] Jouer de la harpe.

[2] Ce vers et les suivants sont des *timbres* de chansons, en vogue à cette époque, qu'il ne serait peut-être pas impossible de retrouver dans les recueils manuscrits, car on ne connaît pas de recueils de chansons imprimés du temps de Louis XII.

[3] Ce passage, qui n'a été cité par personne, et que nous ne connaissions pas encore quand nous avons publié notre édition des Vaux de Vire d'Olivier Basselin, semble prouver d'une manière certaine que le *Vaudeville* n'est pas une corruption de *Vau-de-Vire*, ni de *voix de ville*.

LE CUYSINIER.

Ho! bon gré sainct Gris[1], je ne cesse.
Voyez-vous point comme je sue?
Serviz serez d'une venue,
Incontinent, sans faire noise.
Veez cy fructerie menue,
Tarte couverte[2] et bourbonnoise[3] :
Vous avez des metz plus de douze,
Pour servir ces trois marjollez[4] :
Vous avez raton[5], tallemouse[6],
Gauffres, poupelins[7], dariollez[8].

SOUPPER.

Servez-les à peu de parolles,
Escuyer, entendez-vous bien?
Je voys faire des monopolles,
Dont il ne viendra pas grant bien,
Et soyez de bon entretien,
Tandis qu'à la table seront.

---

[1] On désignait ainsi saint François, dans le peuple. Henri IV jurait par : *Ventre-Saint-Gris*.

[2] « Tartes couvertes : destrempez la crouste d'œufz et beurre farcy, destrempé de deux œufs et d'eaue, en chacune tarte, et non plus de beurre, destrempée avec formaige, broyé en ung mortier. » TAILLEVENT.

[3] « Tartes Bourbonnoyse : fin formaige broyé et destrempé, cresme, moyeulx d œufs suffisamment et en crouste bien petrie d'œufz, soit couverte entiere, orenge par-dessus. » TAILLEVENT.

[4] *Marjolets*, muguets, galants.

[5] Pâtisserie plate au fromage ou à la crème cuite.

[6] « Talemouse : formaige par morceaulx carrez, menus comme febves, et parmy le formaige fort destrempé œufz largement, tout ensemble et la crouste destrempée d'œufz et de beurre. » TAILL.

[7] Pâtisserie faite avec du beurre, du lait et des œufs mêlés dans la fleur de farine sucrée.

[8] « Dariolles de cresmes : soyent broyez amandes non gueres passez, et puis la cresme fort frite au beurre et largement sucre dedans. » TAILLEVENT.

L'ESCUYER.

Je seray de si beau maintien,
Qu'à nul mal ilz n'y penseront;

LE CUYSINIER.

Qu'on aille veoir que c'est qu'ilz font
Qu'on aille ces platz desservir?
Veez cy mon sucre qui se fond,
Et tout, par faulte de servir!

L'ESCUYER.

Allons donc la viande querir :
Si servirons le dernier metz[1].

LE PREMIER SERVITEUR

Il ne faut rien laisser perir :
Allons donc la viande querir.

LE CUYSINIER.

De cela vous vueil requerir,
Car il en est temps desormais.

LE SECOND SERVITEUR.

Allons donc la viande querir.
Si servirons le dernier metz.

L'ESCUYER.

Il m'est advis que desormais
Vous vous rendez, quant à cecy.

Ilz desservent tous les metz de chair.

BONNE COMPAIGNIE.

Pour Dieu! ostez ces entremetz?
Nous demourons beaucoup icy[2].

[1] Le dernier service, la dernière *entrée*.
[2] Nous restons trop longtemps à table.

LE PREMIER SERVITEUR.

Et je osteray cecy aussi.
Je voy que vous ne mangez point?

PASSETEMPS.

Nous avons bien fait, dieu mercy!
Et fourny jaquette et pourpoint [1].

GOURMANDISE.

Je croy que la mousche vous poinct,
Ou vous songez, comme je cuyde;
Je n'ay mangé que tout à point :
Encor y a-t-il ung boyau vuyde.

JE-BOY-A-VOUS.

Aussi, avez-vous belle bide [2]?
Vous y pensez, Dieu sçait comment.

JE-PLEIGE-D'AUTANT.

Qui luy pourroit mettre une bride,
On la tromperoit lourdement.

L'ESCUYER.

Pour despecher legierement,
Ça, les platz?

Le Cuysinier leur baille les platz de l'yssue, comme il est dit par avant.

LE CUYSINIER.

Tenez, veez-les là!

LE SECOND SERVITEUR.

Baillez-m'en deux pareillement,
Pour despecher legierement.

---

[1] C'est-à-dire : nous avons rempli notre estomac et notre ventre.

[2] Terme d'argot, trogne, face enluminée. Ce terme signifie aussi, au figuré, le membre viril.

LE CUYSINIER.

Puisqu'ilz ont mangé longuement,
Portez l'yssue, et puis hola.

LE SECOND SERVITEUR.

Pour despescher legierement,
Ça, les platz?

LE CUYSINIER.

   Tenez, veez-les là.
Qui aultre service vouldra,
Si quiere ailleurs son advantaige.
Au fort, le Bancquet reviendra ;
Je y voys faire le tripotaige.

L'ESCUYER.

Ma dame gracieuse et saige,
Cecy n'est point nouvelleté :
Nous avons rude et lourd usaige,
Supportez l'imbecilité.

BONNE COMPAIGNIE.

Vous nous donnez biens à planté,
Mais j'ay quelque suspicion,
Pour l'hoste qui s'est absenté
De nostre congregation [1] ?

L'ESCUYER.

Il fait la preparacion.

BONNE COMPAIGNIE.

Quoy ? Veult-il des gens recevoir ?

L'ESCUYER.

Je n'en faiz autre mention.
Vous le pourrez tantost sçavoir.

  Soupper qui vient solliciter les Maladies.

---

[1] Réunion, assemblée.

SOUPPER.
Estes-vous tous prestz?

JAUNISSE.
Ouy, voir¹.

SOUPPER.
Embastonnez?

GRAVELLE.
De bons bastons².

SOUPPER.
Pour frapper?

GOUTTE.
Pour faire devoir.

SOUPPER.
Serrez-les-moy!

APPOPLEXIE.
Mais abatons.

PARALISIE.
Il fault que nous les combatons.

EPILENCIE.
Faisons debat!

PLEURESIE.
Faisons discord!

COLICQUE.
Entreprenons!

ESQUINANCIE.
Entrebatons!

YDROPISIE
Monstrons rigueur!

---

¹ Oui, vraiment.
² On appelait *baton* toute espèce d'armes à main.

JAUNISSE.

  Monstrons effort !

GRAVELLE.

Voulez-vous qu'on les mette à mort,
Pour le refrain de la balade ?

SOUPPER.

Nenny, mais batez-les si fort,
Que chascun soit rendu malade.

GOUTTE.

Vous me verrez faire gambade.

APPOPLEXIE.

Et je frapperay au plus hault.

Soupper leur monstre la compaignie, et ilz s'approchent.

SOUPPER.

Vous voyez toute la brigade ?
Allez besongner !

PARALISIE.

  Il le fault !

EPILENCIE commence le debat et dit :
A eulx !

PLEURESIE.

  A l'assault, à l'assault !

BONNE COMPAIGNIE.

Alarme ! Quelz gens sont-ce icy ?

ESQUINANCIE.

Vous avez l'estomac trop chault !

YDROPISIE.

Et vous, le ventre trop farcy !

GOURMANDISE.

Or je me rendz ! Pour Dieu, mercy

SOUPPER.

Tous partirez de ma maison !

PASSETEMPS.

Ha ! l'hoste, faictes-vous ainsi ?
Bien voy qu'il y a trahyson !

Après ces motz, feront de grans manieres, abattront la table, les tresteaux, vaisselle et escabelles, et n'y aura personne des sept qui ne soit batu. Toutesfois, ilz eschapperont comme par force, l'ung deplayé¹, l'autre saignant. Et pourra durer ce conflict le long de une patenostre ou deux.

Puis, quand ilz seront fuys, Jaunisse parlera

JAUNISSE.

Nous les avons mis à raison.
Ilz s'enfuyent, les malheureux !

GRAVELLE.

Ilz ont eu horions foison.
J'ay trop bien deschargé sur eulx.

GOUTTE.

Ce sont gens gloutz ² et dangereux,
Et ne sçavent que caqueter.

SOUPPER.

Ayez aussi propos songneux ³
De les servir au banqueter.

APPOPLEXIE.

Sachez que nous yrons hurter.

SOUPPER.

Or, adieu, dame Appoplexie !

---

¹ Couvert de plaies.
² *Gloutons*, gourmands.
³ Pour : *soigneux*, attentifs, empressés.

EPILENCIE.

S'ilz vous viennent plus visiter,
Appellez-nous?

SOUPPER.

Je vous mercye.

BONNE COMPAIGNIE.

Mais d'où vient ceste felonnye
De nous traicter si rudement?

GOURMANDISE.

Las! on m'a fait grant villennie :
Je saigne très-piteusement.

JE-BOY-A-VOUS.

J'ay souffert terrible tourment.

JE-PLEIGE-D'AUTANT.

J'ay tous les membres affollez[1].

FRIANDISE.

J'en clouche[2] merveilleusement.

ACOUSTUMANCE.

J'ay souffert terrible tourment.

BONNE COMPAIGNIE.

Ce Soupper est ung garnement :
C'est par luy que sommes foullez[3].

GOURMANDISE.

J'ay souffert terrible tourment.

ACOUSTUMANCE.

J'ay tous les membres affoulez.

---

[1] Blessés.
[2] J'en boite.
[3] Maltraités, accablés.

BONNE COMPAIGNIE montre son sang.
Regardez-cy, se vous voulez?
Ce Soupper m'a icy attainte.

FRIANDISE.
Quelque vieille aux yeulx reboulez [1],
M'a faicte en la teste une emprainte [2].

JE-PLEIGE-D'AUTANT.
Et une autre ne s'est pas fainte [3]
De me frapper sur la cervelle.

ACOUSTUMANCE.
On nous a baillé ceste estraincte [4].

JE-BOY-A-VOUS.
C'est pour nous piteuse nouvelle.

PASSETEMPS.
Oncques ne sentis douleur telle.
J'en ay les membres tous gastez.

GOURMANDISE.
Helas! moy, j'ay douleur mortelle.

JE-BOY-A-VOUS.
Où, ma mye?

GOURMANDISE.
Par les costez.

BONNE COMPAIGNIE.
Qui sont ces nez esgratignez,
Et ces visages gourfarins [5],

---

[1] Égarés, hagards.
[2] Blessure, plaie.
[3] Ne s'est pas gênée, ne s'est pas cachée, pour...
[4] Attaque, agression.
[5] Visages de chouette. C'est plutôt *gouffarins*, de l'italien *guffa*, d'où l'on a tiré le mot *goffe*, grossier, laid.

Qui nous ont si bien tatinez [1] ?
Ne sont-ce pas monstres marins ?
Je croy que ce sont tartarins [2],
Gotz ou magotz vertigineux,
Babouins, bugles barbarins [3],
Partans de Paluz bruyneux [4].

PASSETEMPS.

Or avons-nous esté joyeux,
Et prins repas delicieux,
En continuant jour et nuyt :
Mais, en la fin...

BONNE COMPAIGNIE.

Long Soupper nuyt.

JE-BOY-A-VOUS.

Le matin avons desjuné,
Consequemment très-bien disné ;
Dancé, saulté, et mené bruyt :
Mais, à la fin...

JE-PLEIGE-D'AUTANT.

Long Soupper nuyt.

FRIANDISE.

Chez l'hoste qui est detestable,
Avons tenu longuement table,
Pour manger chair, tartes et fruict :
Mais, en la fin...

ACOUSTUMANCE.

Long Soupper nuyt.

---

[1] Tripotés, battus.
[2] Tartares.
[3] Singes, buffles de Barbarie.
[4] Venus des Palus Méotides.

GOURMANDISE.

On peut bien disner à plaisance.

JE-PLEIGE-D'AUTANT.

On peut bien boire à suffisance.

PASSETEMPS.

On peut bien prendre son deduyt [1].

ACOUSTUMANCE.

Mais, en la fin...

BONNE COMPAIGNIE.

   Long Soupper nuyt.
Or, ça, il n'en fault plus parler :
Nous avons eu maulx à planté.
En quelque lieu nous fault aller,
Pour recouvrer nostre santé.

Ilz se retrayent, comme pour eulx adouber [2].

L'ESCUYER.

Qu'esse cy? Ho !

LE PREMIER SERVITEUR.

   Tout est gasté.

LE SECOND SERVITEUR.

Je n'y congnois ne pot ne verre.

L'ESCUYER.

Tout ce que avons cy aporté
Est rué bas.

LE PREMIER SERVITEUR.

   Tout va par terre.

---

[1] Plaisir, passetemps.
[2] Panser, raccommoder, rétablir.

LE SECOND SERVITEUR.

Est-ce point d'un coup de tonnerre ?

LE CUYSINIER.

Est-ce point d'ung coup de tempeste ?

SOUPPER.

Relevez tout, et qu'on resserre ?

L'ESCUYER.

Ha ! vous avez fait ceste feste ?
Quel maistre Antitus[1] !

LE PREMIER SERVITEUR.

Quel prophete !

SOUPPER.

J'ay monstré ung tour de fin hoste.

LE CUYSINIER.

Vous estes une faulse beste.

SOUPPER.

Ilz ont ceste premiere notte.
Sus, sus, gallans, il fault qu'on oste
Ces bagues et ceste vaisselle ?
Entendez-y ?

L'ESCUYER.

Je vous denotte :
Se riens y avez, querez-le.

LE PREMIER SERVITEUR.

Ce n'est pas de nostre querelle.

---

[1] Rabelais cite plus d'une fois maître Antitus, et les commentateurs se sont lancés dans un dédale de savantes divagations à la recherche de ce personnage, qui avait laissé un nom proverbial : *Faire de l'Antitus*, c'était faire l'important. Rabelais a placé cet Antitus parmi les cuisiniers célèbres (liv. IV, ch. xL) : on peut donc croire que c'était, en effet, une espèce de Lucullus du moyen âge.

LE SECOND SERVITEUR.

Cela, c'est à faire à Marquet [1].

LE CUYSINIER.

Adieu ce gueux plain de cautelle !
Nous allons dresser le bancquet.

SOUPPER.

Je n'ay pas cy trop grant acquest [2];
Car je y pers vin, pain et formage.
On me doit bien nommer Jaquet [3] :
J'ay fait le fol à mon dommage.

L'ESCUYER.

Bancquet, gracieux personnage,
A qui desjà sommes submis,
Nous venons à vostre mesnage,
Pour faire ce qu'avons promis.

BANCQUET.

Bien soyez venuz, mes amys !
Ces gens sont-ilz levez de table ?

LE CUYSINIER.

Ilz ont trouvez des ennemys,
Qui leur ont fait guerre importable [4].

BANCQUET.

Soupper est assez decepvable [5],
Mais ne sonnez mot toutesfois,

---

[1] Proverbe dont nous ignorons l'origine, mais dont la signification est facile à deviner ; on a dit dans le même sens : Cela regarde Pierre ou Paul.

[2] Profit.

[3] Synonyme d'*innocent*, de *sot*, de *benêt*. Cette expression proverbiale se rapporte à une anecdocte que nous ne connaissons pas et qui devait être alors très-populaire.

[4] Insupportable, intolérable.

[5] Trompeur, perfide.

Car je leur seray plus grevable [1],
Qu'il n'a esté, cent mille fois.
Parlons de feves et de pois,
Ou de ce qu'il m'est necessaire?

Il monstre sa viande.

N'ay-je pas estoffes de poix,
Pour ma comedie parfaire ?

LE CUYSINIER.

Je prise bien vostre repaire.
Vous avez besongné en maistre.
Voicy voz platz tous paire à paire :
Il ne les fault qu'à table mettre.

BANCQUET.

A cela je vous vueil commettre,
Escuyer, et vous, Taillevent [2] ?

L'ESCUYER.

Je m'en vueil tres-bien entremettre.

LE CUYSINIER.

Et moy, je m'en mesle souvent.

BANCQUET.

La table est mise gentement :
Nappes, touailles [3], serviettes.
Le pain y est, semblablement,
Tout entier, sans nulles miettes.
Disposez si bien les apprestes [4],
Vueillez voz platz si bien coucher,

uisible, qui maltraite, qui fait tort.

[2] Le véritable Taillevent avait été *maître queux* ou cuisinier e Charles VII; son livre de cuisine, intitulé *Taillevent*, ou le *Viandier*, fut souvent réimprimé à la fin du quinzième siècle. On conçoit que son nom devint proverbial et servit à désigner tous les cuisiniers.

[3] *Toiles,* napperons.

[4] *Apprêts,* préparatifs.

Qu'ilz treuvent leurs viandes prestes,
Et qu'il ne faille que trencher [1].

L'ESCUYER.

Il nous fault donc ces platz loger?

LE CUYSINIER.

Leurs propres lieux assignerons.

Tous les platz seront serrez sur une petite table, et les nommeront l'ung après l'autre pour les asseoir, et les Serviteurs les presentent selon qu'on les nomme.

L'ESCUYER.

Apportez-les tost et leger,
Ainsi que nous les nommerons :
La hure de sanglier notable
Sera au milieu de la table.

LE CUYSINIER.

Et le faisant, bien disposé [2],
Sera auprès d'elle posé.

LE SECOND SERVITEUR, *portant deux platz.*

Esse ce cy?

L'ESCUYER.

Vela, bon homme.
N'apportez que ce qu'on vous nomme.

LE CUYSINIER.

J'ay oublié la vinaigrette :
Apportez-la tout d'une traicte?

L'ESCUYER.

Mais ne laissez pas la sallade,

---

[1] Découper les viandes.
[2] Voici la manière de *disposer* les faisans, selon Taillevent : « Plumez à sec, couppez les testes et les queues, et quant il sera rosty, attachez la teste au corps, à une petite cheville de boys, et que le col soit bien droyt, et ne doit point estre cuite la teste. »

Car c'est l'appetit d'ung malade [1].

LE CUYSINIER.

Encores ay-je beaucoup tardé
D'appeller le bouilly lardé [2].

L'ESCUYER.

Tout le faict ne vault pas trois mailles,
Qui n'a les pigeons et les cailles [3].

LE CUYSINIER.

Encor n'ay-je pas appellée,
Sçavez-vous quoy ? Fine gelée [4].

L'ESCUYER.

Et pour viande bien douillecte,
La perdrix et la trimoillecte [5].

---

[1] Proverbe encore usité. M. Leroux de Lincy ne l'a pas recueilli dans son *Livre des Proverbes français*, où l'on trouve cet autre proverbe, moins favorable à la salade :

De la salade et de la paillarde,
Si tu es sage, donne-t'en garde.

[2] « Bouilly lardé : Prenez vostre venaison, et puis la lardez et mettez cuire vostre venaison avec du mastic tant seullement et avec du saffran, et puis prenez venaison de cerf fresche parbouillie et lardée au long pardessus la chair, et puis cuisez en eaue et sel et grain foison mengée en paste parbouillie et lardée à pouldre fine. » TAILLEVENT.

[3] Proverbe qui veut dire qu'un dîner sans pigeons et sans cailles est indigne d'un gourmet.

[4] « Pour gelée à poisson, prenez tenches et anguilles ; pour faire la lieure d'icelle, prenez brochetz, et mettez cuire en vin blanc les espices ; c'est assavoir gingembre et graine de paradis et ung peu de sinabis, et pour donner couleur à la gellée, du saffran tant qu'il y ait assez ; purez vostre bouillon, et quant elle sera purée, coullez-la, et puis vous asserrez les platz pour le grain, et les mettez en eaue ou en quelque aultre lieu frais et bouillon dessus. » TAILLEVENT.

[5] « Pour la trimollette de perdrix : prenez perdrix et les mettez rostir, et quant ilz seront rosties, les souffrisez en un pot avec sain de lard et bouillon de beuf, et puis de l'ongnon faict bien

LE CUYSINIER.

Et après toutes ces merelles [1],
Il fault merles et torterelles [2].

L'ESCUYER.

Et pour bailler aguisement [3],
Belles orenges largement.

LE CUYSINIER.

Après chair, selon noz usaiges,
Il fault tartes à deux visaiges [4].

L'ESCUYER.

Je vueil aussi qu'on leur propine [5]
La belle tarte jacopine [6].

menu, soit mys avec les aultres espices et graine de paradis et du sucre par raison, et prenez du pain baslé et du foye de poullaille, si en povez finer, et le mettez tremper en bouillon de beuf, le coullez parmy l'estamine, et boullez dedans un pot avec la perdrix, et mettez canelle, gingembre, menue espice, clou, graine deffaicte de verjus et du sel, ainsi que il appartient. » TAILLEVENT.

[1] Ce sont les plats qui forment sur la table une espèce de *marelle* ou *merelle*, c'est-à-dire, une série de compartiments semblables à ceux que les enfants tracent sur la terre pour jouer au jeu de la mérelle. On pourrait aussi expliquer *merelles*, par : *bagatelles*, jeux d'enfants.

[2] « Menus oyseaulx plumez à sec et reffaitz en eaue ardez rostis et mengez au sel et en pastez pareillément. Torterelles, ainsi comme une oye qui veult soit dorée au verjus cuyt, piedz entiers, et soit fendue la teste jusques emmy les espaulles, et les tuez par le cueur, mengé à poivre ou au jaulnet. » TAILLEVENT.

[3] C'est-à-dire : pour aiguiser l'appétit.

[4] « Tartes à deux visaiges : prenez formaige et force de moyeux d'œufz et de sucre. » TAILLEVENT.

[5] Qu'on leur serve, qu'on leur présente; du latin *propinare*.

[6] « Tartes jacopines couvertes, orenges par-dessus et bon formaige fin par lesches et bonne cresme, des œufz les moyeulx mixtionnez parmy, et anguilles mises par tronçons et bien boullues et assises devant la tarte, avant que le formaige cresme y soit, et grande quantité de sucre. » TAILLEVENT.

19.

LE CUYSINIER.

Pour viande commune et tritte [1],
Il fault avoir la cresme fritte [2].

L'ESCUYER.

Apportez aussi, pour la fin,
De pure cresme, ung beau daulphin [3].

LE CUYSINIER.

C'est bien raison que soit couchée
Auprès des autres la jonchée [4].

L'ESCUYER.

Presentez-moy, pour fruitz nouveaulx,
Des pommes, poires et pruneaulx.

LE CUYSINIER.

Reste, après toutes ces chosettes,
Avelaines, cerneaulx, noisettes.

LE PREMIER SERVITEUR.

C'est tout.

LE CUYSINIER.

Et bien voicy les places
Où l'on mettra godetz et tasses.

---

[1] Maniée, mise en purée ; du latin *tritus*.

[2] « Pour cresme fritte, prenez cresme et la mettez bouillir, et puis du pain blanc esmié bien deslié, et le metez dedans la cresme, ou des oublies esmyez foison, et les mettez avec cresme, et prenez des moyeulx d'œufz, et gettez dedans avec le laict et cresme, et faictes bouillir tout ensemble, et mettez sucre foyson avec ung peu de sel. » TAILLEVENT.

[3] « Daulphins, fleurs de lis, estoylles de cresme frit, fort sucre et moyeulx faictz beslongs : soient en façon d'ung coing farcy de cresme fritte, qui en aura, et qui ne trouvera cresme, soit prins formage fin, puis lopins de sucre. » TAILLEVENT.

[4] Fromage de lait fraîchement caillé et égoutté dans de petits paniers d'osier. On disait aussi : *johcade*. C'est ce que nous nommons *fromage à la crème*.

BANCQUET.

Y est tout, le maigre et le gras?

L'ESCUYER.

Il y a beaucoup de fatras,
Mais je reserve ce quartier;
Car, pour compaigner l'ypocras [1],
On posera cy le mestier [2].

BANCQUET.

Je m'en voys mes hostes chercher,
Pour les advertir et sommer.
Serviteurs, il vous fault marcher,
Et voz deux torches alumer.

LE PREMIER SERVITEUR.

A ce je ne vueil reculler :
D'y aller assez me contente.

Ilz vont à deux torches.

LE SECOND SERVITEUR.

Je feray ma torche brusler,
Et vous suivray sans longue attente.

BANCQUET.

Dieu gart la dame belle et gente,
Et toute la brigade chere !
Je vous prie, soyez diligente
De venir faire bonne chere.

---

[1] « Pour une pinte, trois treseaux de cynamone fine et parée, ung treseau de mesche ou deux qui veult; demy treseau de girofle, et de sucre fin six onces, et mettez en pouldre ; et la fault toute mettre en ung coulouer, avec le vin, et le pot dessoubz, et le passez tant qu'il soit coulé, et tant plus est passé et mieulx vault, mais qu'il ne soit esventé. » TAILLEVENT.

[2] C'est ce que nous nommons le *petit-four*, oublies, macarons, cornets, etc.

BONNE COMPAIGNIE.

Ha ! Bancquet, il y a maniere [1] :
Car, Soupper, atout [2] sa cohorte,
Nous a chassez de sa tanniere,
A horions d'estrange sorte.

GOURMANDISE.

Sur ma foy, j'en suis presque morte.

BANCQUET.

Vous avez esté trop avant.

FRIANDISE.

Il m'a fallu gaigner la porte.

JE-BOY-A-VOUS.

Et moy après.

PASSETEMPS.

Et moy devant.

BANCQUET.

Soupper est homme decepvant,
Quant longuement en l'entretient :
Mais, moy, je suis assez sçavant,
Pour faire ce qu'il appartient.
Venez-vous-en ?

BONNE COMPAIGNIE.

A moy ne tient,
Puisqu'il est conclud et deciz [3].

BANCQUET.

Mon lieu [4], ainsi qu'il se contient,
Est tout vostre.

---

[1] On dit encore dans le même sens : il y a conscience ; ce qui signifie : en voilà assez.
[2] Avec.
[3] Pour : *décidé*.
[4] Ma maison.

BONNE COMPAIGNIE.
Mille mercis.
BANCQUET.
Regardez : les metz sont assis [1].
Prenez place de ce costé ?
Seez-vous aussi, entre vous six ;
Chascun selon la qualité.
BONNE COMPAIGNIE.
De biens y a grant quantité.

Ilz se seent.

JE-PLEIGE-D'AUTANT.
Voicy ung plantureux manger.
BANCQUET.
Prenez en gré.
PASSETEMPS.
En verité,
De biens y a grant quantité.
GOURMANDISE.
Se j'ay eu le dos tempesté [2],
Au briffer [3], je m'en vueil venger.
ACOUSTUMANCE
De biens y a grant quantité.
JE-BOY-A-VOUS.
Voicy ung plantureux manger.
PASSETEMPS.
Je ne sçay en quel lieu charger [4],
Tant en y a.
FRIANDISE.
Ne moy aussi.

[1] Posés sur la table.
[2] Noirci, frotté de coups.
[3] Action de manger goulûment.
[4] Attaquer, mettre la main au plat.

BANCQUET.

Prendre povez, sans nul danger,
De çà, de là?

FRIANDISE.

Il est ainsi.

BONNE COMPAIGNIE.

L'hoste, vous viendrez seoir icy,
Au moins se vous m'en voulez croire.

BANCQUET.

Dame, vostre bonne mercy!
J'entendray à servir de boire.

JE-PLEIGE-D'AUTANT.

M'amour, voulez-vous ceste poire?

GOURMANDISE.

Vela bien parlé à Martin [1]!
Mais dont vous vient ceste memoire
De servir de fruict si matin?

BANCQUET.

Sus, compaignons, servez de vin,
Et gardez que boisson ne faille.

LE FOL.

J'en seray prophete ou devin;
A la fin y aura bataille.

LE PREMIER SERVITEUR.

Il m'est advis que chascun taillé [2],
Selon que l'appetit luy vient.

---

[1] Allusion à ce proverbe cité dans les *Curiosités françoises* d'Oudin : « Il ressemble le prestre Martin, il chante et respond tout ensemble. »

[2] Se serve, fasse sa part.

LE SECOND SERVITEUR.

Puisqu'ilz ont largement vitaille [1],
De boire fournir les convient.

LE FOL.

Et tousjours de moy ne souvient :
Jamais riens ne m'est dispensé !
Mais sçavez-vous que j'ay pensé,
Pour avoir au moins du pain bis ?
Je iray changer tous mes habitz,
La derriere, en nostre jardin :
Puis, viendray, faisant du gros bis [2],
Comme ung Lombart ou Citadin [3].
Dit-on pas, en commun latin,
Que les gens vestuz de fins draps,
Soit d'escarlate ou de satin,
Empoingnent l'honneur à plain bras.
Et pourtant, je ne fauldray pas
D'avoir vestures precieuses :
Tantost reviendray pas à pas,
Tenant manieres gracieuses.

Il s'en va habiller en Lombart.

BANCQUET parle aux Maladies.

Felles [4], furies furieuses,
Faulx et larvatiques regars [5],
Armez-vous d'armeures scabreuses ;
Chargez vos fleches et vos dars !
Car je vous dy que ces coquars [6],

---

[1] Pour : *victuaille*.

[2] C'est-à-dire : faisant le gros monsieur, le personnage d'importance ; *bis* doit être une corruption de *vis*, visage, mine.

[3] La conquête de la Lombardie, par Louis XII, avait amené en France beaucoup de riches Lombards, qu'on appelait *citadins*, gens de bonne ville, *cita*.

[4] Chattes, tigresses ; du latin *felis*.

[5] C'est-à-dire : spectres aux regards méchants.

[6] Sots, nigauds. On dit encore dans le même sens : *coquardeau*.

Tendant à leur ventre remplir,
Boivent mon vin comme droncquars [1],
Et ne les peut-on assouvir.

APOPLEXIE.

Incontinent nous fault vestir
Noz jaques et nos jaserans [2].

YDROPISIE.

Pour les aller faire sortir,
Incontinent nous fault vestir.

EPILENCIE.

Mon baston leur feray sentir,
S'ilz ne treuvent de bons garans.

PLEURESIE.

Incontinent nous fault vestir,
Noz jaques et noz jaserans.

ESQUINANCIE.

Oncques les chevaliers errans,
Qui servirent le roy Artus,
Ne furent si grans conquerans,
Ne si plains de bonnes vertus [3].

PARALISIE.

Voz nostes seront combatus,
Car ma force y esprouveray.

---

[1] Autruches, grands oiseaux d'Afrique. *Droncquars* pourrait avoir aussi le même sens que *soudards*, car la *dronge* ou *dronque* était un corps de troupes légères ou d'*estradiots*.

[2] La *jaque* était une casaque en cuir de cerf; le *jaseran*, une cotte de mailles d'acier.

[3] « Es histoires de Bretaigne la grant est escript que le roy Artus avoit ung ordre de chevaliers, qu'on nommoit *Compaignons de la Table ronde*. Et ceulx qui en estoient faisoient proesses par le monde et s'appelloient *Chevaliers errans*.
(*Note de l'auteur.*)

COLICQUE.

Ilz seront tous mors abatus,
Bancquet, car je m'y trouveray.

GOUTTE.

De ma poictrine frapperay,
Et causeray une artetique [1].

JAUNISSE.

La couleur changer leur feray,
Par mon venin qui poinct et picque.

GRAVELLE.

Par les rains les agripperay,
S'il convient que je m'y applique.

APPOPLEXIE.

Par le cerveau les toucheray,
Et feray cheoir en lieu publicque.

YDROPISIE.

Vers l'estomach mon coup feray,
Et rendray mon homme ydropicque.

EPILENCIE.

Et par la teste le prendray,
Puis le feray epilenticque.

PLEURESIE.

Par les costez je le poindray,
Affin qu'il meure pleureticque.

ESQUINANCIE.

A la gorge m'attacheray,
Pour empescher le viaticque.

PARALISIE.

Les nerfz si bien luy seicheray,
Que tost sera paraliticque.

---

[1] Rhumatisme articulaire.

COLICQUE.

Par le ventre me cacheray,
Pour bouter en colon[1] colicque.

BANCQUET.

Il n'y a si bon catholicque,
Ne clerc tout remply de sçavoir,
Que ne rendez melencolicque,
Quant vous vouldrez.

GOUTTE.

Vous dictes voir.

BANCQUET.

Sommes-nous prestz ?

JAUNISSE.

On le peut veoir.

BANCQUET.

Bien armez ?

GRAVELLE.

Il ne nous fault drille.

BANCQUET.

Adieu ! Je vous feray sçavoir,
Quant il fauldra bailler l'estrille :
Nul de vous ne se deshabille !

APPOPLEXIE.

Allez veoir la solennité.

YDROPISIE.

Mais revenez à tour de bille [2].

---

[1] Le gros intestin.
[2] On dit maintenant proverbialement dans le même sens : à tour de rôle.

DE BANCQUET.

BANCQUET.

Mais que j'aye ung peu visité.

BONNE COMPAIGNIE.

Voicy grant curiosité,
Curieuse joyeuseté,
Joyeuse demonstracion,
Demonstrant gracieuseté,
Gracieuse formosité [1],
Formelle consolacion,
Consolant modulacion,
Modulant jubilacion,
Jubilant precieuseté,
Precieuse largicion,
Largesse et recreation,
Recreant toute humanité [2].

PASSETEMPS.

Voicy riche fertilité,
Fertile singularité,
Singuliere donacion,
Don de grant sumptuosité,
Sumptueuse solennité,
Solennelle refection,
Refaicte disposicion,
Disposée oblectation,
Oblectant en honnesteté ;
Honneste congregation,
Congregée en affection,
Affectant fine affinité.

[1] Beauté; du latin *formositas*.
[2] Ce couplet et le suivant offrent un curieux exemple de la rime *fraternisée*, que les poëtes de la fin du quinzième siècle avaient inventée comme un tour de force poétique : « Dans la rime fraternisée, dit Richelet (*Abrégé de versification*), le dernier mot du vers est répété en entier, ou en partie, au commencement du vers suivant, soit par équivoque ou d'une autre manière. »

BANCQUET.

C'est ce que David a chanté,
Quant il a dit : *Ecce bonum.*

JE-PLEIGE-D'AUTANT.

Boire ensemble par unité,
C'est ce que David a chanté.

JE-BOY-A-VOUS.

Voicy la dame de beaulté,
Qui est quasi *super thronum.*

PASSETEMPS.

C'est ce que David a chanté,
Quant il a dit : *Ecce bonum.*

LE FOL retourne, habillé sur l'italique mode, et dit :

Maintenant suis-je de renom.
Je n'atens l'heure qu'on me huche [1].
Ne me nommez point par mon nom,
De paour de descouvrir l'embusche.
Je suis gentilhomme où j'embusche [2] :
Ego patebo de mero [3] :
Je y voys tout droit, se ne tresbusche,
Pour boire *in quantum potero.*

   Petite pause.

Yo vingo qua de terra longinquo [4],
Per lustrare el pays à l'estrade :
Si vide en il moulte gente frisquo,
Chi cui mangeno en solasse amourade,
Fercule a prou chi sont tant savourade,

---

[1] Appelle.
[2] C'est-à-dire : là où j'entonne, où j'avale. Il y a dans l'édition de Verard, 1507 :
   Je suis gentilhoms ou Jehan Busche :
      Ego potabo de mero.
[3] C'est-à-dire : je me ferai connaître en buvant.
[4] Le fou s'exprime en langage macaronique, mauvais italien mêlé de français.

Che voli ben par quelque administradore,
De tutiquante une poque goustade,
N'ay que piace a done ou a seignore.

L'ESCUYER.

Messire de Campe de Flore,
Je croy que nul ne vous convie?
Vous n'aurez cy honneur ne gloire.
Endate vie, endate vie[1].

LE FOL.

Quel *date?* Ce n'est pas ma vie;
J'ayme mieux boire largement,
Mais, quant j'ay de soupper envie,
On me reboute[2] rudement.
Je cuyde, par mon sacrement,
Qu'ilz ont recogneu mon visage.
Qui est fol naturellement,
Bien envis[3] le tient-on pour sage.
Vous me nyez pain et potage,
Et ne me baillez que manger,
Mais j'auray cecy d'avantage,
Et deussiez-vous tous enrager.
Adieu!

Il croque une piece de viande, et s'enfuyt.

BANCQUET.

Je vous feray loger!
Ha dea! faictes-vous du rusé?

LE PREMIER SERVITEUR

Comment! il est venu charger?

LE SECOND SERVITEUR.

C'est ce fol qui s'est deguisé.

---

[1] C'est-à-dire : passez votre chemin. Cette façon de parler est encore très-usitée à Rome pour chasser les mendians importuns.
[2] Rebufe, repousse.
[3] Bien malgré moi.

PASSETEMPS.

On luy avoit tout refusé.

JE-BOY-A-VOUS.

On luy en avoit fait renchere.

JE-PLEIGE-D'AUTANT.

Il en a de sa teste usé.

BONNE COMPAIGNIE.

Ne vous chaille, faisons grant chere.

Sur ce pas, vient le Docteur Prolocuteur, sur le meillieu de l'eschaffault, faire son sermon.

LE DOCTEUR PROLOCUTEUR.

Ne voyez-vous pas la maniere
De ces gens plains d'abusion,
Qui leur felicité planiere
Mettent en commessacion [1] ?
Chascun d'eulx, pour conclusion,
De faire grant chere s'efforce,
Et n'ont d'autre occupation,
Que de boire et manger à force.

Vous voyez qu'ilz ont le courage,
Le desir et la voulenté,
De faire excès, aussi oultrage,
Et gaster les biens à planté ;
Le bon conseil et le langaige
De Sainct Pol, ilz n'ont pas noté ;
Qui, *ad Titum*, disciple sage,
Escript : *Sobrii estote* [2].

A Timothée, homme divin,
Il en parle pareillement,
Non pas en exaltant le vin,

---

[1] Repas, plaisir de la table; du latin *commessatio*.
[2] « PAULUS, *Ad Titum*, secundo cap., docet omnes status ut sobrii sint. » (*Note de l'auteur.*)

Mais veult qu'on boyve sobrement [1].
Boire et manger abondamment,
Il le deffend à tous humains,
En son esprit mesmement,
Où il enseigne les Rommains [2]

 Sobrieté,
 Honnesteté,
 Et parcité [3],
 Loue et appreuve [4] :
 Ebrieté,
 Gulosité,
 Voracité,
 Très-fort repreuve.

La Bible, en l'Ecclesiastique [5],
De tout cecy fait mention :
Isaye, prophete auctentique,
Dit aussi son oppinion,
Et baille malediction,
Tout clerement en beau latin,
A ceux qui font provision
De boire et manger trop matin [6].

 Se tu veulx veoir les parabolles
 De Salomon, roy redoubté [7],

---

[1] « Secundo, *ad Timotheum* : Sobrius esto. » (*Note de l'aut.*)

[2] « Non in commessationibus et ebrietatibus. *Ad Romanos*, XIII. » (*Note de l'auteur.*)

[3] Modération ; du latin *parcitas*.

[4] Pour : approuve.

[5] « Quam sufficiens est homini vinum exiguum. Et iterum : Æqua vita hominis vinum in sobrietate, etc. *Ecclesiastici*, XXXI, capitulo. » (*Note de l'auteur.*)

[6] « Væ qui consurgetis mane ad ebrietatem sectandam et potandum usque vesperam, ut vino estuetis. Ysaye, quinto. » (*Note de l'auteur.*)

[7] « Cui væ, cui patri væ, cui rixæ, cui foveæ, cui sine causa vulnera, cui suffusio occulorum, nonne iis qui morantur in vino et student calicibus epotandis. *Proverbiorum*, XXIII. » (*N. de l'aut.*)

Tu verras en briefves parolles
Les pointz que je t'ay recité.
Il descript la maleureté [1],
Aveuglement, confusion,
Que auront ceulx, par necessité,
Qui ayment trop potacion [2].

Et en ung chapitre devant [3],
Il a jà dit et exprimé,
Que qui se fourre trop avant,
Jà ne sera saige clamé.
Pourquoy? Car le vin est famé,
D'avoir fureur tumultueuse,
Et pourtant aucuns l'ont blasmé
Comme chose luxurieuse.

Le vin fait des prouffitz cinq cens,
Quant discrettement on l'appete,
Mais quant il fait perdre le sens,
C'est une très-piteuse feste.
Est-il chose plus deshonneste,
Dit Beroaldus plainement,
Que d'ung homme devenu beste,
Et perdre son entendement [4]?

Le vin perturbe [5] l'homme saige,
Le vin faict ung homme hebeté;
Le vin corrompt sang et langaige,
Le vin engendre volupté,

---

[1] Misère, malheureureux sort.
[2] La boisson.
[3] « Luxuriosa res vinum et tumultuosa ebrietas. *Proverb.-orum*, xx. » (*Note de l'auteur.*)
[4] « Quid fedius, quid turpius quam homo per vinum extra hominem esse, extraque humanum intellectum. Hæc Beroaldus. » (*Note de l'auteur.*)
[5] Troublé, bouleversé.

Le vin faict perdre agilité,
Le vin rend cerveaulx furieux,
Le vin esmeut charnalité [1],
Le vin faict gens luxurieux.

Valere, qui, par escripture,
Recommande vertu propice,
Dit que le vin, c'est l'ouverture
De tout peché et de tout vice [2].
Alexandre, par grant malice,
Après vin, en seant à table,
Tua son fidelle complice,
Clitus, le chevalier notable [3].

 Et, en ceste mode,
 Très-dampnablement,
 Fist le roy Herode,
 Son faulx jugement [4].
 Car soubdainement,
 Et à grant meschief,
 Fist villainement
 Coupper le sainct chief.

Sainct Jherosme, docteur complect,
Qui les vertus baille à mesure,
Dit que ventre de vin replect,
Facilement chet en luxure :
Ceste parolle non obscure,
Par Gracien saige et discret,

---

[1] Amour de la chair, sensualité.
[2] « Vinum virtutibus januam claudit et delictis apperit. Vallenius, septi libri, capitulo tertio. » (Note de l'auteur.)
[3] « Le roy Alexandre, estant à table, perça d'une lance le noble Clitus, comme dit Galterus et autres qui ont parlé dudit Alexandre. » (Note de l'auteur.)
[4] « Icy touche la decolacion de monseigneur sainct Jehan Baptiste, faicte durant le convis. » (Note de l'auteur.)

Fut inserée en la lecture
Du Droit canon et du Decret [1].

Et ainsi que les sainctz docteurs
Blasment ce vice par escript,
Les poetes et orateurs
Pareillement en ont escript.
Sçavez-vous que Terence en dit?
Sine Bacho friget Venus [2];
Et n'y a point de contredit :
Par ce vin tous maulx sont venus.

Luxure qui nuyst à oultrance,
Et fait l'homme en enfer plonger,
Se refroide [3] par temperance
De peu boire et de peu manger.
Pas ne pensoit à ce danger,
Loth, qui en Segor demoura,
Car par trop vin boire et charger,
Ses propres filles defflora [4].

Noë, quant le vin esprouva,
S'enyvra moult ignoramment,
Tant que dormant il se trouva
Descouvert de son vestement [5] :
Son enfant vit visiblement
Sa fragile condicion,
Qui s'en moqua tout plainement ;
Regardez quelle desrision?

---

[1] « Venter mero estuens facile despumat in libidinem. Hæc HIERONYMUS, et habetur in Decretis, Distinctio xxxv. » (*N. de l'aut.*)

[2] « Sine Cerere et Bacho friget Venus, ait TERENTIUS. » (*Note de l'auteur*).

[3] Pour: *se refroidit*.

[4] « Conceperunt duæ filiæ Loth de patre suo. *Genesis*, IX cap. » (*Note de l'auteur.*)

[5] « Noe libens vinum inebriatus est, et nudatus jacuit in tabernaculo. *Genesis*, IX. » (*Note de l'auteur.*)

Que diray-je de Olofernes,
Qui faisoit, par contumelie,
Sonner trompettes et cornetz,
Cuydant assaillir Bethulie?
Il s'enyvra par sa folie,
Il se coucha, il s'alicta,
Et Judich, la dame jolye,
En dormant le decapita [1].

Le vin et l'engurgitement
Font faire des maulx à foison ;
Entendre le fault sainement,
Quant on en prent contre raison.
Et quant, par moderacion,
On en boyt peu et sobrement [2],
Lors *acuit ingenium* :
Il aguise l'entendement [3].

Mais ces grans buveurs et gourmans,
Qui de trop manger sont enflez,
Se trouvent pesans et dormans,
Tant sont bouffitz et boursoufflez.
Ilz ont les ventres si peuplez [4],
Ils ont la pance si gourdie [5],
Que, par force d'estre repletz,
Sont prestz de cheoir en maladie.

Dont viennent tant de gens malades,
Catherreux, gravelleux, gouteux,
Debilitez, fragiles, fades [6],

---

[1] « L'hystoire de Judich est assez commune. » (*Note de l'aut.*)

[2] « Sanitas est animæ et corpori sobrius potus. *Ecclesiastici*, XXXI. » (*Note de l'auteur.*)

[3] « Vinum modice sumptum acuit ingenium. » (*Note de l'aut.*)

[4] Si bien garnis.

[5] Remplie, enflée, allourdie.

[6] Faibles.

Podagres, poussifz et boiteux,
Febricitans et paresseux,
Qu'on ne peut tyrer de la couche?
Dont viennent tels maux angoisseux?
Tout vient de mal garder la bouche.

D'où vient gravelle peu prisie [1],
　　Ydropisie,
　　Paralisie,
　　Ou pleuresie,
Collicque qui les boyaulx touche?
Dont vient jaunisse, ictericie [2],
　　Appoplexie,
　　Epilencie,
　　Et squinencie?
Tout vient de mal garder la bouche.

Le satirique Juvenal
Avoit bien tout consideré,
Quant il dist qu'il vient tant de mal
De long repas immoderé :
Et après qu'il a referé
Balnea, cœnas et sordes,
Quant il a tout enumeré,
Il dit : *Hinc subitæ mortes* [3].

Maintenant chascun et chascune
Est de gourmandise empesché;
La façon en est si commune,
Que on ne l'estime plus peché.
Mais il est escript et couché,
En la doctrine moysaique,

---

[1] Pour : *prisée.*
[2] Humeur noire; *ictericia.*
[3] « Hinc subitæ mortes atque intestata senectus.
　　　　JUVENALIS, satira prima. » (*Note de l'auteur.*)

Que ce mal estoit bien cerché,
Et pugny par la loy antique.

Dieu dist à toute la caterve [1],
Jadis, pour information :
« Se tu as ung enfant proterve [2],
Vacquant à comessacion [3],
Repugnant à correction,
Luxurieux, infame et ort [4] :
Par vostre congregation,
Soit lapidé et mys à mort [5] ! »

Le sainct Canon, très-amplement,
A de ce vice discuté,
En parlant prealablement,
A ceulx qui sont en dignité :
Qui maintiendra ebrieté,
Digne de reprehencion,
Il veult que sans difficulté
Soit privé de communion.

Et est en la Distinction
xxxv qui le mect [6],
Reprenant, par affection,
Celluy qui tel vice commect :
Il est donc bien fol qui permect
Que tant de vin en son corps entre;

[1] C'est-à-dire : à son peuple, au peuple hébreu.
[2] Effronté, insolent.
[3] Se livrant à la bonne chere.
[4] Impur, souillé.
[5] « Filius vester protervus est et contumax, commessationibus vacat et luxuriæ atque conviviis : lapidibus cum obruet populus civitatis et morietur. *Deuteronomii*, xxi cap. » (*Note de l'auteur.*)
[6] « Draconus, presbiter et episcopus : Ebrietati et aleæ deservientes, nisi desierint, communione privantur *Distinctione* xxxv. Et extra, *de Vita et honestate clericorum* : Clericus crapulosus vel ebriosus, monitus non desistens, ab officio vel beneficio suspendatur. » (*Note de l'auteur.*)

20.

Et infame, qui se soubzmect
A faire son dieu de son ventre.

Valere dit, par motz exquis
(Qui bien retenir les vouldroit,
De institutis antiquis,
Illec chercher les conviendroit),
Que à Romme jadis on trouvoit
Sobrieté en florissance [1],
Et que nulle femme n'avoit
De boire vin la congnoissance [2].

Qui plus est, au sixiesme livre,
En traictant de severité,
Exemple à ce propos nous livre,
D'ung grant bourgeois de la cité :
C'est Metellus, d'auctorité,
De meurs et de vertus imbut,
Qui tua, par atroxité,
Sa femme, pour ce qu'elle en but.

Successivement les Rommains
Perdirent ces condicions;
Car, quant ilz eurent soubz leurs mains
Cartage et plusieurs regions,
Ilz prindrent occupations
De jeux, d'esbatz, de vanité,
Et d'autres operations,
Qui procedent de volupté.

Ne dit pas Titus Livius,
En ses Decades memorables,
Que le consul Postumius
Trouva des choses execrables,

---

[1] En honneur, florissante.
[2] « Vini usus romanis feminis olim ignotus fuit. Valerius, libro primo, capitulo *de Institutis antiquis*. » (*Note de l'auteur.*)

Comme stupres abhominables,
Poisons et meurtres remplis d'yre,
Et autres cas desraisonnables,
Qui sont deshonnestes à dire [1] ?

Après gourmander sans cesser,
Après boire excessivement,
Ilz s'en alloient exercer
Tous ces crymes notoirement,
En commettant occultement
Vergongne et choses enormalles,
Qu'ilz nommoient vulgairement
Cerimonies bachanalles.

Le Senat et leurs familliers
Firent telle inquisicion,
Qu'ilz en trouverent par milliers
Et en firent pugnicion :
Velà la retribucion,
Qu'on gaigne de gulosité,
D'abondante potacion,
Et d'autre superfluyté.

Le legislateur Ligurgus
Monstre bien, quant aux Anciens,
Qu'il avoit les yeulx bien agus [2],
Et les sens discrets et sciens [3]:
Car, aux Lacedemoniens,
Il deffendit, comme à novices,

---

[1] « En la quarte Decade de Titus Livius, au neufiesme livre, est mise bien au long l'hystoire de bachanalles et des grans crimes qui s'y commettoient, desquelz le consul Postumius Albinus fist faire la justice. De ce mesme parle Valere, au sixiesme livre, » etc. (*Note de l'auteur.*)

[2] Bien perçants, clairvoyants.

[3] C'est-à-dire : l'esprit sage et prévoyant, *prescient.*

De frequenter les Asiens [1],
De paour qu'ilz n'aprissent leurs vices [2].

En Asie, par icelluy temps,
On menoit delicate vie [3],
Car la plupart des habitans
Aymoit luxure et lascivie [4].
Ligurgus, qui avoit envie
De regler sa bonne cité,
Craignoit que ne fust asservie
A pareille lubricité.

O gens plains de mondanité,
Querans vous remplir à foison,
Delaissez ceste vanité,
Et vous gouvernez par raison :
Car, pour vivre longue saison,
Et acquerir son sauvement [5],
Soit aux champs ou à la maison,
Il n'est que vivre sobrement.

LE FOL revient à l'estourdy, comme pour empescher, et dit :

Mais serons-nous cy longuement,
Escoustant maistre Salomon,
Cuydant, pour crier haultement,
Qu'on obeysse à son sermon :
Il a beau chanter la leçon
A ceux qui boyvent les grans tretz,

---

[1] Pour : *Asiatiques*.

[2] « Ligurgus institua les loix en la Cité de Lacedemonne. Et, pour ce que ceux d'Asie menoient vie dissolue, deffendoit à son peuple qu'il ne les frequentast. Ex VALERIO. » (*Note de l'auteur.*)

[3] « Et Titus Livius, au livre preallegué, dit aussi que de Asie vint la luxure à Rommé. Libro nono, tercie decad., in principio. » (*Note de l'auteur.*)

[4] Pour : *lasciveté*.

[5] La santé du corps.

Nous humerons ceste boisson,
Usque ad Hebreos fratres.

BONNE COMPAIGNIE, tenant une tasse.

Ce vin n'est-il pas bon?

JE-BOY-A-VOUS.

Très, très!

Et si a joyeuse couleur.

PASSETEMPS.

Je croy qu'il est percé de frès.

JE-PLEIGE-D'AUTANT.

Je n'en beu pieça de meilleur.
Devinez se, pour le Docteur,
De boire je m'espargneray?
Je seray tousjours potateur [1],
Et mon ventre bien fourniray.

BANCQUET parle de loing.

Et tandis je besongneray [2].

GOURMANDISE.

Quoi qu'il vueille dire et prescher,
Je ne fineray de mascher,
Et ce bon vin entonneray,

BANCQUET.

Et tandis je besongneray.

JE-BOY-A-VOUS.

Sus, sus, il se fault racoupler [3]!

BANCQUET.

Et je voys mes gens appeller?

---

[1] Buveur, du latin *potator*.
[2] C'est-à-dire : pendant ce temps-là je ne resterai pas oisif.
[3] C'est-à-dire : il faut trinquer de nouveau, rapprocher les verres, comme on *racouplait* les chiens pour les lancer sur la bête.

JE-BOY-A-VOUS.

De mon prouffit je songneray.

BANCQUET.

Et tandis je besongneray.

LE FOL.

Et tandis je me disneray [1]...
Mais où ? Avec ces advocas,
Je ne sçay si j'en fineray !
Nul ne veult penser à mon cas !

BONNE COMPAIGNIE.

Escuyer ?

L'ESCUYER.

Dame ?

BONNE COMPAIGNIE.

L'ypocras ?

L'ESCUYER.

Il est encore en son entier.

PASSETEMPS.

Le voulez-vous garder *pro cras* [2] ?

L'ESCUYER.

J'en serviray très-voulentier.

LE PREMIER SERVITEUR.

Voicy le gracieux mestier [3],
Pour faire la souppe jolye.

LE SECOND SERVITEUR.

Je verseray, s'il est mestier [4],
Dedans ceste tasse polye.

---

[1] On disait : *je me dinerai*, pour : *je dinerai*.
[2] Pour demain.
[3] On versait la soupe sur des pâtisseries sèches, qu'on désignait sous le nom général de *métier*, et qui étaient fabriquées exclusivement par des pâtissiers spéciaux, qu'on appelait *oublieurs, oublayeurs* et *oubleeurs*.
[4] S'il est besoin, nécessaire; de l'italien *mestiero*.

DE BANCQUET.

BANCQUET, armé par la teste, vient crier :
Appoplexie ? Ydropisie ?

APPOPLEXIE.

Qui esse là ?

YDROPISIE.

C'est le Banquet.

BANCQUET.

Où estes-vous, Epilencie ?

EPILENCIE.

Me voicy preste en mon roquet [1].

BANCQUET.

N'oubliez rochet [2], ne hocquet [3],
Et amenez vostre assemblée.
J'ay desjà prins mon biquoquet [4],
Pour entrer en plaine meslée.

PLEURESIE.

La compaignie est affolée,
Se je l'embrasse par le corps.

BANCQUET.

Allons frapper à la volée,
Sans leur estre misericors.
A mort !

BONNE COMPAIGNIE.

Qui vive ?

Notez que les bancqueteurs se doivent montrer bien piteux, et les autres bien terribles.

ESQUINANCIE.

Les plus fors.

---

[1] Petit manteau court, sans collet ; du bas latin *rochus*.
[2] Robe longue ; de *rochetus*. Il y a *crochet* dans l'édit. de 1507.
[3] Grand manteau à capuchon, tombant jusqu'aux talons. On disait aussi *huque*.
[4] Capuce, casaque à capuchon.

PASSETEMPS.

Voicy la trahison seconde !

GOURMANDISE.

Pleust à Dieu que je fusse hors !

PARALISIE.

A mort !

JE-BOY-A-VOUS.

Qui vive ?

COLICQUE.

Les plus fors !

JE-PLEIGE-D'AUTANT.

Aurons-nous souvent telz effors ?

APPOPLEXIE.

Faut-il que cest yvroing [1] responde :
A mort !

PASSETEMPS.

Qui vive ?

YDROPISIE.

Les plus fors !

BONNE COMPAIGNIE.

Voicy la trahison seconde.

BANCQUET.

Qu'on tue tout !

EPILENCIE.

Qu'on les retonde [2] !

BONNE COMPAIGNIE, en eschappant, dit :

Il se fault sauver qui pourra !

---

[1] Pour : *ivroyne*.
[2] C'est-à-dire : qu'on les écorche, comme des moutons qu'on tond jusqu'à la peau.

EPILENCIE.

Ilz veulent tenir Table Ronde,
Mais, par Dieu! on les secourra.

PASSETEMPS, en eschappant.

Meshuy [1], on ne m'y pugnyra!

ACOUSTUMANCE.

Ne moy, s'ilz ne sont bien huppez.

BANCQUET.

Bon gré saint Pol! tout s'en yra :
Les principaulx sont eschappez.

PLEURESIE.

Ces quatre seront decouppez.

JE-BOY-A-VOUS.

Helas! ayez pitié de nous!

ESQUINANCIE.

Chargez sur eulx!

PARALISIE.

Frappez! frappez!

GOURMANDISE.

Helas! que nous demandez-vous?
J'ay tant humé de brouet doulx [2],
Que j'en ay tout le ventre enflé.

ESQUINANCIE.

Je vous gueriray de la toux,
Puisque vous avez tant soufflé.

---

[1] Aujourd'hui, cette fois.

[2] Le brouet était un consommé de viande ou de poisson, une sorte de *bouillabaise*. Taillevent donne les recettes du *brouet blanc* de chapons, ou de poulailles, ou de veau; du *brouet vert*; du *brouet à poysson*, et du *brouet grousse*.

PLEURESIE.

Vous en serez escorniflé,
Car par les costez je vous picque.

JE-PLEIGE-D'AUTANT.

Helas! j'ay bien beu et rifflé [1],
Mais fault-il mourir pleureticque?

GRAVELLE.

Sus, venez ça, venez, Colicque!
Si mettrons cestuy-cy à point.

COLICQUE.

Il maine vie dyabolique,
Pourtant ne l'espargneray point.

JE-BOY-A-VOUS.

Vous me percez chausse et pourpoint,
Ung peu plus bas que la seinture,
Et puis la Gravelle me poinct
Aux rains qui me font grant torture.

APPOPLEXIE.

C'est à vous, belle creature,
Que je veuil livrer ung assault?

Colicque et Gravelle font assault à Je-boy-à-vous. — Appoplexie et Epilencie, à Friandise.—Esquinancie, et Paralysie, à Gourmandise. — Pleuresie et Goutte, à Je-pleige-d'autant. — Les autres deux abatront tables, tresteaux, et le demourant.

EPILENCIE.

Et je adjousteray ma poincture [2],
Pour le garder de faire ung sault.

FRIANDISE.

Pour Dieu! mercy! Le cueur me fault!
O traistre Bonne Compaignie!

---

[1] Mangé gloutonnement. Le peuple le dit encore dans le même sens; quelquefois *raflé*, au lieu de *rifflé*.
[2] Piqûre, blessure, douleur.

Ton acointance, qui peu vault,
Me rendra morte et meshaignye [1].

APOPLEXIE.

Ne vous en plaignez plus, m'amye :
C'est de ses beaulx faitz diligens.
Et comment ne sçavez-vous mye,
Que Compaignie abuse gens [2] ?
Compaignie a fait maintesfois
De grans folyes entreprendre;
Compaignie a fait maint galois [3]
Brigander [4] et piller sans rendre.

EPILENCIE.

Par Compaignie, on veult aprendre
A jouer et tromper son hoste ;
Par Compaignie, on se fait pendre,
Hault, hault, affin qu'on ne se crotte.

PLEURESIE.

Je te vueil trespercer la coste !
Tu es condempné par sentence.

GOUTTE.

Et je suis preste cy de coste [5],
Pour frapper sur, de ma potence [6].

JE-PLEIGE-D'AUTANT.

Helas ! je fais grant conscience
De tant de vin que j'ay gasté.

GOURMANDISE.

Et moy, je pers la pacience,
Quant je pense à ce gros pasté.

---

[1] Estropiée.
[2] « Prohibe pedem tuum a semitis eorum. *Proverb*, 1. » (*Note de l'auteur.*)
[3] Bon compagnon, ami de la joie.
[4] Commettre des brigandages.
[5] De ce côté-là.
[6] Béquille.

ESQUINANCIE.

Vous en aurez le col tasté,
Car tantost vous estrangleray.

PARALISIE.

Affin que son cas soit hasté,
Tous ses membres affolleray.

COLICQUE.

Cestuy-cy je despescheray :
C'est des bons archipotateurs.

JE-BOY-A-VOUS.

Attendez ung peu : si diray
Adieu à tous ces auditeurs.
Adieu, gourmans et gaudisseurs!
Je voys mourir pour voz peschez.

FRIANDISE.

Adieu, taverniers, rotisseurs,
Adieu, gourmans et gaudisseurs!

JE-PLEIGE-D'AUTANT.

Adieu, de verres fourbisseurs,
Qui maintz potz avez despeschez!

GOURMANDISE.

Adieu, gourmans et gaudisseurs!
Je voys mourir pour voz peschez.

BANCQUET.

Je vueil bien que vous le sachez :
Vous besongnez trop lachement.

JE-BOY-A-VOUS

O Bancquet, qui gens remerchez [1],
Nous vous avons creu follement!

---

[1] Pour : *remarquez*. On pourrait lire aussi *remorchez*, pour : *remorquez*.

Icy font semblant de les mettre à mort, et les corps demourent là couchez.

COLICQUE.

Vous caquetez trop longuement :
Je vous osteray la parolle !

APPOPLEXIE.

Après, après, legierement,
Je vous feray la pance molle !

PLEURESIE.

Il convient que je parafolle[1]
De tous poinctz ce Pleige-d'autant.

ESQUINANCIE.

Et moy, Gourmandise la folle :
Je la vueil payer tout contant.

PARALISIE.

C'est fait : estes-vous pas content,
Bancquet, qui nous avez conduyt ?

BANCQUET.

Ung chascun cognoist et entend
Quel il fait soubz mon saufconduyt.

YDROPISIE.

Nous n'avons point eu le deduyt
De rien tuer, moy et Jaunisse.

JAUNISSE.

Velà Passetemps qui s'enfuyt :
Il lui fault monstrer qu'il est nice[2].

GRAVELLE.

Ça, que dit Bancquet, plain de vice ?
Sommes-nous bien en vostre grace ?

---

[1] Couvre de blessures et de plaies.
[2] Sot, niais.

BANCQUET.

Vous m'avez fait ung grant service ;
J'ay boucherie belle et grasse.

GOUTTE.

Ilz sont quatre mors sur la place,
Voire et tout par vostre fumée.

EPILENCIE.

D'arrester n'avons plus d'espace [1].
Adieu.

BANCQUET.

Adieu, la gente armée !

L'ESCUYER.

Voicy une laide menée !

LE PREMIER SERVITEUR.

Veez cy une meschante trainée [2].

LE SECOND SERVITEUR.

Voicy piteuse occision !

BANCQUET.

Quant la viande aurez levée,
Et la vaisselle bien sauvée,
Prenez vostre refection.

L'ESCUYER.

En voyant ceste infection,
Je n'ay ne goust n'affection
De manger en ce lieu maudit.

LE CUYSINIER.

Mettons en reparation

---

[1] De temps.
[2] Intrigue, trahison, guet-apens.

Ce qui va à perdicion [1],
Et nous en allons.

Ilz remettent ung petit à point [2] et s'en vont.

LE PREMIER SERVITEUR.

C'est bien dit.

LE FOL.

Ces gens sont mors sans nul respit,
Et pourtant je me voys mucier [3].

GRAVELLE.

Et bien, ça, en as-tu despit?

LE FOL.

Helas! ne m'en vueillez blecier!

GRAVELLE.

Tu contrefaitz de l'espicier [4],
Mais tantost sentiras mes mains!

LE FOL.

Alarme! je ne puis pisser:
La Gravelle me tient aux rains!
Venez ouyr mes piteux plains,
Vous, l'Orfevre et l'Appoticaire:
La Gravelle, dont je me plains,
M'a fait devenir lapidaire.

GRAVELLE.

Veulx-tu parler de mon affaire,
Et de mon train original?

---

[1] C'est-à-dire: mettons à part ce qui pourrait se perdre.
[2] C'est-à-dire: un peu d'ordre.
[3] Pour: *musser*, cacher.
[4] C'est-à-dire: tu fais le doucereux, le câlin, comme un épicier qui cherche à tromper le chaland.

LE FOL.

Je ne sçay plus que je doy faire :
Apportez-moy ung orinal [1] :

Pause pour pisser le Fol. — Il prent ung coffinet en lieu de orinal, et pisse dedans, et tout coule par bas.

BONNE COMPAIGNIE.

Bancquet se monstroit liberal,
Comme s'il fust chef d'ung empire,
Mais, à parler en general,
De tous les mauvais c'est le pire.
Mon train dechet, mon cas empire,
Et mon cueur se trouve esperdu,
Car, en ce lieu, dont je soupire,
Quatre suppostz avons perdu.

ACOUSTUMANCE.

Quatre suppostz avons perdu,
Car la mignongne Friandise
A eu tout le corps pourfendu,
Et la popine [2] Gourmandise.
Je croy que j'eusse esté sousprise,
Se à fuyr n'eusse contendu [3] ;
Toutesfois, par ceste entreprise,
Quatre suppostz avons perdu.

BONNE COMPAIGNIE.

Quatre suppostz avons perdu,
Et, moy, je suis toute affolée.

PASSETEMPS.

Si grant assault me fut rendu,
Que je y eus l'espaulle avalée [4].

---

[1] Pour : *urinal*.
[2] Pour : *poupine*, joufflue, haute en couleur, comme une poupée.
[3] C'est-à-dire : si je n'eusse précipité ma fuite.
[4] Mise à bas, démise.

ACOUSTUMANCE.

Et moy, piteuse, desolée,
J'ay eu tout le dos confondu.

BONNE COMPAIGNIE.

Mais c'est du pis qu'en la meslée
Quatre suppostz avons perdu :
Il fault pourveoir au residu.

ACOUSTUMANCE.

Comment?

BONNE COMPAIGNIE.

Je vous diray comment.
Mon plaintif feray[1] haultement
Devant ma dame Experience,
Et je croy que facillement
Nous baillera bonne audience.

PASSETEMPS.

Dame Experience a prudence,
Pour la matiere discuter.

BONNE COMPAIGNIE.

Tirons droit vers sa residence,
Pour nostre affaire luy compter.

Vadunt.
Experience, dame honnestement habillée, sera assise en siege magnifique.

EXPERIENCE.

Dieu m'a donné le sens de gouverner,
Et discerner entre bon et mauvais.
Je sçay mes loix et decretz dicerner,
Gens ordonner, justes examiner,
Pour leur donner confort, targe et pavais[2].
Mais les meffais infectz et contrefaitz,

---

[1] C'est-à-dire : je porterai plainte.
[2] Pour : *pavois*, bouclier, protection, au figuré.

Pugnir je fais, quant j'en ay la notice.
Justement vit qui exerce justice.

Car *summum bonum in vita*,
Est *justiciam colere*.
Le Decret dit qu'on doit *ita*
Suum cuique tribuere.
A ce propos, *in Codice* [1],
Lege Nemo, tu trouveras
Qu'il en a parlé *publice*
Sur le paraffe *inter claras*.

    Je suis sauvegarde,
    Je voy, je regarde,
    Je maintiens et garde
    Gens de bon vouloir;
    Je picque, je larde,
    Je poings et brocarde
    La teste coquarde [2],
    Qui ne veult valoir.

Experience je me nomme,
Plaine de grant subtilité :
Je n'excepte femme ne homme :
Chascun sent mon utilité.
In Speculo, ma faculté,
Le bon Docteur enregistra,
Declarant sans difficulté
Que je suis *rerum magistra* [3].

---

[1] « XII. II. C. Cum devotissimam et per glo. ord. super verbo alterum in prin. exordii Decretalium. Cum rex justus sederit super sedem justiciæ, etc. L. nemo, §. inter claras. C. de summa Trinitate et fide catholica. » (*Note de l'auteur.*)

[2] La tête folle, sottement orgueilleuse.

[3] « Experiencia est rerum magistra, proverbium commune quod notat. Spe. de testi. §. VII. v. Hoc quoque Experiencia est valde necessaria ad juris et justiciæ regimen id. spe. de libel. conce. circa prince. Et supplet illiteraturam de judi. de lega. §. VIII. ver. Itemque est illiteratus. » (*Note de l'auteur.*)

Je suis la maistresse des choses,
J'en cognois la source et racine ;
Clerement, sans aucunes choses,
Leurs derivacions j'assigne.
Souvent je medite et rumyne
Par astuce inquisicion,
Et puis après j'en determine
Et baille resolucion.

BONNE COMPAIGNIE.

Velà la Dame de renom,
Et ses conseillers au plus près.

PASSETEMPS.

Puisque vous en sçavez le nom,
Saluez-la par motz exprès?

BONNE COMPAIGNIE.

Madame, qui bien regentez,
Et qui sur tout diligentez,
Jesus vous gard de villennie !

EXPERIENCE.

Et Dieu vous croisse voz bontez !
Qu'esse que de nouveau comptez,
Madame Bonne Compaignie ?

PASSETEMPS.

D'ung insult[1] dur et merveilleux,
D'ung effort grief et perilleux,
Vous devons faire les plaintifs.

EXPERIENCE.

S'il y a rien de dangereux,
Ou de grave ou de pondereux,
Dictes tout, sans estre craintifz ?

---

[1] Pour : insulte, pris au masculin, à cause du latin insultus

BONNE COMPAIGNIE.

Je me plains de deux personnages :
De l'ung plus, et de l'autre moins ;
Car ilz m'ont fait de grans oultrages
Et monstrez des tours inhumains :
En mes suppostz ont mis les mains,
Et, qui plus est, ont fait venir
Leurs consors, parens ou germains,
Pour tout mon train circonvenir [1].

EXPERIENCE.

Il les fault faire convenir [2].

BONNE COMPAIGNIE.

Pour Dieu ! Faictes-les attraper !

EXPERIENCE.

Mais, affin qu'on les puist pugnyr,
Quelz sont-ilz ?

BONNE COMPAIGNIE.

Bancquet et Soupper.
Soupper me invita à sa table,
Où avoit viande à foison,
Mais sa voulenté detestable
Se estoit farcye de poison :
Car, par couverte trahison,
Entre les beaulx metz magnificques,
Fist entrer dedans sa maison
Monstres hideux et terrifficques.

Oncques arpies draconiques [3],
Ou les furies infernalles,
Ou les troys faces gorgoniques [4],

---

[1] C'est-à-dire : pour envelopper toute ma suite.
[2] Comparaître ici.
[3] Les Harpies semblables à des dragons ailés.
[4] Les trois Gorgones changeaient en pierres tous ceux qui les regardaient.

Ne se monstrerent si très-malles :
Sur nous vindrent, noires et pales,
Frapper de bastons et de poings,
Comme fatales ou parcales [1],
Pour nous destruyre de tous pointz [2].

Soupper se mesloit avec elles,
Embastonné Dieu sçait comment,
Qui, sur moy et sur mes sequelles [3],
Deschargoit merveilleusement.
Batus fusmes piteusement,
Sans que nul nous vint secourir,
Et en feust esté aultrement,
Si n'eussions gaigné à courir.

Velà quant au premier article
De ma queruleuse demande.
Soupper m'a mis cest offendicle [4] :
La justice vous en demande.
Quant à l'autre, qui est plus grande,
C'est contre le mauldit Bancquet ;
Car, en sa largesse et offrande,
J'ay trouvé venymeux acquest.

O mon Dieu ! que pourray-je dire,
De ce très-terrible danger ?
J'ay le povre cueur tant plain d'ire,
Que à peine puis-je desgorger [5].

---

[1] C'est-à-dire : envoyées par la Fatalité ou par les Parques.

[2] « Les Arpies sont monstres ravissans, nommées Celeno, Abello, Occipita, habitans ès isles Strophades. — Les Gorgonnes sont Medusa, Stennyo et Euryale, habitans ès Orcades. — Les Furies infernales sont Alecto, Thesiphones et Megera. — Les Parcales, Cloto, Lachesis et Atropos. De ces choses ont assez escript les anciens poetes. Et quant aux nouveaulx, Bocace, *de Genealogia deorum,* » etc. (*Note de l'auteur.*)

[3] Mes suivants, les gens de ma suite.

[4] Grief, outrage, offense.

[5] Parler, dire ce que j'ai sur le cœur.

Ce faulx tyrant nous fist loger
Chez luy, pour colacion faire,
Mais après, comme ung Ogier [1],
Vint tout armé pour nous deffaire.

Les satelites [2] ramena,
Qui premier batus nous avoient,
Et cautement leur enseigna
Comment envahir nous devoient.
Et eulx, qui tous les tours sçavoient
De faire noises et tempestes [3],
Contre nous les bastons levoient,
Comme bouchiers sur povres bestes.

Mais, en ce conflict, telle grace
Me fist Dieu, la sienne mercy !
Que je me partis de la place,
Moy et ces deux qui sont icy.
Le demourant est mort transsy,
Forclos [4] de vie et privé d'ame,
Et moy, je demoure en soucy,
Comme chetive et povre dame.

EXPERIENCE.

Quoy ! vous a-l'en fait tel diffame [5] ?

BONNE COMPAIGNIE.

Diffamée en suis, quoy qu'on die.

EXPÉRIENCE.

Certes, Bancquet est bien infame.

---

[1] Ogier de Danemark, dit le Danois, héros d'un vieux roman de chevalerie du treizième siècle, qui a été publié par M. Barrois, dans la collection des Romans des douze Pairs.
[2] Ce sont les Maladies.
[3] Disputes et batailles.
[4] Exclu, banni.
[5] Outrage.

BONNE COMPAIGNIE.

Infamement m'a pourbondie [1].

EXPERIENCE.

Or me dictes, ma belle amye,
Quelz gens y perdez-vous ?

BONNE COMPAIGNIE.

Assez !

EXPERIENCE.

Pour Dieu ! ne me le celez mye ?

BONNE COMPAIGNIE.

J'en y ay quatre trespassez.
Pour moy fut folle marchandise,
De croire leur deception :
Car Friandise et Gourmandise
Sont mises à occision ;
Je-boy-à-vous, bon compaignon,
Y a prins son deffinement [2] ;
Je-pleige-d'autant, mon mignon,
Y est meurtry [3] pareillement.

PASSETEMPS.

Ces quatre miserablement
Sont là gisans, la bouche ouverte.
Si vous prions très-instamment,
Que la faulte soit recouverte [4].

ACOUSTUMANCE.

La trahison est toute apperte [5] :
Madame, par ma conscience,

---

[1] Assommée à coups de bâton.
[2] A cessé de vivre.
[3] Assassiné.
[4] C'est-à-dire : que le crime ait son châtiment.
[5] Apparente, avérée.

Nous y avons si très-grant perte,
Que nous y perdons pacience.
Or, avez-vous plaine science,
Puissance, auctorité, vigueur :
Pourtant, madame Experience,
Pugnissez-les à la rigueur.

EXPERIENCE.

Pour besongner, par moyen seur,
Il affiert bien qu'on m'advertisse[1].
Que demandez-vous, belle seur ?

LES TROIS, ensemble.

Justice, madame, justice !

BONNE COMPAIGNIE.

Que Soupper, avec son complice,
Par qui la feste est departie[2],
Soit mys à l'extreme supplice !

EXPERIENCE.

Ha ! dea, il fault ouyr partie.
Audi partem, ce dit le Droit.
Il fault examiner le cas,
Et consulter, par bon endroit,
Avec docteurs et advocas.
En telz crimes ou altercas[3],
Il chet grant consultacion,
Car je ne vueil, pour mil ducas,
Avoir nom de corruption.
Toutesfois, pour commencement,
Affin qu'on ne nous puist reprendre,
Mes sergens yront promptement

---

[1] C'est-à-dire : pour mener le procès à bonne fin, il faut que les parties civiles posent leurs conclusions.
[2] C'est-à-dire : qui a exécuté le complot.
[3] Altercations, différends.

Les malfaicteurs saisir et prendre :
Par ce moyen, pourrons entendre,
Finablement la verité.

BONNE COMPAIGNIE.

Qu'on y aille, sans plus attendre !
Si verrez leur temerité.

EXPERIENCE appelle ses gens.

Ça, Secours et Sobrieté,
Clistere, Pillule, Saignie[1],
Diette qui est redoubtée,
Remede et toute la mesgnye[2],
Vous oyez Bonne Compaignie
Plaindre de Bancquet et Soupper ?
Si vueil qu'à force et main garnye[3],
Tantost les allez attraper ;
 Tous deux soient pris,
 Par vostre sçavoir,
 Dedans leur pourpris[4],
 Tous deux soient pris :
 Comme estes apris,
 De tel charge avoir,
 Tous deux soient pris
 Par vostre vouloir.

SECOURS.

Madame, s'il convient pourvoir
A quelques haultz faitz pondereux[5],
Moy, Secours, y feray devoir,
Demonstrant faitz chevalereux[6].

---

[1] Pour : *saignée.*
[2] Assemblée, compagnie.
[3] C'est-à-dire : avec main-forte.
[4] Hôtel, demeure.
[5] De poids, de valeur, d'importance.
[6] C'est-à-dire : en me signalant par des actions héroïques, par des actes de chevalerie.

SOBRESSE.

J'ay nom Sobresse [1], je piteux,
Le prochain parent d'Abstinence.
Combien que je soye marmiteux [2],
Si ay-je en maintz lieux eminence.

CLISTERE.

Clistere, qui fait dilligence
De purger les menuz boyaulx,
Vous servira sans negligence,
Aussi bien que les plus loyaulx.

RILLULE.

S'il fault trouver des tours nouveaulx,
Soubz fiction simulative,
Pillule en monstrera de beaulx,
Car il a force laxative.

SAIGNÉE.

Pour toucher de main pongitive [3],
J'en scay l'administracion ;
Saignie a vertu expulsive,
Et fait de sang effusion.

DIETTE.

Diette, qui mect à raison
Les malades et desolez,
Quand il sera temps et saison,
Vous servira, se vous voulez.

REMEDE.

De Remede point ne parlez ?
C'est le principal de la route [4].

---

[1] Pour : *Sobriété*.
[2] Pauvre diable, ayant l'air d'un mendiant hypocrite.
[3] Qui *poinct*, qui pique avec la lancette.
[4] Bande, corps de troupe ; du bas latin *ruta*, pour *rupta*.

DE BANQUET.

Il corrige les dereiglez ;
Il fait rage, quant il s'y boute.

EXPERIENCE.

Je vous entens bien, somme toute :
Vous n'estes venteurs ne flateurs,
Mais il fault que, sans nulle doubte [1],
M'empoingnez ces deux malfaiteurs.

REMEDE.

Allons prendre ces hutineurs [2] !

SECOURS.

Allons les saisir vistement !

SOBRESSE.

Allons querir ces choppineurs !

CLISTERE.

Allons prendre ces hutineurs !

PILLULE.

Allons cercher ces affineurs [3] !

EXPERIENCE.

Lyez-les-moy estroictement ?

SAIGNÉE.

Allons prendre ces hutineurs !

DIETTE.

Allons-les saisir vistement !

REMEDE.

Soyons armez legierement,
S'il convient que nous combatons.

---

[1] Sans aucune crainte, sans hésitation.
[2] Les auteurs du *hutin*, de la noise ; ces agresseurs.
[3] Auteurs du guet-apens, de l'embûche.

SECOURS.

Pour tenir nos gens seurement,
Portons cordes et bons bastons?

Ilz prennent des cordes et leurs bastons, chascun different l'ung à l'autre.

SOUPPER se treuve au lieu et dit :

Que sont devenuz ces gloutons?
Bancquet, sont-ilz allez esbatre?

BANCQUET.

J'en ay fait comme de moutons!
Regardez : en voicy les quatre.

SOUPPER.

Je les ay batus comme plastre :
Soupper, en la fin, nuyt et mort.

BANCQUET.

Vous ne les avez fait que batre,
Mais, moy, je les ay mys à mort.
Compaignie a fouy si fort,
Et deux qui se sont separez,
Qu'ilz ont evité mon effort,
Mais ces quatre sont demourez.

DISNER se retreuve au lieu.

Qu'esse que vous deux murmurez?
Y fault-il confort ne suffrage[1]?

BANCQUET.

Ils sont mors et descolorez.
Veez-les là?

DISNER.

O le grant oultrage!

---

[1] Aide et assistance. *Suffrage* signifiait aussi : *prière, oraison.*

BANCQUET.

De ces gandisseurs qui font rage,
Ay fait une execution.

DISNER.

Bancquet, vostre mauvais courage
Vous mettra à destruction.

SOUPPER.

S'il en a fait occision,
Autant en emporte le vent.
Gens plains de dissolucion,
On les doit corriger souvent.

DISNER.

Mais on doit vivre honnestement,
Et estre loyal envers tous.

BANCQUET.

Bancquet doit ordinairement
Mettre gens dessus et dessoubz.

DISNER.

Moy-mesmes seray contre vous,
S'on veult pugnir les deffaillans [1].

SOUPPER.

Disner, ne vous chaille de nous ?
Tousjours eschappent les vaillans.

DISNER.

Adieu donc !

REMEDE les monstre.

Velà noz galans !

SOBRESSE.

Il les fault prendre en desarroy.

---

[1] Les auteurs du fait, les malfaiteurs.

CLISTERE.

Sus, sus, saluons ces chalans !

PILLULE.

Tost les aurons, comme je croy.

SECOURS s'approche et met la main à Bancquet, et dit :

Je metz la main à vous !

BANCQUET.

Pourquoy ?

SAIGNÉE.

Vous avez commis grande offense.

DIETTE met la main à Soupper.

Je vous prens !

SOUPPER.

Bancquet, aydez-moy !

BANCQUET.

Mettons-nous trop bien en deffence.

REMEDE.

Ha ! vous ne feriez pas science [1].

Ilz font semblant de eulx deffendre ung petit.

SOUPPER.

Frappons, frappons !

BANCQUET.

Tuons, tuons !

SECOURS.

De par madame Experience,
Prisonniers vous constituons !

SOUPPER.

Pourquoy cela ?

[1] C'est-à-dire : en vous défendant, vous ne ferez pas preuve de sagesse.

SOBRESSE.

Nous ne sçavons.

BANCQUET.

Vers personne offence n'avons?

SOUPPER.

En nous n'y a quelque meffait?

DIETTE.

La bourde[1] evidemment prouvons.

BANCQUET.

Et comment?

DIETTE.

Car nous vous trouvons
Avec le delict[2] qu'avez fait.

CLISTERE.

N'est-ce pas cy vostre forfait?

BANCQUET.

Jamais.

REMEDE.

En effect et substance,
Tant de la cause que du fait,
Nous voulons prendre congnoissance.

SOUPPER.

Vous nous faictes grant violence!

SECOURS.

Vous direz ce que vous vouldrez.
Devant la dame d'excellence,
Pede ligato, respondrez.

---

[1] Le mensonge, la feinte.
[2] Le flagrant délit, le corps du délit; c'est-à-dire : les cadavres des victimes.

BANCQUET.

Faut-il qu'il soit!

SAIGNÉE.

Vous en viendrez!
Dea, il vous fault humilier.

REMEDE.

Cependant que Soupper tiendrez,
Il nous convient Bancquet lier.

PILLULE.

Voicy ung lien singulier,
Dont je luy voys lyer les mains.
Allez ce Soupper habiller [1] :
C'est raison qu'il n'en ait pas moins.

LE FOL.

Ces povres dyables sont ratains [2] !
Au moins, leur fait-on entendant.
Je cuyde qu'ilz sont bien certains
D'eulx en aller par le pendant [3].
Ne les menez pas tout batant,
Ce seroit grant compassion.
Au surplus, ne faictes pas tant,
Qu'ilz meurent sans confession.

SECOURS.

Tost, que la malle passion [4]
Vous envoye sainct Denis de France!
Cheminez sans dilacion [5],
Ou vous aurez de la souffrance!

---

[1] Jeu de mots. On disait *habiller* un *souper*, dans le sens de préparer.
[2] Déconfits, perdus sans ressource.
[3] C'est-à-dire : par la potence.
[4] C'est-à-dire : le châtiment que vous méritez.
[5] Délai; du latin *dilatio*.

BANCQUET.

Voicy une piteuse dance !
Je n'ay pas ce jeu-cy apris.

SOBRESSE.

Vous aurez des maulx abondance :
A ce coup le regnart est pris.

CLISTERE.

Velà ma Dame en son pourpris.
Saluons-la sommierement[1]?

PILLULE.

Gardons que ne soyons repris
De demourer trop longuement?

REMEDE.

Dame de grant entendement,
Bon jour vous doint le Redempteur !
Voicy Bancquet, ce garnement,
Et Soupper, son coadjuteur.

EXPERIENCE.

O Bancquet, cruel malfaicteur,
Bateur, combateur, abateur,
Tout plain de forfait indecent !

BANCQUET.

Ma dame, je suis innocent !

EXPERIENCE.

Et, toy, Soupper très-decevable,
Aux corps et aux ames grevable,
Tu as fait des maulx plus de cent !

SOUPPER.

Ma dame, je suis innocent !

---

[1] Pour : *sommairement*, d'abord.

EXPERIENCE.

L'ung bat les gens, l'autre les tue,
L'ung corrompt, l'autre destitue [1],
Tellement que chascun s'en sent.

BANCQUET.

Ma dame, je suis innocent !

EXPERIENCE.

Ha ! vous parlerez autrement,
Ou la torture sentirez !
Sus, gardez-les soigneusement,
Et ung petit vous retyrez ?

SAIGNÉE.

Nous ferons ce que vous direz :
L'ung et l'autre sera serré.
Je croy que pas loing ne fuyrez,
Mais que je vous aye enferré.

Ilz se retirent avec les prisonniers.

EXPERIENCE.

Conseil discret et moderé,
Seigneurs, princes de medicine,
Quant bien vous ay consideré,
Ceste cause je vous assigne.
Vous avez theorique [2] insigne,
Vous avez engin [3] très-haultain,
Et de practique la racine,
Pour asseoir jugement certain.
Ypocras [4], docteur très-humain,
Et vous, le discret Galien,

---

[1] Détruit, anéantit.
[2] Pour : *théorie* ; du latin *theoria*.
[3] Génie ; du latin *ingenium*.
[4] Pour : Hippocrate.

Vous voyez bien, quant j'ay soubz main
Deux gens qui sont en mesme lyen :
Avicenne [1], seigneur de bien,
Et vous, l'expert Averroys [2],
Je vous prie, conseillez-me bien,
Quant les delictz aurez ouys.

YPOCRAS.

Ma dame, je me resjouis,
Quant me baillez ceste ouverture :
Vous sçavez bien que je jouys
De plusieurs secretz de nature ?
Vous avez, par mon escripture,
Les Amphorismes de renom,
Et si ay fait la confiture [3]
Du boire, qui porte mon nom [4].

GALIEN.

Et moy, la Commentacion
Sur les livres de nostre maistre [5] :
Velà mon occupation :
De cela me scay entremettre.
Puis, par escript ay voulu mettre
Ung regime de sanité [6].

---

[1] La médecine d'Avicenne était alors très-familière aux médecins, en France comme en Italie. La traduction latine de ses livres (*Canonis medicinæ libri*) avait été imprimée plusieurs fois à la fin du quinzième siècle.

[2] La médecine d'Averroës n'était pas moins répandue dans toutes les écoles médicales. Ses différents traités, traduits de l'arabe en latin, furent imprimés à Venise et à Padoue avant 1500.

[3] C'est-à-dire : c'est moi qui ai donné la recette de la boisson confite, qu'on nomme *Ypocras*.

[4] « Il declaire avoir fait le livre des Amphorismes et composé l'Ypocras. » (*Note de l'auteur.*)

[5] « Galien a commentez les Amphorismes d'Ypocras. » (*Note de l'auteur.*)

[6] Ce traité de Galien est intitulé, dans l'ancienne traduction latine : *De sanitate tuenda libri VI per omnes ætates.*

Et aussi rediger par lettre :
De morbo et accidente.

AVICENNE.

Combien que j'ay nobilité [1],
Pour principer [2] et pour regner,
Si ay-je curiosité
De sçavoir les corps gouverner :
Et à celle fin de donner
Enseignement plus prouffitable,
J'ay prins plaisir à ordonner
Quatuor fen, livre notable [3].

AVERROYS.

Ypocras est docteur louable,
Galien est scientifique,
Avicenne est moult honnorable,
Prince puissant et magnifique ;
Mais mon engin philosophique
Aquilibus non indiget,
Car j'ay composé en phisique
Ce livre qu'on dit : *Colliget* [4].

EXPERIENCE.

C'est grant chose de vostre fait :
Ung chascun fort vous recommande,
Mais, pour pourveoir à ce meffait,
En present Conseil, vous demande :
Dont vient cela qu'après viande,
Pour à l'appetit satisfaire,

---

[1] Noblesse ; du latin *nobilitas.*
[2] Dominer, être prince de la médecine.
[3] « Avicenne a fait ce livre qu'on nomme *Quatuor fen.* » (Note de l'auteur.)
[4] La première édition de cet ouvrage (Venet., 1482, in-fol.) est intitulée : *Liber de medicina qui dicitur Colliget.*

Bancquet fait offense si grande,
Que tuer gens? Se peult-il faire?

YPOCRAS.

Il n'est au corps rien plus contraire,
Que manger oultrageusement;
Et vauldroit trop mieulx en distraire [1],
Que d'en prendre si largement:
Mais on ne peut pas proprement
Ne l'ung ne l'autre condamner,
Car il les fault, premierement,
Suffisamment examiner.

EXPERIENCE.

Doncques, pour en determiner,
Par grant deliberation,
Secours, faictes-les ramener:
Si orrons [2] leur confession.

SECOURS.

Ma dame, j'ay intencion
De tantost vous les presenter?

REMEDE.

Et, de paour de commotion,
Je y vueil plainement assister.

SECOURS.

Faictes ces prisonniers trotter
Devant madame Experience?

REMEDE.

Il n'y a point de cul froter [3]:
Vous en viendrez à l'audience.

---

[1] Manger moins, diminuer sa nourriture.
[2] Nous entendrons, nous écouterons ainsi.
[3] Expression proverbiale qui veut dire: il n'y a pas à remettre, à reculer.

LA COMDAMNACION

BANCQUET.

En moy n'a point de resistance :
Je iray partout où vous plaira.

SOBRESSE.

Soupper vous fera assistance,
Qui du torment sa part aura.

SOUPPER.

Je ymagine qu'on nous fera
Quelque grace ou quelque doulceur ?

DIETTE.

Je ne sçay, moy, qu'il en sera,
Mais vostre cas n'est pas trop seur.

CLISTERE.

Sus, cheminez, maistre trompeur !
Venez à ma dame parler ?

BANCQUET.

Dea, mon amy, gens qui ont peur
Ne peuvent pas si fort aller.

SAIGNÉE.

Si ne pouvez-vous reculer,
N'eschapper, ne circonvenir [1].

PILLULE.

Vostre vie on veult calculer,
Pour vous corriger et pugnir.

SECOURS.

Dame, nous avons fait venir
Ces povres meschans malheureux

---

[1] Faire des circonvolutions, des détours.

REMEDE.

Ilz ne se sçavent soustenir,
Tant sont debiles et paoureux.

EXPERIENCE.

Voulez-vous supplier pour eulx,
Et si congnoissez leur malice !

REMEDE.

S'ilz sont pervers et rigoureux [1],
Vous y mettrez bonne police.

BONNE COMPAIGNIE.

Ma dame, vous aurez l'office
De faire à tous droit et raison :
Je vous demande la justice
De ces gens plains de trahison.
Car chascun d'eulx, en sa maison,
A fait contre moy son effort :
L'ung, pour bailler coups à foison,
Et l'autre, pour tout mettre à mort.
Qu'il soit vray, ilz ont tant grevé
Mes gens et femmes principalles,
Qu'il y en a sur le pavé
Demouré quatre mors et pales.
Telles œuvres rudes et malles [2],
Formidables à referer,
Et attroxitez enormalles [3],
Ne se doyvent point tollerer.

EXPERIENCE.

Sus, vous avez ouy narrer
Le plaintif [4] qu'elle a recité ?
Riens ne fault celer ou serrer :

[1] Cruels, inexorables.
[2] Méchantes, mauvaises, perfides.
[3] Pour : énormes.
[4] Plainte, complainte.

On sçait jà vostre iniquité.
Confessez toute verité,
Et je vous prometz sans falace,
Que de ma possibilité
J'entendray à vous faire grace.

SECOURS.

Nous avons trouvé sur la place
Les quatre mors, et eulx auprès.

REMEDE.

Les meurtris[1] aussi frois que glace,
Nous avons trouvez en la place.

SOBRESSE.

Je y vy Gourmandise la grasse.

DIETTE.

Je la regarday par exprès.

CLISTERE.

Nous avons trouvé sur la place
Les quatre mors.

SAIGNÉE.

Et eulx auprès.

SOUPPER.

Je ne scay que vous remonstrez,
Mais ce cas-là n'advint jamais.
Se Bancquet les a rencontrez
Et mys à mort, qu'en puis-je mais?
J'ay suscité des passions,
Qui ont baillé des horions,
Mais oncques ne fuz homicide.
Bancquet fist ces occisions :
Ce sont ses operations,
Puisqu'il fault que je le decide[2].

[1] Les victimes assassinées.
[2] Déclare, denonce.

BANCQUET.

M'as-tu donc baillé ceste bride [1] ?
M'as-tu pellé cest œuf mollet [2] ?

SOUPPER.

Bancquet les desgorde et desbride [3],
Comme on fait ung jeune poullet.

BONNE COMPAIGNIE.

Il en dit le cas tel qu'il est :
Soupper bat, mais de tuer, non.

SOUPPER.

Bancquet leur couppe le filet.

EXPERIENCE.

Aussi, en a-il le renom.

BANCQUET.

Si je prens occupation
Consonne [4] à ma condicion,
Est-ce pourtant si grant forfait ?

EXPERIENCE dit à Remede.

Escrivez leur confession,
Leur dict et deposicion,
Remede ?

REMEDE.

Dame, il sera fait.

BANCQUET.

Vous sçavez que Bancquet deffait

---

[1] Expression proverbiale qui équivaut à celle-ci : M'as tu préparé ce licou pour me pendre ?

[2] Expression proverbiale qui signifie : As-tu donc résolu de m'étrangler?

[3] *Degorger* et *debrider* un poulet, c'est lui couper le gesier, lui ouvrir la gorge.

[4] *Consonnante*, conforme.

Tous corps humains par gourmander[1] :
C'est mon office, c'est mon fait.
Que m'en voulez-vous demander?
Premierement fais aborder
  Appoplexie ;
Apres cela, vient, sans tarder
  Epilencie :
Soubz la langue fais brocarder
  L'Esquinencie :
Et, pour les costez mieulx larder,
  Vient Pleuresie.
Là se treuve, sans mander[2],
  Ydropisie,
Et puis frappe, sans commander,
  Paralisie.
 Par guerre mortelle,
 Goutte s'y applicque ;
 Jaunisse, Gravelle,
 Viennent en publicque ;
 Mais, avec Colicque,
 Je boute en ung carre[3]
 Ce bon catholicque,
 Qu'on nomme Catharre.
Et à vous dire proprement,
Devant tous ces gens venerables,
Catharre est le vray fondement
D'egritudes[4] innumerables.

   YPOCRAS.

Il ne dit que motz veritables :
Catharre cause maintz deffaulx[5],

---

[1] Par gloutonnerie.
[2] Sans qu'on la mande.
[3] Char triomphal.
[4] Maladies, infirmités ; du latin *ægritudo*.
[5] Accidents, malheurs.

Mais tous ces morbes[1] detestables
Viennent par Bancquet qui est faulx.

EXPERIENCE.
Et par Soupper?

GALIEN.
Beaucoup de maulx.
Car il foule[2] comme plastre.
Il ne fait pas mortelz assaulx,
Comme fait Bancquet, ce folastre.
Ha! Soupper nous a bien fait batre,
Par ses souldars plains de cautelle,
Mais, à tout compter sans rabatre,
Sa bature n'est pas mortelle.

EXPERIENCE.
J'examineray la querelle,
Et du conseil demanderay :
Se vous avez bon droit, querez-le,
Car justement procederay.

SOUPPER.
Ma dame, je reciteray,
S'il vous plaist, mon intencion,
Pourveu que je ne irriteray
Vostre grant domination?

EXPERIENCE.
Dis tout sans adulacion,
Et fussent motz injurieux,
Pour ton argumentacion,
Je n'en feray ne pis ne mieulx.

SOUPPER.
Nulz hommes, tant jeunes que vieulx,
Voire dès le temps du deluge,

---

[1] Accidents morbides, maladies.
[2] Opprime, bat, maltraite.

N'esleurent jamais sur leurs lieux
Une femme pour estre juge.
Le Droit tant civil que divin [1],
Pour nous enseignement donner,
Dit que le sexe femenin
Ne doit juger ne condamner.

BANCQUET.

A ce ne povez repugner,
Quant bien y aurez medité :
Pourtant voulons-nous impugner [2]
Vostre siege et auctorité.
Il semble que ce soit Hector,
Ou quelque empereur, de vous veoir.
Digestis, lege : Cum pretor :
Là pourrez-vous de vray sçavoir,
Que la femme ne doit avoir
Office tant honorifique,
Ne si grant honneur recepvoir,
Comme de siege jurisdique.

EXPERIENCE.

Se j'ay puissance magnificque,
Que je puis largir [3] et estendre,
Vous n'estes pas scientificque
Pour le discerner et entendre :
Non pourtant, se voulez aprendre
A lire le vieil Testament :
Là pourrez sçavoir et comprendre
Que femme siet en jugement.

En *Judicum* n'est-il pas dit,
Que ceste dame Delbora

---

[1] « Mulier judex esse non potest. L. cum pretor. § n ōn autem ff. de judi. Et est etiam remota ab omnibus officiis ublicis et civilibus, l. II, ff. de re judi. » (*Note de l'auteur.*)

[2] Combattre, attaquer; du latin *impugnare.*

[3] Répandre; du latin *largire.*

Jugea les gens sans contredit,
Et pour le peuple laboura [1].
C'est celle qui corrobora
Barach, le prince d'Israel,
Quant leur ennemy Sisara
Mourut par les mains de Jael [2].

Que vous a fait Semiramis,
Qui n'est pas des femmes la pire [3] ?
Elle a jugé ses ennemys,
Et subjugué moult grant empire.
Se d'autres femmes voulez lire,
Esquelle sapience y a,
Vous povez ceste dame eslire,
Qui se nommoit Hortensia [4].

Hortensia, par eloquence,
Perora si très-doulcement,
Qu'elle eut finale consequence
De son desir entierement :
Des Triumvires proprement,
Obtint sa cause par escript,
Comme Valere clerement
En son huitiesme le descript.

Diverses femmes très-habilles
Ont tenu l'esprit prophetique :

[1] Travailla.
[2] « Sisara, prince de chevalerie de Jabin, roy de Canaam, fist guerre aux enfans de Israel, et par le conseil de Delbora, qui estoit juge et prophette, leurs ennemys furent vaincus, et Sisara mort. L'hystoire est *Judicum* quarto capitulo. » (*Note de l'auteur.*)
[3] « La royne Semiramis, après la mort de son mary Ninus, regna longuement, comme il est escript au premier livre de Justin. » (*Note de l'auteur.*)
[4] « Hortensia, fille de Hortensius le grant orateur, soustint la cause des femmes de Romme par devant les Triumvires, et fist tant, par son eloquence, que de la pecune sur elle imposée fut remise une grant partie, comme il appert en Valere, libro VIII, cap. III. » (*Note de l'auteur.*)

Bien y pert¹ par les dix Sibilles,
Dont la premiere fut Persique.
L'une, qui fut sage et pudique,
A Tarquin ses livres vendit ;
L'autre, par vision publique,
Octovien humble rendit ².

Aucunesfois il est licite
Nous bailler jurisdicion.
Decimaquinta le recite,
En la troisiesme question,
Où il fait declaration,
Que femme, pour certain affaire,
Sans quelque reprehencion,
L'office de juge peut faire³.

Aussi, puis-je determiner
De quelconque cas opportun,
Et si ne povez decliner
Mon decret, tant soit importun ;
Je puis dire et juger comme ung
Juge qui a puissance expresse ;
Parquoy le proverbe commun
Dit que je suis dame et maistresse ⁴.

SOUPPER.

O dame, vostre saigesse
Bruit⁵ et regne par dessus tous,

---

¹ Pour : *appert*, paraît.

² « Icy parle des dix Sibilles, dont l'une vendit des livres à Priscus Tarquin ; l'autre fist la remonstrance à l'empereur Octovien, et dictz ces vers : *Judicii signum*, etc. LACTANCIUS, *in libro Divinarum institutionum*, et SAINCT AUGUSTIN, *de C. vitate Dei*, ont traicté ceste matiere. » (*Note de l'auteur.*)

³ « In aliquibus mulier potest esse judex. In *Decretis*, causa quinta, questione tercia. » (*Note de l'auteur.*)

⁴ « Experiencia est rerum magistra. Ut supra dictum est ubi alegat Speculum. » (*Note de l'auteur.*)

⁵ Éclate.

Mais je vous prie en toute humblesse[1],
Que vous ayez pitié de nous.

EXPERIENCE.

Les conseilliers vous seront doulx :
On ne vous fera que raison.
Sus, sergens, entendez à vous?
Remenez ces gens en prison !

LE FOL.

Baillez-leur chascun ung grison,
Pour passer plustost la poterne?
Vien çà, visaige de busson[2]?
Iray-je porter la lanterne?

Clistere les maine en prison.

CLISTERE.

Sus, sus, venez en la caverne ?
Le lieu n'est pas encores plain.

SAIGNÉE.

Il y a mauvaise taverne :
On n'y trouve ne vin ne pain.

PILLULE.

Demourez là jusques à demain :
On vous fera vostre paquet.

DIETTE.

Nous vous laissons en ce lieu sain.

SOBRESSE.

Adieu, Soupper !

DIETTE.

Adieu, Bancquet !

---

[1] Humilité.
[2] Pour : buse.

EXPERIENCE.

Seigneurs, vous entendez le fait
De ce trouble et de ce maleur :
Bancquet est ung murtrier parfait,
Soupper bateur et mutileur.
Vous estes gens de grant valeur,
Pour sçavoir telz cas decider :
Conseillez-moy, pour le meilleur,
Comment j'y devray proceder?

YPOCRAS.

Nous ne faisons que commander
Qu'on se reigle, qu'on se tempere,
Mais nul ne se veult amender :
Velà dont vient le vitupere[1].
Quant à part moy je considere
Les excès et potacions,
Se le monde ne se modere,
Il en mourra par millions.

GALIEN.

A la verité, bien sçavons
Dont viennent ces faultes pessimes[2] :
Largement escript en avons,
Baillant deffences et regimes.
Ypocras, en ses Amphorismes,
Conseille bien la creature,
Et moy, par gloses infimes,
Ay commenté son escripture.

AVICENNE.

Ung chascun corrompt sa nature,
Par trop de viandes choisir,
Car qui abonde en nourriture

---

[1] Tout le mal, tout ce qui est à blâmer.
[2] Très-mauvaises, perverses ; du latin *pessima*.

A peine peut-il sain gesir ;
Et pourtant ay-je prins plaisir
A denoter expressement
Que après appetit et desir
On doit manger non autrement.

AVERROYS.

Quant on a souppé largement
Tout à loisir, sans soy haster,
Coniment peut estre proprement
L'estomac prest pour bancqueter ?
Nous retardons, sans point doubter,
Nostre disgestion du tout,
Ainsi que quant on vient bouter
De l'eaue froide en ung pot qui bout.

YPOCRAS.

Comme l'eaue froide en pot bouillant
Peut retarder ou dommaiger,
Ainsi ung estomac vaillant
Est bien grevé pour trop manger[1].
Mais, pour eviter ce danger,
Notez ceste reigle distincte,
Qu'on n'y en doit point tant loger,
Que la chaleur en soit extincte.

GALIEN.

Et pourtant me fut demandé,
Par disciples plains d'eloquence,
Ung regime recommandé
Pour durer en convalescence ;
Je leur respondis que abstinence
Est de si parfaicte valeur,

---

[1] « A multis enim cibis calor extinguitur. YPOCRAS, in *Amphorismis*. » (*Note de l'auteur.*)

Qu'elle augmente l'intelligence,
Et nourrist l'homme sans douleur [1].

AVICENNE.

Je vous diray ce qu'il me semble
D'ung grant abuz et d'ung deffault,
Quant vij ou viij metz tout ensemble
En ung estomac loger fault ;
Se l'ung fait tempeste ou assault,
L'autre est picquant ou perilleux ;
Le froit combat contre le chault [2],
C'est ung tonnerre merveilleux.

AVERROYS.

A Salerne loingtaine terre,
Les medicins d'auctorité
Firent, pour ung roy d'Angleterre,
Ung Regime de santé [3] :
Enseignemens y a planté :
Il ne les fault que visiter,
Combien que j'aye voulenté,
D'aucuns passaiges reciter :
Omnibus assuetam jubeo servare dyetam,
Ex magna cena, stomacho fit maxima pena.
Ut sis nocte levis, sit tibi cena brevis [4].

---

[1] « Abstinentia reddit hominem castum, ingeniosum, et nutrit sine dolore. Hæc GALIENUS. » (*Note de l'auteur.*)

[2] « Nihil quidem deterius est quam diversa nutrimenta simul adjungere. Hæc AVICENA. » (*Note de l'auteur.*)

[3] L'école de médecine, fondée à Salerne à la fin du onzième siècle, par Robert Guiscard, conquérant normand, qui s'était emparé de la Pouille et de la Calabre, eut une immense célébrité aussitôt après sa fondation. Un recueil de ses aphorismes fut mis en vers l'an 1100, pour Robert, duc de Normandie; mais les deux tiers de ce poëme didactique, *Schola salernitana*, sont perdus.

[4] « A Regimine sanitatis. » (*Note de l'auteur.*) — Ce vieux poëme, qui avait une si grande autorité dans la médecine du moyen âge, est intitulé ainsi dans les premières éditions du quinzième siècle: *Regimen sanitatis ad regem Aragonum a magistro Arnaldo de Villanova directum et ordinatum.*

AVICENNE.

C'est très-bien dit, ce m'est advis :
Diette est reigle d'excellence,
Et l'estomach reçoit envys [1]
Long soupper ou grant opulence [2].
Ung mot qui est de preference,
Pour gens d'estude et de noblesse :
Ne quid nimis, ce dit Terence :
Le trop nuyst, la quantité blesse [3].

YPOCRAS.

Et se le soupper si fort nuyst,
Comme on luy baille le blason [4],
Le bancquet qui se fait de nuyt
Nuyt trop par plus forte raison [5] :
Corporelle refection
Greve, quant elle est diuturne ;
Mais plus, sans comparaison,
Replection qui est nocturne [6].

GALIEN.

Avec tous vos ditz je copule [7]
Ce mot pesé à la balance :
Qu'il meurt plus de gens par crapule [8],

---

[1] Malgré lui.

[2] Chère exquise, trop succulente.

[3] « Nam id arbitror apprime in vita esse utile, ut ne quid nimis. TERENCIUS, in *Andria.* » (*Note de l'auteur.*)

[4] C'est-à-dire : comme lui en fait reproche.

[5] Ce passage prouve que le banquet était un repas de nuit; quant au souper, il avait lieu ordinairement à deux ou trois heures après midi; il fut retardé jusqu'à cinq et six heures du soir vers la fin du règne de Louis XII.

[6] « Si enim omnis replectio nocet stomacho, quantomagis nocturna. ARNALDUS, in commento *Regiminis.* » (*Note de l'auteur.*)

[7] Je compose; du latin *copulare.*

[8] Goinfrerie; du latin *crapula.*

Qu'il ne fait d'espée ou de lance [1] :
Et quant ebrieté s'y lance,
Velà le fait tout consommé ;
Car ung geant plain de vaillance
Par vin est tantost assommé.

AVICENNE.

Perithous bien l'esprouva [2],
A ses nopces, comme sçavez,
Qui bien empeschié se trouva
Par Centaures, gens desrivez [3] :
Bons vins leur furent delivrez,
Dont leur gorge fut arrousée ;
Puis, quant ilz furent enyvrez,
Cuyderent ravir l'espousée.

AVERROYS.

Herodotus, referendaire [4]
De maint cas divers et louable,
Met des messagiers du roy Daire
Une histoire quasi semblable :
Vers Amyntas le roy notable,
Vindrent demander le tribut,
Qui tantost fit dresser la table,
Et Dieu sçait comment chascun but.

Après vin, voulurent sentir [5]
Les dames et les damoyselles,
Lors fist-on parer et vestir
De beaulx compaignons en lieu d'elles,

---

[1] « Plures interficit gula cena quam gladius. *Proverbiorum commune.* » (Note de l'auteur.)

[2] « Les Centaures, aux nopces de Perithous, s'enyvrerent en telle façon, qu'ilz vouldrent ravir sa femme. Vide Ovidium, Bocacium, etc. » (Note de l'auteur.)

[3] Déchaînés, emportés.

[4] Historiographe, chroniqueur.

[5] Prendre leur plaisir, festoyer.

Ayans cousteaulx et alumelles[1] ;
Mais quant vint à joindre les corps,
En cuydant taster leurs mammelles,
Ilz furent tous tuez et mors[2].

YPOCRAS.

Cirus, que Thamiris grevoit,
Pour son pays depopuler[3],
Au jour que combatre devoit,
Fist son armée reculler,
Et en ses tentes apprester
De tous les metz qu'on peut gouster,
Tant de vin comme de vitaille :
Les ennemys, sans arrester,
Y entrerent pour en taster :
Dont ilz perdirent la bataille[4].

GALIEN.

Tous maulx viennent par gloutonnie ;
Escripture en est toute plaine,
Mais la sobre parsimonie
Rend la creature toute saine.
Senecque, qui tousjours amaine
Quelque mot digne et vertueux,
Dit à la creature humaine
Cest enseignement somptueux :
« Sçez-tu comment tu dois manger ?
Ung peu moins que saturité[5],

---

[1] Armes, poignards, dagues.

[2] « L'hystoire des ambassadeurs de Daire est escripte en Herodote, où il dit qu'après qu'ilz eurent trop beu, demanderent les dames ; lors fist-on habiller en femmes de beaulx gallans qui les misrent à mort. » (Note de l'auteur.)

[3] Dépeupler ; du latin depopulare.

[4] « Cirus, pour surprendre l'armée de Thamiris, se reculla et laissa ses tentes plaines de vins et de viandes : leurs ennemys s'enyvrerent et endormirent : parquoy furent vaincus pour celle fois. Herodotus et Justin traictent ceste hystoire.» (Note de l'aut.)

[5] Satiété. Il faut manger un peu moins que sa faim, dit le proverbe.

Et de boire toy corriger,
Pour eviter ebrieté[1]. »

AVICENNE.

Aulus Gelius a noté,
En son livre de Nuictz Actiques,
Que totalle sobrieté
Regnoit sur les Rommains antiques,
Et se, par edictz domestiques,
Il convenoit reigle tenir,
Pareillement, par loix publicques,
Chascun se devoit abstenir[2].

AVERROYS.

Didimus, roy de Bragmanie,
Jadis fist declaration,
Comment tous ceulx de sa mesgnie
Et les gens de sa region
Prennent leur substantacion
Moderée et peu nutritive,
Sans jamais faire question
De viande delicative[3].

YPOCRAS.

Bragmaniens sont sobres gens[4],
Fuyans richesse et vanité,
Et pourtant les roys et regens
Ne les ont point inquieté.

---

[1] « SENECA in libello : *De quatuor virtutibus* icit
    Ede citra saturitatem
    Bibe citra ebrietatem. »
            (*Note de l'auteur.*)

[2] « Parcimonia apud veteres Romanos non solum domestica observatione, sed etiam animadversione legum custodita est. AULUS GELIUS, *Noctium Acticarum.* » (*Note de l'auteur.*)

[3] Pour : *délicate.*

[4] « Ceulx de Bragmanie sont sobres, comme dit Galterus et Vincent Historial parlant des fais Alexandre. » (*Note de l'auteur.*)

Alexandre fust appresté
Pour les assaillir à oultrance,
Mais il montra begninité,
Quant il ouyt leur remonstrance.

GALIEN.

Senecque, parlant à Lucille,
Dit que thoreaux impetueux
Treuvent refection facille
En ung petit pré fructueux,
Et les elephans furieux
Es forest prennent leur pasture,
Mais à homme trop curieux
Ne suffist quelque nourriture [1].

AVICENNE.

Il luy fault les bestes sauvages
De divers lieux et regions,
Et ès mers, fleuves et rivages,
Pescher poissons par millions [2] ;
Par forestz, par vaulx et par mons,
On prent viandes venaticques [3],
Et par mer, soles et saulmons,
Et plusieurs genres aquaticques.

Le repas ne sera jà beau,
S'il n'est cerché en plusieurs fins :
Il luy fault anguilles, barbeau,
Carpes et brochetz bons et fins,
Aloses, lamproyes, daulphins,
Esturgeons, macquereaulx, muletz,
Congres, merluz et esgrefins,
Rougetz, turbotz et quarreletz.

[1] « Thaurus paucissimorum jugerum pascua impletur, et una silva pluribus elephantibus sufficit : homo vero ex terra pascitur et mare. SENECA, ad Lucillum. » (Note de l'auteur.)

[2] « Nomina piscium. » (Note de l'auteur.)

[3] Venaison.

AVERROYS.

Quant au regard de frians metz,
L'appetit est insaciable :
Voire et si ne cesse jamais
A desirer vin delectable.
Gordon, ce medecin notable,
In Lilio medicine,
De tant de vins qu'on met sur table,
A gentement determiné [1].

Il dit que quant, par volupté,
L'homme veult boire à plenitude,
Et que du vin la qualité
A grant vigueur ou fortitude,
L'estomach, pour la multitude,
Ne peut faire digestion [2],
Et velà dont vient egritude
Et mortelle confusion.

AVICENNE.

Si je fais interruption,
Pour parler devant mes antiques [3],
Supportez ma presumption,
Car je diray motz auctentiques :
Pour corriger excès publiques,
Ou pour conseiller mon amy,
J'ay mes reigles scientifiques,
Qui sont *Tercia fen primi*.

---

[1] Bernard de Gordon, savant médecin français de la faculté de Montpellier, mort vers 1320, a écrit en latin beaucoup d'ouvrages qui furent traduits en français. Le plus célèbre, *Lilium medicinæ*, parut pour la première fois à Naples, en 1480.

[2] « Cum vinum accipitur in nimia quantitate aut in forti qualitate, tunc virtus digestiva stomachi et epatis non possunt superare nec digerere. Gordon, libro secundo. Capitulo de ebrietate. » (*Note de l'auteur.*)

[3] Mes anciens ; c'est-à-dire : Hippocrate et Galien.

Non gaudeant [1] les gauJisseurs
Qui usent de mauvais regime :
Ilz prennent saveurs et doulceurs,
Et ne font de diette estime.
Ilz commencent, dès devant prime,
De tous biens à leur bouche offrir,
Mais futur vient qui tout reprime :
Pas n'eschapperont sans souffrir.

YPOCRAS.

Il les fault laisser convenir,
Et prendre toute leur aisance ;
Sçachez que, le temps advenir,
Sentiront torment et nuysance :
A present ont resjouyssance,
Lyesse et consolacion,
Mais après auront desplaisance,
Douleur et persecution.

Les excès qu'on fait en jeunesse,
De boire, manger ou saulter,
Ilz se retreuvent en vieillesse,
Et viennent les corps tormenter :
La mort font venir et haster,
Et c'est le vray entendement,
Que trop soupper ou bancqueter
Assomment gens communement.

EXPERIENCE.

Maintenant parlez clerement,
Et voulez declairer, en somme,
Que ce Bancquet evidamment
Ses adherans tue et consomme ?

---

[1] « Non gaudeant malo regimine utentes, quoniam si in presenti non patiantur persecutionem in futuro non evadent. AVICENA, *tercia fen primi.* » (*Note de l'auteur*)

GALIEN.

Soupper n'est pas si mauvais homme,
Ne si rigoreux, quoy qu'on die.

AVICENNE.

Se sa malice ne consomme [1],
Si cause-il quelque maladie.

EXPERIENCE.

Affin que plus on ne follie
Encontre vertu et police,
Il fault pugnir leur grant folie,
Soit par prison ou par supplice?

AVERROYS.

Ma dame, pour pugnir le vice,
Sans quelque variacion,
Oyons de rechief leur malice
Et verballe confession?

YPOCRAS.

Oyons leur deposicion,
Icy devant vostre assistence;
Puis, par deliberation,
Pourrez fonder vostre sentence.

EXPERIENCE.

Officiers plains d'intelligence,
Tant gens d'armes que pionniers,
Faictes totalle diligence
De ramener ces prisonniers?
Entendez-vous?

SOBRESSE.

   Très-voulentiers.
J'en seray maistre cappitaine.

---

[1] C'est-à-dire : s'il ne tue pas méchamment son monde.

DIETTE.

Et moy second.

CLISTERE.

Et moy le tiers.

SAIGNÉE.

Tu seras ta fievre quartaine [1] ?

PILLULE.

Par ma foy, si je ne vous maine,
Tu ne sçauras à qui parler.

SOBRESSE.

Dieu te mette en malle sepmaine [2] !
Despesche-toy donc d'y aller ?

LE FOL.

Et ne m'en sçauroye-je mesler :
J'ay gouverné la cour bacane [3],
Et sçay trop bien les aulx peler,
Quant je suis à ma barbacane [4].
Qui vouldroit ung roseau de cane,
Je suis homme pour le livrer,
Mais qui boit ainsi que une cane,
Il n'a garde de s'enyvrer.

PILLULE. Ad carcerem.

Or, sus, sus, Bancquet et Soupper,
Saillez hors de ce galathas ?

---

[1] C'est-à-dire, par plaisanterie : tu feras le méchant, tu montreras les dents.

[2] C'est-à-dire : en mauvaise passe, en mauvaise chance.

[3] Nous n'avons pu établir au juste le sens de ce mot, quoique *bacana* soit consigné dans le Glossaire de Ducange. *Cour bacane* semble vouloir dire : l'assemblée, la cour plénière des verres et des bouteilles. L'édition de 1507 écrit : *Tour bacane*.

[4] Fenêtre, balcon.

DIETTE.

Il fault, sans broncher ne choper [1],
Que veniez devant les Estatz [2]?

SOUPPER.

Comment se porte nostre cas?

BANCQUET.

Helas! que dit-on de mon fait?

CLISTERE.

Vostre cas sonne fort le cas [3]?

SAIGNÉE.

Vous estes ung murtrier parfaict.

BANCQUET.

Ha! s'il fault que j'en soye deffait [4],
Je doy bien ma vie mauldire.

SAIGNÉE.

On pugnira vostre forfait,
Je n'en sçay autre chose dire.

PILLULE.

Dame qui gouvernez l'empire,
Nous ramenons ces marmiteux :
L'ung se plaint fort, l'autre souspire ;
Dieu sçait comment ilz sont piteux !

EXPERIENCE.

Venez ça, povres malheureux?
Qui vous a faitz si rigoreux,
Que de tuer gens par desroy [5]?

---

[1] Faire un faux pas.
[2] Le tribunal.
[3] Jeu de mots : cas pour cassé.
[4] C'est-à-dire : que je subisse la peine du talion.
[5] Embûche, guet-apens.

SOUPPER.

Voire Bancquet, mais non pas moy!

EXPERIENCE.

Vous festoyez gens par fallace;
Puis, les rendez mors sur la place :
N'est-ce pas merveilleux esmoy?

SOUPPER.

Voire Bancquet, mais non pas moy!

EXPERIENCE.

Brief, tous esbatz ne sont pas gens[1],
De tuer en ce point les gens :
Il vauldroit mieulx soy tenir quoy.

SOUPPER.

Voire Bancquet, mais non pas moy!

EXPERIENCE.

Entens-tu : il charge sur toy?

BANCQUET.

Je voy bien que le bas me blesse.

EXPERIENCE.

Ainsi, par faulte de chastoy[2],
Tu as commis ceste rudesse :
N'est-il pas vray?

BANCQUET.

    Je le confesse.
Mais, dame d'excellent affaire,
Excusez ung peu ma simplesse,
Car je cuyde tousjours bien faire.

---

[1] Gentils, beaux.
[2] Règle, conduite.

EXPERIENCE.

Escrivez cela, secretaire;
Mettez les delictz et excès,
La confession voluntaire,
Et tenez forme de procès.

REMEDE.

Je metz par escript tous leurs faitz,
Leur trangression, leur ordure;
Quant les actes seront parfaictz,
Vous en verrez la procedure.

EXPERIENCE.

Soupper, de perverse nature,
Par ta foy, te repens-tu point
De mettre à mort la creature?

SOUPPER.

Ma dame, raclez-moy ce poinct!

EXPERIENCE.

Quoy! ne vins-tu pas bien en point,
Et bien armé, pour faire effort?

SOUPPER.

Je n'en armay oncques pourpoint;
Au moins, pour mettre gens à mort.

EXPERIENCE.

Que feis-tu doncques?

SOUPPER.

    Ung discord [1],
Pour les faire ung peu haster,
Et combien que je frappay fort,
Ce ne fut pas pour les mater [2].

---

[1] Débat, dispute, querelle, altercation.
[2] Tuer; du latin *mactare*.

EXPERIENCE.

Venez ce propos escouter,
Compaignie, et vostre sequelle?

BONNE COMPAIGNIE.

Ma dame, vous devez noter
Que Soupper nous fut fort rebelle;
Toutesfois, sa fiere cautelle,
Ou sa fureur pire que flame,
Ne fut pas en la fin mortelle.

EXPÉRIENCE.

Est-il vray, Soupper?

SOUPPER.

Ouy, ma dame.

PASSETEMPS.

Bancquet nous tua Gourmandise,
Et aussi fist-il Friandise,
Qui estoit gracieuse femme.

EXPERIENCE.

Est-il vray, Bancquet?

BANCQUET.

Ouy, dame.

ACOUSTUMANCE.

Soupper fist plus honnestement:
Il nous batit tant seullement,
Sans ce que nul en rendist l'ame.

EXPERIENCE.

Est-il vray, Soupper?

SOUPPER.

Ouy, ma dame.

BONNE COMPAIGNIE.

Bancquet, par navrer et batre[1],
Sans raison nous en tua quatre ;
N'est-ce pas fait d'ung homme infame ?

EXPERIENCE.

Est-il vray, Bancquet ?

BANCQUET.

     Ouy, ma dame.
Je feiz venir les Maladies
Qui ont commis l'occision :
Moy-mesmes, par armes garnies,
J'ay fait grant effusion.

EXPERIENCE.

Vous oyez la confession ?

YPOCRAS.

Nous l'entendons tout clerement.

EXPERIENCE.

Pourtant, j'ay bonne occasion
D'y asseoir certain jugement.
Le Code dit expressement,
Que, après confession notable,
Il ne reste tant seullement
Que de condamner le coulpable[2].
Ostez Bancquet abhominable,
Et vueillez Soupper emmener,
Affin que le Conseil louable
Puist de la matiere oppiner.

---

[1] Par blessure et coups.
[2] « In confitentem nullæ sunt partes judic. præter in condempnendo, l. VIII, C. de confessi. et per Glosam, ibid. » (Note de l'auteur.)

SECOURS.

Sus, sus, pensez de cheminer !
Il vous fault retraire tous deux.
Car la Cour veult determiner
Du cas qui est bien pondereux [1].

BANCQUET.

O dame au regard gracieux,
Qui discord reduit et accorde :
En l'honneur du Roy glorieux [2],
Qu'on nous fasse misericorde !

LE FOL.

On vous fera misere et corde,
Par le col, en lieu de cornette,
Selon que le papier recorde :
La cause n'est pas encor necte.

PILLULE.

Il fault jouer de la retraicte.

CLISTERE.

Tirons-les ung peu à l'escart.

DIETTE.

Cependant que le cas se traicte,
Nous vous mettrons icy à part.

DISNER.

A ce coup est prins le regnard,
A ce coup est le loup honteux :
Soupper se trouve bien couard,
Mais du Bancquet suis plus doubteux.
Ilz ont fait meurtre douloureux
Sur ceulx qui ont beu à leur couppe,
Mais, s'ilz ont esté rigoureux,
On leur fera de tel pain souppe [3].

---

[1] De poids, d'importance.
[2] C'est Jésus-Christ.
[3] Proverbe qui signifie : On les traitera comme ils ont traité autrui.

Qui veult decevoir,
Enfin est deceu :
Peine doit avoir,
Qui veult decevoir,
A dire le voir,
Tout veu, tout conceu,
Qui veult decevoir,
Enfin est deceu.

Je m'en voys jouer vers la Court,
Pour veoir que c'est qu'on en fera :
S'on ne les loge hault et court¹,
Je suis d'avis qu'on meffera.
Mais qu'esse qu'on gaingneroit
De les garder ? Par ma foy, rien.
Quiconqué les espargneroit,
Je dys qu'il ne fera pas bien.

EXPERIENCE.

Ça, Ypocras et Galien,
Et vous autres par indivis²,
De ceulx qui sont en mon lyen,
Qu'en doy-je faire à vostre advis ?
Ilz ont en leurs maulditz convis³
Tuez gens par rude maniere,
Et pourtant je voy, bien envys,
Telz gens regner soubz ma banniere.

Dieu, qui s'apparut en lumiere
A Moyse sur le buisson,
A noté par la loy premiere
Jugement d'estrange façon,
Disant que, pour l'invasion
Qui se fait contre ung personnaige,

---

¹ C'est-à-dire : si on ne les accroche pas à la potence.
² Collectivement, à la fois.
³ Festins, repas.

Il fault peine de tallion,
Souffrant dommaige pour dommaige.

Car le Createur dit : « Je vueil
Que vous rendiez sommierement,
Membre pour membre, œil pour œil,
Dent pour dent, jument pour jument ¹.
Ceste loy fut antiquement
Baillée au peuple judaïque,
Comme il est escript signamment ²,
Ou livre qu'on dit Levitique.

AVICENNE.

Dame, vous avez la practicque
De toute jurisdicion,
Et si avez la theoricque,
Science et resolution :
Faictes-en la pugnicion,
Sans cry, sans motion ne noise.
Il y a interfection :
Vous entendez que cela poise.

AVICENNE.

Le Code qui le droit despesche,
Et est de bon conseil muny,
Nous dit, parce que l'homme pesche,
Par cela doit estre pugny ³ :
Selon ce qu'il a desservy ⁴,
Soit franchement executé :

---

¹ « Qui occidet hominem, morte moriatur; qui percusserit, animal reddet; animam pro anima. Et sequitur : Fracturam pro fractura, occulum pro occulo, dentem pro dente. *Levitici*, capitulo XXIV. » (*Note de l'auteur.*)

² Expressément.

³ « Per ea que quis peccat per hæc et torquetur. L. si fugitivi, c. de servis fugi. » (*Note de l'auteur.*)

⁴ Suivant ses démérites.

En la loy : *Si fugitivi,*
Bien amplement est discuté.

GALIEN.

Vous sçavez la perversité
De Bancquet, qui a faulx couraige ;
Sa principale habillité,
C'est de tuer gens par oultraige.
Puis qu'il vault pis qu'un loup ramaige [1],
Et nuyst à toute nacion,
Ce ne sera pas grant dommaige
D'en faire l'execucion.

AVERROYS.

Aussi, l'Escripture remembre [2]
Ce mot qui se devroit prescher :
« Se nous avons ung mauvais membre,
On le doit coupper et trencher [3]. »
Bancquet est fort à reprocher ;
Il est infect et est immonde,
Puisqu'il est pire que boucher :
Il le fault oster hors du monde.

EXPERIENCE.

Vous parlez de bonne faconde !
Remede, beau sire, escoutez :
Je vous dys, pour la fois seconde,
Que leurs oppinions notez ?

REMEDE.

J'enregistre tout, n'en doubtez !
Et puis, aujourd'huy ou demain,
Leurs signetz y seront boutez,
Et escriptz de leur propre main.

---

[1] Affamé, enragé.
[2] Rappelle, enregistre, remémore.
[3] « Si manus tua vel pes tuus scandalizat te, abscide eum et projice abs te, etc. *Mathe.*, XVIII. » (*Note de l'auteur.*)

EXPERIENCE.

Or ça, se Bancquet le villain
Estoit depesché, somme toute,
Pourroit vivre le genre humain
Sans bancqueter.

YPOCRAS.

Et qui en doubte ?

GALIEN.

Nous sommes d'avis qu'on le boute
Seicher au chault emmy ces prez [1].

AVICENNE.

Il fait venir catherre et goutte,
Et puis la belle mort après.

DISNER.

Noble dame, vous penserez,
S'il vous plaist, deux fois à cecy,
Mais quand à l'ung commencerez,
L'autre s'en doit aller aussi.
Pour oster douleur et soucy,
De Bancquet se faut destrapper [2],
Et qui disne bien, Dieu mercy,
Il n'a que faire de Soupper.

Quant à moy, je suis le Disner,
Qui nourris gens à suffisance :
Homme ne se doit indigner,
Quant il a de moy joyssance.
Souper est superabondance,
Bancquet est excès et oultraige,
Mais que le Disner vienne à dance,
Il suffist pour l'humain lignaige [3].

---

[1] Les pendus restaient exposés aux rayons du soleil qui les momifiait en les desséchant.
[2] Débarrasser, délivrer.
[3] Le genre humain.

EXPERIENCE.

Disner, vous parlez de couraige[1] :
Je ne sçay se vous avez droit.
Vecy Conseil discret et saige,
Auquel demander en fauldroit.

AVERROŸS.

Je croy que l'homme qui vouldroit
Faire ung repas tant seullement,
Tousjours santé garder pourroit,
Et si vivroit plus longuement.

YPOCRAS.

Qui ne mangeroit autrement,
Selon que notez par voz ditz,
Ce seroit vivre proprement
Comme ung ange de paradis.
On dit, *sub brevibus verbis*,
Que : *qui semel est Angelus*,
Mais quant à nous, *homo qui bis....*

EXPERIENCE.

Et reste ?

YPOCRAS.

Bestia qui plus.
Voulez-vous ouyr une voix,
Qui est prouffitable et honneste :
Qui se repaist plus de deux fois,
Plusieurs le reputent pour beste.

DISNER.

Manger deux fois, c'est faire feste,
C'est prendre soulas et sejour.
Mains philosophes et prophetes
N'ont mangé que une fois le jour.
Regardez au livre des Pères[2] ?

---

[1] C'est-à-dire : à cœur ouvert, à plein cœur.
[2] Le recueil des Vies des Pères (*Vitæ sanctorum Patrum*), par saint Jérôme, était dans toutes les mains : c'est un des premiers

Vous trouverez gens largement,
Qui ont souffert paines asperes [1],
Peu mangé, vescu sobrement :
Sans chair, sans vin aucunement,
Soustenoient la vie humaine,
Jeunoient continuellement,
Tous les beaulx jours de la sepmaine.
De ceulx estoient Anthonius,
  Arcenius,
  Evagrius,
Pambo, Poemen, Serapion.
Theodorus, Ammonius,
  Macharius,
  Pacomius,
Silvarius, Bissarion,
Agathon, Anastasius,
  Eulalius,
  Eulogius,
Paster, Pyoz, Ylacium,
Sisoys, Ypericius,
  Ursicius,
  Et Lucius,
Toutes gens de devocion :
Et pour gens d'autre nacion,
Je amaine à recordacion
Socrates et Dyogenès,
Qui n'ont prins pour leur portion
Le jour que une reféction,
Et si ont vescu sains et nectz.

EXPERIENCE.

Ha ! qui ne mangeroit que ung metz,
Nature pourroit decliner.

---

livres que l'imprimerie naissante ait reproduits dans tous les pays de l'Europe.
[1] Pénibles austérités.

DISNER.

Madame?

EXPERIENCE.

Quoy?

DISNER.

Je vous prometz
Qu'il suffira bien de disner.

BONNE COMPAIGNIE.

Madame, vueillez pardonner,
A ma rude temerité,
Se deux motz je viens sermonner,
Pardevant vostre dignité?

EXPERIENCE.

Or dictes donc?

BONNE COMPAIGNIE.

L'iniquité
De ce Bancquet ort et infect,
Et perverse crudelité[1],
A du tout sorty son effect :
Soupper n'a pas si fort mespris,
Quoy qu'il nous ait circonvenu,
Car le mal qu'il a entrepris
N'est pas, Dieu mercy, advenu.
Je croy qu'il soit bon devenu.
Pourtant faictes-luy quelque grace :
Ce seroit pour moy mal venu,
Se Soupper n'estoit plus en place.

EXPERIENCE.

Leur cas est moult fort intrinqué[2],
Je le vous dis sans riens celer,
Mais Soupper a moins delinqué[3]

---

[1] Cruauté; du latin *crudelitas*.
[2] Complexe, compliqué.
[3] Est moins coupable.

Que Bancquet : cela est tout cler :
Si doit plus de paine porter,
Selon droit et bonne sentence,
Car tousjours est à supporter
Celuy qui a fait moindre offence.

La première distinction,
Sur ce mot *Jus generale*,
En la Glose, fait mention
De la paine dont j'ay parlé [1] :
Digestis, est intitulé,
En une loy, qui bien la lict,
Que le jugement soit reiglé
A la mesure du delict [2].

Bancquet a fait crime mortel :
On le doit pugnir et deffaire [3],
Mais à Soupper qui n'est pas tel,
Vueil plus gracieusement faire.

BONNE COMPAIGNIE.

Le Soupper est bien necessaire,
Puisqu'il faut prendre deux repas.
De Bancquet je ne parle pas :
Chascun sçait qu'il est adversaire [4].

PASSETEMPS.

Soit pour festoyer commissaire,
Ou poste qui va le grant pas ;
Le Soupper est bien necessaire,
Puisqu'il faut prendre deux repas.

---

[1] « Nec ultra progreditur pœna, quam reperiatur delictum. C. quesivi de hiis q. fi. ama. per ea. et notat glosa in C. Jus generale, dist. prima. » (*Note de l'auteur.*)

[2] « Et pena est mensura delicti. L. Sanctio. ff., de pe. » (*Note de l'auteur.*)

[3] Mettre à mort.

[4] Nuisible, contraire.

DISNER.

Ce sera tousjours à refaire,
Ce seront noises et debatz :
Quant les deux seront mys à bas,
Disner peut à tous satisfaire.

ACOUSTUMANCE.

Le Soupper est bien necessaire,
Puisqu'il fault prendre deux repas :
De Bancquet je ne parle pas,
Chascun sçait qu'il est adversaire.

EXPERIENCE.

Il suffist ! Faictes-les retraire.
Si procederons plus avant.

REMEDE.

Puisque ma dame vous fait taire,
Retrayez-vous par-là devant.

EXPERIENCE.

Or ça, parfaisons maintenant
Ung jugement recommandable :
Chascun de vous est soustenant,
Quant à Bancquet, qu'il est pendable;
Mais de Soupper desraisonnable,
N'avez fait quelque mencion ?

YPOCRAS.

Quant à Soupper, dame honorable,
Nous y mettrons restrinction.

GALIEN.

Premier, pour reformacion,
Et pour terme luy assigner,
Vous ferez inhibicion,
Qu'il ne s'approuche de Disner
De six lieues [1].

---

[1] C'est-à-dire : de six heures ; car il faut une heure pour faire une lieue de pays.

EXPERIENCE.

Il fault donner
De ce cas l'exposition.

AVICENNE.

C'est qu'entre eulx deux fault ordonner
Six heures par digestion :
Entre le Disner et Soupper,
Aura six lieues plainement,
Car six heures fault occuper,
Pour digerer suffisamment.

AVERROYS.

C'est le premier commandement,
Mais il fauldra, secondement,
De Soupper les deux bras charger.
Affin que principallement,
Il ne puist si legierement
Servir de boire et de manger.

EXPERIENCE.

S'il a servy, comme legier,
De chair de biches ou de cerfz,
Le voulez-vous pourtant loger,
In metallum, comme les serfs[1].
Bien sçay que assez escript en a,
Par eloquence bien famée,
Le droit *Digestis de penu,*
La loy *in metallum* nommée.

YPOCRAS.

Pour tant, dame de renommée,
Qu'il a commis cas desplaisant,
Sa manche sera enfermée,
En deux poingnetz de plomb pesant.

---

[1] « In ministerium metallorum dampnati servi officiũtur. L. in metallum. ff. de pe. » (*Note de l'auteur.*)

GALIEN.

L'ung s'en yra par le pendant [1],
L'autre portera ceste paine.

AVICENNE.

Affin qu'on y soit entendant,
L'ung s'en yra par le pendant.

AVERROYS.

L'autre vivra en amendant,
Souffrant pugnition certaine.

YPOCRAS.

L'ung s'en yra par le pendant,
L'autre portera ceste paine.

EXPERIENCE.

Remede?

REMEDE.

Dame très-haultaine,
Qu'esse qu'il vous plaist commander?
Vous estes la source et fontaine
De tous biens qu'on peut demander.

EXPERIENCE.

Vous avez ouy assigner
La fin et resolution?
Faictes aux Conseillers signer
Ung chascun son oppinion,
Et après leur signacion,
Ayez regard et advertence [2]
De faire la description
Du vray dictum de ma sentence?

REMEDE.

Dame de grant magnificence,
J'acompliray ce, franc et net.

---

[1] Par la potence.
[2] Ayez soin et attention.

Ça, seigneurs d'honorificence,
Chascun mette cy son signet !

Ilz font tous semblant de signer en son papier, et puis il retourne escrire son dictum.

LE FOL.

Adieu, le petit Robinet !
Adieu Gaultier ! adieu Michault[1] !
Demain, au joly matinet,
On les veult envoyer au chault :
L'ung sera logé au plus hault ;
L'autre aura les bras affoilez.
Pourtant, Alizon et Mahault,
Venez y voir, se vous voulez.

LE BEAU PERE CONFESSEUR.

Gens crapuleux qui tousjours gourmandez [2],
Et demandez [3] viande delectable,
Laissez ce train, vostre vie amendez :
Ne vous fondez ès morceaulx qu'attendez,
Mais entendez à vertu veritable :
Reigle notable ou mesure mettable
Est prouffitable et preserve de blasme :
Cas oultrageux nuyst au corps et à l'ame.

    Les mieux nourris
    Deviendront vers :

---

[1] Les noms de Robinet, de Gaultier, de Michault, comme ceux d'Alizon et de Mahault, qu'on lit plus bas, avaient cours dans une foule de proverbes populaires dont l'origine n'est pas connue. Voyez l'excellent ouvrage de M. Leroux de Lincy, le *Livre des Proverbes françois*, nouvelle édit. de la Bibliothèque gauloise.

[2] C'est-à-dire : Gloutons, qui mangez sans cesse, qui ne songez qu'à votre ventre.

[3] Le Confesseur recite ici des vers à rimes batelées, que le poëte réservait pour les morceaux d'apparat ; c'est ainsi que dans les tragédies du temps de Corneille les monologues sont en stances régulières ou irrégulières.

Tost sont pourris,
Les mieulx nourris.
Après tous ris
Et jeux divers,
Les mieulx nourris
Deviendront vers.

Ne sçay pourquoy ne vous remort[1]
Ce que voyez evidamment,
Que gourmans avancent leur mort
Et vivent deshonnestement :
Voulez-vous cheoir finablement
En enfer, le dampnable hostel,
Considerez-vous point comment
Gloutonnie est peché mortel ?

Prenez le chemin d'abstinence,
Laissez toute gulosité,
Car Adam, par incontinence,
Fut hors de Paradis bouté[2] ;
Après que la femme eut gouté
Du fruict deffendu qu'elle prist,
A son mary l'a presenté,
Qui en mangea, dont il mesprist.

Chrisostome est d'oppinion,
Et aultres gens de saincteté,
Que la prevarication
De Sodome la grant cité
Proceda de voracité,
De crapule et gloutonnie,

---

[1] C'est-à-dire : Je ne sais pourquoi votre conscience n'est pas émue de.....

[2] « Incontinencia expulit hominem a paradiso. Similiter peccatum sodomiæ quanquam invenitur actribui gulæ. Hæc Chrisostomus. » (*Note de l'auteur.*)

Dont fouldre, plain d'atroxité,
Vint confondre la progenie [1].

O vil appetit,
Gloutte, grasse, gorge,
Qui non pas petit,
Mais foison engorge,
Qui masche et qui forge [2],
Par estrange guise,
Non pas le pain d'orge,
Mais viande exquise!

Sainct Gregoire, qui a presché,
Nous declaire tout plainement
Cinq especes de ce peché [3],
Qui sont: manger trop ardamment,
Preparer curieusement,
Ou prendre trop grant quantité,
Puis manger delicatement
Et devant terme limité.

LE FOL.

Le beau Pere dit verité
Tout haultement à vostre face:
Ne s'est-il pas bien acquité?
Ouy, mais querez qui le face!
Nostre Bancquet meurt et trespasse:
Tantost l'yrons executer;
Mais je doubte qu'en briefve espace
On le face ressusciter.

EXPERIENCE.

Ça, baillez-moy à visiter

---

[1] Anéantit la population.
[2] Écrase, mastique, broie avec les dents.
[3] « Quinque sunt species gulæ, secundum Gregorium. Unus versus: prepropere, lente, nimis, ardenter, studiose. » (Note de l'auteur.)

Tout le propos de la sentence ;
Et puis yrez solliciter
Que nous ayons bonne assistence.

REMEDE.

Tenez, ma dame d'excellence,
Veez là tout le fait pertinent [1] ?

Il luy baille tous ses papiers.

EXPERIENCE.

Faictes comparer [2] en presence
Les prisonniers ?

REMEDE.

Incontinent
Que chascun viengne au jugement,
Pour ouyr la sentence rendre,
Et faictes venir promptèment
Les prisonniers, sans plus attendre ?

SOBRESSE.

Il se fault garder de mesprendre.
Obeissons au mandement.

CLISTERE.

Allons donc ces prisonniers prendre ?
Il se fault garder de mesprendre.

SAIGNÉE.

Mais qui est-ce qui les doit pendre ?

DIETTE.

Moy, qui en ay l'entendement.

SECOURS.

Il se faut garder de mesprendre :
Obeissons au mandement.

---

[1] Tout ce qui appartient à cette affaire.
[2] Pour : Comparoir, comparaître.

SOBRESSE.

Sus, sus, sortez legierement :
Venez-vous-en à l'auditoire?

DIETTE.

Vous ne vivrez pas longuement
En ce monde-cy transitoire.

BANCQUET.

Je prie au benoist Roy de gloire
Humblement par devotion,
Que de mon cas qui est notoire
Me face vraye remission.

SOUPPER.

Las! avez-vous intencion
De nous executer ensemble?
Je n'ay pas fait transgression
Digne de mort, comme il me semble.

CLISTERE.

N'ayez paour.

SOUPPER.

Nenny, mais je tremble.
Oncques ne fuz en tel danger!

BANCQUET.

S'il est craintif, il me ressemble :
C'est assez pour couleur changer.

SAIGNÉE.

Veez cy noz gens prestz à juger,
Aussi eschauffez comme glace.

SECOURS.

Pour les condamner ou purger [1],
Ma dame, veez-les cy en place?

---

[1] Absoudre, acquitter.

SOUPPER.

Misericorde!

BANCQUET.

Pour Dieu! grace!

SOUPPER.

Ayez pitié des penitens!

LE FOL.

On vous fera la souppe grasse,
Mais vous n'en serez pas contens.

Les deux conduyront Soupper, et les autres, Bancquet.

EXPERIENCE.

Or, sus, faictes asseoir Bancquet
Sur la sellette devant nous;
Et ce Soupper, de peu d'acquest,
Se mettra là à deux genoux.

PILLULE.

Mettez-vous cy, despechez-vous?
Qu'on ne vous face violence!

SECOURS.

Ne sonnez mot par-là dessoubz
Et que chascun face silence.

EXPERIENCE baillera à Remede le papier où sera escript le dictum, pour le prononcer, en disant:

Tenez, scribe d'intelligence,
C'est escript fait à diligence,
Qui porte grant narracion:
Je vueil que, par obedience,
Par devant tous, en audience,
Faciez la recitacion.

Remede prent le dictum reveremment, et le commence à lire hault et cler.

REMEDE.

Veu le procès de l'accusacion,

Fait de pieça par Bonne Compaignie,
Qu'on peut nommer populaire action,
Car elle touche au peuple et sa mesgnie :
Veu l'homicide accomply par envie
Es personnes, premier de Gourmandise,
Et d'autres trois qui ont perdu la vie :
Je-Bois-à-vous, Je Pleige, et Friandise :

Consequemment, confession ouye
Que a fait Bancquet, sans quelconque torture [1],
D'avoir occis, après chiere esjouye [2],
Les quatre mors qui sont en pourriture :
Et de Soupper confessant la bature,
Qu'il perpetra sans en rien differer ;
Veu à loisir toute autre conjecture
Qui fait à veoir et à considerer.

En le conseil des sages et lectrez,
Qui en ont dit par grant discretion,
Voulons pugnir les delictz perpetrez,
Pour incuter [3] crainte et correction.
Car, au propos, pour exhortation,
Le Code dit, aussi fait l'Institute,
Que d'ung forfait la vindication,
Sur les mauvais redonde et repercute.

Et, au surplus, ouy les medicins,
Tous opinans que le long Soupper nuyst,
Et que Bancquet, remply de larrecins,
Fait mourir gens, et se commect de nuyt :
Item aussi, par le procès conduit,
Discretement pesé et compensé,

---

[1] Sans avoir été mis à la question.
[2] Après avoir fait joyeuse chère.
[3] Imprimer, imposer ; du latin *inculere*.

Trouvons qu'il a l'homicide introduit
Par dol, par fraulde et par guet apensé [1].

Pourtant disons, tout par diffinitive,
A juste droit sans repréhension,
Que le Bancquet, par sa faute excessive,
En commectant cruelle occision,
Sera pendu à grant confusion,
Et estranglé pour pugnir le malice;
Voz gens feront ceste execution
Et le mectront à l'extresme supplice.

Quant à Soupper, qui n'est pas si coupable,
Nous luy ferons plus gracieusement.
Pour ce qu'il sert de trop de metz sur table,
Il le convient restraindre aucunement :
Poignetz de plomb pesans bien largement
Au long du bras aura sur son pourpoint,
Et du Disner prins ordinairement,
De six lieues il n'approchera point.

Et s'il ne veult obeyr à cecy,
Mais decliner, contrefaisant du lourt [2],
Pour le reffus, nous ordonnons ainsi
Qu'il soit pendu au gibet hault et court.

SOUPPER.

Je dys grant mercy à la Court
De ceste condamnacion.

BANCQUET.

Helas! et nul ne me secourt!
Que j'aye au moins confession!

DIETTE.

Feray-je l'expedition ?

---

[1] Pour : guet-apens.
[2] C'est-à-dire : mais en appeler, faisant semblant d'avoir mal compris la sentence.

EXPERIENCE.

Ouy, vous aurez cest office.

SOBRESSE.

Et je prens la commission
De Soupper.

EXPERIENCE.

Faictes-luy justice.

Icy met Diette à Bancquet la corde au col

DIETTE.

Recevez ce colier propice :
Ce sera pour serrer la vaine.

BANCQUET.

O monde, fy de ton service !
Ta prosperité est bien vaine.

LE BEAU PERE.

Laissez toute cure mondaine
Et pensez à Dieu seullement,
En luy priant devotement,
Qu'il de vostre ame ait mercis.

BANCQUET.

Quant au piteux deffinement
De mon corps, pense-je troncis....[1]

LE BEAU PERE.

Soyez pacient, mon beau fils !
Voicy pourtraicture certaine
De l'ymage du Crucifix
Qui racheta nature humaine.

Il luy baille le tableau où est l'ymage du Crucifix.

---

[1] Ces deux vers sont très-obscurs ; on peut croire qu'ils signifient : Quant à la triste fin de mon corps que je suppose devoir être mis par quartiers....

SOBRESSE.

Et voicy gardebras massis [1]
De fin plomb, taillez de mesure.
Tenez-moy Soupper, cinq ou six,
Et je feray la ligature.
Ilz prennent Soupper.

CLISTERE.

Ça, villain de faulce nature,
Tendez les bras?

SOUPPER.

Aussi feray-je.

On luy met le plomb que l'on lyera à quatre esguillettes.

SAIGNÉE.

Endurez ceste fourniture,
Pour rabaisser vostre courage.

PILLULE.

Ha! dea, vous souliez [2] faire rage;
On ne povoit à vous durer!

SECOURS.

Pour vostre merveilleux oultrage,
Vous fault ce travail [3] endurer.

SOUPPER.

Helas!

SOBRESSE prent des esguillettes à ses chausses, pour lyer les poingnetz.

SOBRESSE.

Voulez-vous murmurer?
Dictes, hau, marchant de billettes [4]?

---

[1] Pour : *massifs.*
[2] Vous aviez l'habitude de.....
[3] Peine, épreuve, souffrance.
[4] Terme de mépris, qui pourrait bien faire allusion au juif de la rue des Billettes, lequel fit cuire une hostie dans une chaudière. Il y a *pillettes*, dans l'édit. de 1507.

En mal an puissiez demourer!
Vous me coustez quatre esguillettes.

SOUPPER.

Voicy de bien pesans sonnettes :
C'est assez pour enragier dire.

SOBRESSE.

Allez! voz besongnes sont nectes [1]!
Mais escoutez que je vueil dire :
Combien que vous soyez garny
De harnois pour faire bataille,
Toutesfois vous estes banny
Du Disner et de la vitaille.

SOUPPER.

Fault-il doncques que je m'en aille?

SOBRESSE.

Pour bonne justice approuver
Allez tous jours si loing, qu'il faille
Six heures pour vous retrouver.

SOUPPER.

Or me cuidoye-je relever,
Mais j'ay ma force mal gardée.
Adieu! je m'en voys achever
La peine qui m'est commandée.

Clamat.

DIETTE.

Ça, ça, ça, toute l'assemblée,
Tost aux champs pensons de marcher!
Soupper a la manche doublée :
Reste le Banquet despescher.

SECOURS.

Frere Gaultier, venez prescher
Ce preudhomme et admonnester?

---

[1] On dit encore dans le même sens : Votre affaire est claire.

LA COMDAMNACION

LE BEAU PERE.

Voulentiers m'en vueil empescher,
Pour loyer vers Dieu acquester.
Mon amy, on doit mediter
A la passion du Sauveur :
Cela vous peut moult proffiter,
Et pourtant prenez-y saveur.

SAIGNÉE.

Sus, emmenons ce malfaicteur !
Prenez devant, et moy, derriere ?

PILLULE.

J'en vueil estre le conducteur !
Sus, emmenons ce malfaicteur !

CLISTERE.

Tu me faiz fort du caqueteur ?
Beau sire, tyre-toy arriere.

SECOURS.

Sus, emmenons ce malfaicteur !

PILLULE.

Prenez devant, et moy, derriere.

EXPERIENCE.

Beaulx seigneurs, passons la barriere :
Compaignez-moi honnestement,
Et allons par ceste charriere [1]
Veoir acomplir ce jugement ?

YPOCRAS.

Nous yrons voulentairement.

GALIEN.

C'est nostre seulle affection.

[1] Grande route où les voitures passent.

AVICENNE.

J'en vueil bien veoir le finement.

AVERROYS.

Et moy, la terminacion.

DIETTE.

Tost, deux motz de confession :
Beau pere, despeschez-le-moy?

LE BEAU PERE.

Ça, avez-vous contriction?

BANCQUET.

Mais ay soulcy et grant esmoy.

LE BEAU PERE se siet et fait agenoiller Bancquet, en disant :

Il vous fault mourir en la foy,
Sans penser à mondanité.
Mectez-vous cy en bon arroy[1],
Et dictes *Benedicite?*

Lors le beau pere fait le signe de la croix, et Bancquet fait signe de soy confesser.

DIETTE.

Je vueil dresser de ce costé
Mon eschelle, pour monter hault.
Entends cy ung peu, degousté[2]?

LE FOL.

Quoy ! me veulx-tu livrer l'assault?
J'ayme mieulx faire ung petit sault,
Comme fait maistre Triboulet[3].

---

[1] En bonne posture ; c'est-à-dire : humblement.
[2] Cette expression s'emploie encore populairement dans le sens d'*ami de la bonne chère*.
[3] Ce vers prouve que Triboulet, fou du roi en titre d'office,

DIETTE.

Tu ne sçez que c'est qu'il te fault.
Par ma foy, tu ne es que ung follet!
Au fort, allez, mon cas est prest:
J'ay gens, cordelles et cordons.

LE FOL.

Je voys veoir se la chievre brait,
Affin que mieulx nous accordons.
Ne parles-tu pas de chardons?
C'est ce qu'il fault dessoubz ta fesse.
Sçavez-vous que nous regardons?
Maistre regnard qui se confesse.

LE BEAU PERE.

Des peschez de vostre jeunesse,
Ne vous en accusez-vous pas?

Bancquet parle à genoulx devant le Confesseur, en tournant le visaige au peuple.

BANCQUET.

J'ay tousjours fait quelque finesse:
Devers le soir, en mes repas,
J'ay fait dancer le petit pas [1]
Aux amoureux vers moy venus,
Et puis, sans ordre ne compas,
User des oeuvres de Venus.

J'ay fait les gourmans gourmander,
J'ay fait les frians friander,

---

occupait son poste dès le commencement du règne de Louis XII, car cette moralité date de 1500 environ. On ne connaissait pas un ouvrage aussi ancien qui fît mention de Triboulet, que Jean Marot a placé aussi dans son *Voyage de Venise*, en 1509. Voyez les *Curiosités de l'histoire de France*, par le Bibliophile Jacob, page 111.

[1] C'est-à-dire : j'ay mis en danse les amoureux.

J'ay fait choppiner choppineurs,
J'ay fait doulx regards regarder,
J'ay fait brocardeurs brocarder,
J'ay fait mutiner mutineurs,
J'ay fait ces gros ventres enfler,
Et vent par derriere souffler,
Comme souffletz de marteleurs.
J'ay fait rire, et riffleurs riffler [1],
Railler, router [2], ronger, ronfler,
Retribuant rudes douleurs.

J'ay fait assembler jeunes gens
De nuyt, pour faire bonne chiere :
Là sont gorriers [3], joliz et gens ;
Là se trouve la dame chiere :
Le galant taste la premiere,
Comme pour la mener devant,
Et puis on souffle la lumiere....
Oh ! je n'en dis point plus avant.

Bancquet fait faire moult de mal,
De peché, de vice, et d'ordure,
Veu le cas qui est enormal.
Je ne sçay comme Dieu l'endure !
Il rend yvre la creature,
Il fait perdre l'entendement,
Et manger des biens de nature,
Tant qu'on vomist infamement.

J'ay fait, par trop ingurgiter,
Venir morbes innumerables ;
J'ay fait causer et susciter
Egritudes intollerables :

[1] C'est-à-dire : j'ai fait riboter les riboteurs, avaler les avaleurs.
[2] Pour : roster, roter.
[3] Les *beaux fils*, les *muguets*, les galants.

Fievres, catherres formidables,
Viennent par ma subtillité ;
J'ay commis moult de cas pendables,
Il fault dire la verité.

A tous mes privez familliers,
Ou mort ou grant langueur je donne.
J'ay tué des gens par milliers :
Je prie à Dieu qu'il me pardonne !
Par moy souvent la cloche sonne
Pour chanter curez et vicaires ;
Je n'ai fait proffit à personne,
Que aux prestres et appoticaires ;

Par moy est vendu à leur gré
Colloquintide et cassia,
Scamonea, stafizagré,
Aloes, catapucia,
Dyaprunis, ierapigra,
Bolus, opiate et turbie,
Sené, azarabacara,
Myrabolans et agarie.

Par pillules, jullepz, sirops,
Ou drouguerie laxative,
Faiz nourrir gens gresles et gros,
Dont je suis cause primitive :
Ma condicion inflative,
Mes oultrages et grans excès
Amainent gens à fin hastive,
Et font perdre vie et procès.

De tous les vices et peschez
Que m'avez oy nommer cy,
Et d'autres deffaulx et meschielz [1],

---

[1] D'autres fautes et mauvais faits.

Humblement crie à Dieu mercy!
J'ay mis moult de gens en soucy,
Et fait despendre [1] argent et or.

LE BEAU PERE.
Est-ce tout?

BANCQUET.
Je le croy ainsi.

LE BEAU PERE.
Dictes vostre Confiteor?

Bancquet fait semblant de dire son Confiteor, et le beau pere de l'absouldre.

LE FOL.
Foy que je doy à sainct Victor!
Ce beau pere gaingne à disner [2].
Je croy qu'il aura le tresor,
Tant bien sçait-il pateliner.
Chascun se mesle d'affiner,
Chascun veult souffler l'arquemye [3],
Mais je ne puis jamais finer
D'avoir finance ne demye.

DIETTE.
N'est-ce pas fait, bon gré ma vie!
Je me morfondz de tant attendre.

LE FOL.
C'est le bourreau qui le convye,
Pour luy faire le col estendre.

Ilz se leivent tous deux.

---

[1] Pour: *dépenser*.

[2] En effet, dans tous les frais des exécutions de justice faites à Paris, on mettait en compte le prix du dîner du confesseur.

[3] On s'occupait beaucoup d'alchimie à cette époque; c'était une mode que les expéditions de Charles VIII et de Louis XII, en Italie, avaient apportée en France, et qui ne fit que se propager pendant tout le seizième siècle, surtout à la cour des Valois.

LE BEAU PÈRE.

Il vous fault la mort en gré prendre ;
Il vous fault monstrer homme saige.

BANCQUET.

Helas ! Dieu me gard de mesprendre !
Véez cy ung dangereux passaige !

CLISTERE.

Tant de fatras !

SAIGNÉE.

Tant de langaige !

EXPERIENCE.

Diette ?

DIETTE.

Dame ?

EXPERIENCE.

Despeschez-le !

DIETTE.

Je voys jouer mon personnaige.
Sus : montons amont [1] ceste eschelle.

Ilz commencent à monter.

LE BEAU PÈRE.

O Bancquet, il vous fault avoir
Memoire de la Passion ?

BANCQUET.

Beau pere, vous devez sçavoir
Que je y ay ma devocion ?

DIETTE.

Dea, affin que nous ne faillon
A poursuivre le petitoire [2],
Montez encore ung eschellon ?

---

[1] En haut.
[2] C'est-à-dire : à exécuter la sentence.

BANCQUET.

Mais que j'aye ung peu d'adjutoire [1].
> Il monte, et on luy aide, et dit:

Suis-je assez hault?

DIETTE.

Encore, encore!
Vous commencez à approcher.
Veez cy vostre reclinatoire [2]!
Hola! je vous voys atacher.
Mais toutesfoys, pour despescher,
Tandis que à mes cordes labeure,
Se rien voulez dire ou prescher,
Dictes maintenant, il est heure!

BANCQUET.

Helas! puis qu'il fault que je meure,
Chascun vueille pour moy prier,
Affin qu'en la fin je demeure
Sans vaciller ou varier.
   Je n'ay eu memoire
   Que de tousjours boire
   Du vin de hault pris.

DIETTE.

   Ce n'es pas grant gloire,
   Mais fol ne veult croire,
   Tant qu'il est souspris.

BANCQUET.

   J'ay mort desservie,
   Par cruelle envie,
   Pour estre trop fin.

DIETTE.

   Fol est qui desvie,

---

[1] Aide; du latin *adjutorium*.
[2] Lieu de repos.

Car de malle vie
Vient mauvaise fin.

BANCQUET.

Finesse m'affine ;
Je meurs et deffine,
Honteux, en ce lieu.

DIETTE.

Qui à mal s'encline,
Tost chiet et decline,
Quant il plaist à Dieu.

BANCQUET.

Adieu mes esbats !

DIETTE.

Ils sont mis à bas.

BANCQUET.

Plus n'ay de demain !

DIETTE.

Il fault dire : Helas !

BANCQUET.

Je suis prins au las !

DIETTE.

Voire soubz ma main.

BANCQUET.

Adieu, friandises petites,
Sucre, coriande, aniz,
Girofle, gingembre, penites,
Saffran plus luisant que verniz,
Sucre candis pour les poussifs,
Triassandali que on renomme,

Poivre, galingal et massis,
Mus, muscade et cynamome[1]!

Pour ce que j'ay bien fait gaigner
Les medecins bons et parfaictz,
Car ilz ont eu à besongner,
A guerir les maulx que j'ay faictz,
Veu qu'ilz sont riches et refaictz[2];
Je veulx qu'ilz me facent promesse,
Que, pour mes pechez et meffais,
Chascun fera dire une messe.

O jeunes gens, qui mon cas regardez,
  Gardez,
  Tardez
 De faire abusion,
Corrigez-vous, vostre vie amendez,
  Mondez[3],
  Fondez,
 En bonne intention,
Vostre occupation,
Vostre operation,
Soit en devocion,
Et jour et nuyt
Fuyez decepcion;
Ayez oppinion
Et recordacion,
Que peché nuyt.

LE BEAU PERE.

Mon amy, soyez tout reduit
De prendre, pour bon saufconduit,

---

[1] Ce sont toutes les épices qui entraient dans la préparation des ragoûts et des pâtisseries.
[2] Remis sur pied, ayant bien fait leurs affaires.
[3] Épurez.

Jesus qui souffrit impropere [1] ;
M'entendez-vous ?

BANCQUET.

Ouy, beau pere.

LE BEAU PERE.

Pensez à vostre conscience,
Prenez la mort en pacience,
Et la honte et vitupère :
M'entendez-vous?

BANCQUET.

Ouy, beau pere.

LE BEAU PERE.

Tenez la foy.

BANCQUET.

Aussi feray-je.

LE BEAU PERE.

Soyez constant.

BANCQUET.

J'ay bon couraige.

LE BEAU PERE.

Pensez à Dieu.

BANCQUET.

En luy j'espere.

LE BEAU PERE.

M'entendez-vous?

BANCQUET.

Ouy, beau pere.
Justice m'est amere mere [2],

---

[1] Supplice outrageux.
[2] Voici un nouveau tour de force de prosodie que le pauvre Banquet exécute avant de mourir : « La rime *emperiere*, dit Ri-

Quant de la mort m'assigne signe:
Justice se confere fere [1],
Qui ma paine declaire clere,
Dont ma vigueur très-fine fine.
Justice, qui domine myne,
Pecheurs, comme regente gente,
Bien monstre qu'elle est diligente.

DIETTE.

Avez-vous dit?

BANCQUET.

Je me contente.

DIETTE.

Pardonnez tout, sans plus d'actente,
Et ne tenez couraige à nulz [2].

BANCQUET.

De pardonner c'est mon entente [3].

DIETTE.

Or sus, dictes vostre *In manus*.

Il boute jus [4] *de l'eschelle et fait semblant de l'estrangler, à la mode des bourreaulx.*

LE BEAU PERE.

Credo, credo!

DIETTE.

Veez-le là jus?
Je croy qu'il soit jà trespassé.

---

chelet, dans son *Abrégé de la versification*, est une rime où une partie de la première sillabe de l'antépénultieme du mot est répétée deux fois de suite. »

[1] Pour : *fière*. Peut-être faut-il rapporter ici le mot *fere* au latin *fera*, barbare, féroce.

[2] C'est-à-dire : ne gardez rancune à personne.

[3] Intention.

[4] Il le jette à bas.

LE BEAU PERE.

S'il est mort, *anima ejus*
Requiescat, in pace.

DIETTE.

Enfans, plains de legiereté,
Qui ne voulez nul bien apprendre,
Fuyez mauvaise voulenté,
Et venez cy exemple prendre :
Le plus fringant deviendra cendre ;
Il n'y aura nul excepté.

SECOURS.

Mais quoy ! Ne veulx-tu point descendre ?

DIETTE.

Ouy, mais que j'aye attainté [1].

EXPERIENCE.

Or est Bancquet executé :
Les gourmans plus n'en jouyront ;
Disner et Soupper fourniront
Pour l'humaine necessité.

YPOCRAS.

Yvrongnes, plains de volupté,
Maintenant par despit diront :
« Or est Bancquet executé,
Les gourmans plus n'en jouyront. »

BONNE COMPAIGNIE.

Pour le jugement d'equité,
Tous vertueux vous aymeront ;
Et ceulx qui le faict blasmeront,
Auront grant tort, en verité.

[1] C'est-à-dire : dès que j'aurai repris pied sur l'échelle ; car, suivant l'usage, le bourreau se cramponnait sur les épaules du pendu, et se balançait avec lui dans l'espace.

PASSETEMPS.

Or est Bancquet executé :
Les gourmans plus n'en jouyront,
Disner et Soupper fourniront
A l'humaine necessité.

LE DOCTEUR PRELOCUTEUR [1].

Seigneurs, qui avez assisté
A la matiere delectable,
Bien voyez que gulosité
Est vergongneuse et detestable.
Il souffit deux fois tenir table,
Pour competante nourriture :
Le Bancquet n'est point proufitable,
Car il nuyt et corrompt nature.

C'est peché, c'est blame, c'est vice,
C'est oultraige et difformité,
De faire au corps tant de service,
Qu'on en acquiert infirmité.
Si avons Soupper limité,
Et Bancquet mis à finement [2],
C'est fin de la Moralité :
Prenez en gré beguinement.

LE FOL.

Beguinement ou autrement,
Ce m'est tout ung, soit feu ou glace,
Mais je crains que finablement
Bancquet ne soit longtemps en place.
S'il vous plaisoit, de vostre grace,
Venir reposer sur le coulte [3],

---

[1] Il s'adresse à l'auditoire.
[2] A fin, à mort.
[3] Pour : *coude*, par corruption. Il est possible encore que le mot *coulte* soit mis là pour *couette*, lit de plume; au reste, la *coulteline* était une grosse toile de coton.

Noūs mangerions la souppe grasse,
Entre mydy et penthecouste [1],
Et adieu la brigade toute !

RONDEAU.

En l'hostel du trompeux Bancquet,
Et en celuy de long Soupper,
Souvent viennent grands coups frapper
Sur plusieurs, après long caquet,
Les Maladies qui font le guet,
Pour soudainement les happer.
En l'hostel de ce faulx Bancquet,

Il n'y a Georget ne Marquet,
Qui d'elles se sache eschapper,
Sans aucun mal, ne destrapper [2] :
Batent jusques au dernier hoquet,
En l'hostel de ce faulx Bancquet.

CY FINE LA COMDAMNACION DE BANCQUET.

---

[1] Cette expression proverbiale équivaut à celle-ci : à Pâques ou à la Trinité; c'est-à-dire : jamais, ou : je ne sais quand.
[2] Dégager, délivrer.

TABLE

Avertissement de l'Éditeur.................... i

L'Ancien Théatre en France.................... v

Maistre Pierre Pathelin........................ 1
    Préface de l'Éditeur...................... 3

Le Nouveau Pathelin............................ 119
    Préface de l'Éditeur...................... 121

Le Testament de Pathelin....................... 175
    Préface de l'Éditeur...................... 177

Moralité de l'Aveugle et du Boiteux............ 211
    Préface de l'Éditeur...................... 215

La Farce du Munyer............................. 233
    Préface de l'Éditeur...................... 235

La Comdamnacion de Bancquet.................... 267
    Préface de l'Éditeur...................... 269

FIN DE LA TABLE

LIBRAIRIE DE A. DELAHAYS

BIBLIOTHÈQUE GAULOISE

BUSSY-RABUTIN. Histoire amoureuse des Gaules. 2 vol. in-16. . . . . 8 fr.
2 vol. in-18 jésus, 6 fr. — *Vélin*, 10 fr.

BRANTOME. Vie des Dames galantes. 1 vol. in-16, papier vergé. . . . 4 fr.
1 vol. in-18 jésus, 3 fr. — *Vélin*, 5 fr.

JACOB (P. L.) L'Heptaméron de Marguerite d'Angoulême. 1 vol. in-16. . . . 5 fr.
1 vol. in-18 jésus, 2 fr. 50.

CYRANO DE BERGERAC. Histoire comique des états et empires de la Lune et du Soleil. 1 vol. in-16. . . . 4 fr.
1 vol. in-18 jésus, 2 fr. 50. — *Vélin*, 5 fr.

— Œuvres comiques, galantes et littéraires. 1 vol. in-16. . . . 4 fr.
1 vol. in-18 jésus, 2 fr. 50. — *Vélin*, 5 fr.

LA VRAIE HISTOIRE COMIQUE DE FRANCION, composée par Charles Sorel. 1 vol. in-16. . . . 5 fr.
1 vol. in-18 jésus, 3 fr. — *Vélin*, 7 fr. 50.

CONTES ET NOUVELLES DE LA FONTAINE. 1 vol. in-18. . . . 5 fr.
1 vol. in-18 jésus, 3 fr. — *Vélin*, 7 fr. 50.
— Papier de Hollande, 10 fr.

LES AVENTURES BURLESQUES DE DASSOUCY. 1 vol. in-16. . . . 5 fr.
1 vol. in-18 jésus, 2 fr. 50. — *Vélin*, 7 fr. 50.

LES CENT NOUVELLES NOUVELLES. 1 vol. in-16. . . . 5 fr.
1 vol. in-18 jésus, 3 fr. — *Vélin*, 5 fr.

CYMBALUM, précédé des Récréations et joyeux devis de Bonaventure Des Periers. 1 vol. in-16, papier vergé. . . . 5 fr.
1 vol. in-18 jésus, 2 fr. 50. — *Vélin*, 5 fr.

LES VAUX-DE-VIRE d'Olivier Basselin, poète normand du quinzième siècle, et de Jean Le Houx. 1 vol. in-16, papier vergé. . . . 4 fr.
1 vol. in-18 jésus, 2 fr. 50. — *Vélin*, 5 fr.

ŒUVRES DE TABARIN. 1 v. in-16. . . . 5 fr.
1 vol. in-18 jésus, 3 fr. — *Vélin*, 7 fr. 50.
Cette édition est tirée à très-petit nombre.

ŒUVRES POÉTIQUES (Les) de Philippe Desportes. 1 vol. in-16, papier vergé. . . . 5 fr.
1 vol. in-18 jésus, 3 fr. — *Vélin*, 7 fr. 50.

VIRGILE TRAVESTI (Le), par P. Scarron. 1 vol. in-16, papier vergé. . . . 5 fr.
1 vol. in-18 jésus, 3 fr. — *Vélin*, 7 fr. 50.

HISTOIRE MACCARONIQUE DE MERLIN COCCAIE. 1 vol. in-16, papier vergé. . . . 5 fr.
1 vol. in-18 jésus, 3 fr. — *Pap. de Holl.*, 7 fr. 50.

CHRONIQUES DE LA PUCELLE, ou Chronique de Cousinot. 1 vol. in-16, papier vergé. . . . 5 fr.
1 vol. in-18 jésus, 3 fr. — *Vélin*, 7 fr. 50.

LE LIVRE DES PROVERBES FRANÇAIS. 2 vol. in-16, papier vergé. . . . 10 fr.
2 vol. gr. in-18 jésus, 6 fr. — *Vélin double*, 15 fr.
— Papier de Hollande, 20 fr.

RECUEIL DE FARCES, SOTIES ET MORALITÉS du quinzième siècle. 1 vol. in-16, papier vergé. . . . 5 fr.
1 v. gr. in-18 jés., 3 fr. — *Pap. de Holl.*, 7 fr. 50.

BIBLIOTHÈQUE DE POCHE

CURIOSITÉS LITTÉRAIRES, par Ludovic Lalanne. 1 vol. . . . 2 fr.

CURIOSITÉS BIBLIOGRAPHIQUES, par le même. 1 vol. . . . 2 fr.

CURIOSITÉS BIOGRAPHIQUES, par le même. 1 vol. . . . 2 fr.

CURIOSITÉS DES TRADITIONS, des mœurs et des légendes. 1 vol. . . . 2 fr.

CURIOSITÉS MILITAIRES. 1 vol. . . . 2 fr.

CURIOSITÉS DE L'ARCHÉOLOGIE et des beaux-arts. 1 vol. . . . 2 fr.

CURIOSITÉS PHILOLOGIQUES, géographiques et ethnologiques. 1 vol. . . . 2 fr.

CURIOSITÉS HISTORIQUES. 1 v. . . . 2 fr.

CURIOSITÉS DES INVENTIONS et des découvertes. 1 vol. . . . 2 fr.

CURIOSITÉS ANECDOTIQUES. 1 volume. . . . 2 fr.

CURIOSITÉS JUDICIAIRES, historiques et anecdotiques, par G. B. Waree. 1 v. . . . 2 fr. 50.

CURIOSITÉS THÉATRALES, par Victor Fournel. 1 vol. . . . 2 fr.

NOUVELLE BIBLIOTHÈQUE DE POCHE

CURIOSITÉS DE L'HISTOIRE DES ARTS, par P. L. Jacob. 1 vol. . . . 2 fr.

CURIOSITÉS DE L'HISTOIRE DE FRANCE, par le même. Première série. 1 vol. . . . 2 fr.

— Deuxième série. Curiosités des procès célèbres. 1 vol. . . . 2 fr.

CURIOSITÉS DE L'HISTOIRE DU VIEUX PARIS, par le même. 1 vol. . . 2 fr.

CE QU'ON VOIT DANS LES RUES DE PARIS, par Victor Fournel. 1 vol. . . 2 fr.

RUELLES, SALONS ET CABARETS, par E. Colombey. 1 vol. . . . 2 fr.

NINON DE LENCLOS ET SA COUR, par le même. 1 vol. . . . 2 fr.

CURIOSITÉS DE L'HISTOIRE DES MŒURS au moyen âge, par P. L. Jacob. 1 vol. . . . 2 fr.

PETITE BIBLIOTHÈQUE DE POCHE

LES SECRETS DE NOS PÈRES, recueillis par le Bibliophile Jacob. In-32.

En vente

L'Art de conserver la beauté. 1 vol. . . 1 fr.

La Cryptographie ou l'Art d'écrire en chiffres. 1 vol. . . . 1 fr.

L'Onéirocritie ou l'Art d'expliquer les songes. 1 vol. . . . 1 fr.

DU ROLE DES COUPS DE BATON dans les relations sociales, par V. Fournel. 1 vol. in-32 jésus. . . . 1 fr.

DICTIONNAIRE DE FORMULES ET RECETTES relatives à l'économie domestique, etc., par W. Maigne. 1 vol. in-32. 1 fr.

DICTIONNAIRE DES PEINTRES, par M. Pelloquet. 1 vol. in-32 jésus. . . . 1 fr.

LES CRIMES DE L'AMOUR, par Bénard. 1 vol. in-32 jésus. . . . 1 fr.

www.ingramcontent.com/pod-product-compliance
Lightning Source LLC
Chambersburg PA
CBHW050607230426
43670CB00009B/1307